1세대 여성농민운동가 구술기

미치도록 눈부시던

1세대 여성농민운동가 구술기

미치도록
눈부시던

강희진 권미영 이태옥 이해승 엮음

말
도서출판

감동과 용기를 준 9인의 여성농민운동가

　그간 용기 있는 삶을 산 여성 그리고 치열했던 여성운동에 대한 책들은 쏟아져 나왔지만, 정작 여성농민에 대한 기록이나 정보는 많지 않았습니다. 또한 조직이나 단체 활동 중심으로 여성농민운동사를 서술한 책은 출간되었지만, 여성농민운동 속에서 살아온 여성 개개인의 삶과 헌신에 대한 기록은 접하기 어려웠습니다.

　이 책은 "배고픔과 가난의 대명사였던 농업과 농촌을… 한평생 품어 안고" 살아온 여성들, "누구도 가라 하지 않고 자신이 선택한 길이면서도 원하지 않은 삶"에 인생을 걸었던 여성농민운동가 9인 고송자, 박남식, 성옥선, 오분임, 이정옥, 이종옥, 임봉재, 임순분, 장순자 님의 집단전기입니다. 지금까지 이런 기록들이 존재하지 않았기에, 역사가인 나에게 이 책은 먼저 소중한 사료적 가치로 다가왔습니다. 지난 30여 년 사이에 활발히 진행되었던 우리 여성운동에 대한 서술은 많이 있었지만, 여성농민운동이나 운동가 개개인에 대한 기록이나 분석은 부재하였습니다. 그래서 이 책은 역사기록의 공백을 채우는 값진 시도입니다. 운동이 처한 객관적 여건이나 조직적 발전을 재구성하는 것만으로는 운동이 지녔던 역사적 의미가 살아나지는 않습니다. 운동 속에서 살아간 주체들의 역동적인 경험과 고뇌, 그리고 활동이 적힌 '아래로부터의 역사'가 드러나야 운동은 정확히 기억되고 전승될 수 있기 때문입니다.

이 책에 실린 여성농민운동가들의 삶은 제게 큰 감동과 자극을 주었습니다. 1987년 민주화의 성공 이후 새 여성운동이 활발히 일어났고, 지난 30여 년 동안 여성들의 활동은 큰 성과를 거두었습니다. 그러나 이는 도시에 결집된 지식인 여성들의 운동이었습니다. 이에 비해 이 책에 실린 여성농민운동가들은 공식교육의 기회를 거의 누리지 못했고, 농촌에 묻혀 가난과 중노동의 현실을 감내해야 했습니다. 그러나 이들은 열악한 현실 속에서 "여성농민들이 사람대접 못 받고", "농민 문제가 해결되는 것으로 여성농민의 존재가 평등해지지 않는다"라는 자각에 이르렀습니다. 이 과정에서 "여성농민 스스로 삶을 살아가는 주체"임을 확인하고, 지역적인 고립과 농사일의 압박 속에서도 "여성 독자적인 자주 조직 건설"을 만들어 내었습니다.

여성농민운동가들은 소몰이 투쟁, 여성농업인육성조례운동, 급식조례운동, 의료보험 투쟁, 수세 반대운동, 농산물 제값 받기 운동, 밭 직불제 실현 등에 크게 기여하였고, 복잡한 네트워크로 얽힌 가부장적 농촌사회에서 남성보다 앞서 투쟁하는 솔선수범의 모습을 보여주었습니다. 또한 지역적으로 흩어져 있어 조직화가 어려운 여성농민들을 만나고 이들에게 여성농민교육의 장을 제공하는 것을 통해, 농업 문제 해결과 자각된 주체 '여성농민'의

탄생을 이끌어냈습니다. 또한 이들은 실천을 통해서 생태농이나 지속 가능한 농업의 길도 모범적으로 열어갔습니다.

요즈음처럼 "초고령화되고 대농화, 상업농화 되어가는 농촌 지역"에서 새 여성농민운동을 실행하는 일은 참으로 어려운 과제입니다. 그래서 이 책이 새로이 자라 올라오는 젊은 여성들에게 선배 여성농민운동가의 감동적인 스토리를 들려주면서, 신세대 사이에서 새로운 당사자 운동을 추동하는 자극제가 되기를 기대합니다.

마지막으로 이 책을 내기 위해 전국으로 주인공들을 찾아다니는 노력을 기울인 박남식과 박성자 님 그리고 구술을 채록하느라 고생하신 작가들께도 특별히 감사의 인사를 전합니다.

정 현 백
성균관대 사학과 명예교수

| 차례 |

▌일러두기

· 2020년~2022년까지 1세대 여성농민운동가를 찾아 나서는 '여농기행'을 구술 사로 엮었습니다.

· 글 싣는 순서는 기행과 인터뷰 순서입니다.

· 여성농민운동 1세대 기록에 참여한 아홉 명의 구술에 초점을 맞췄으며, 주요한 사 건은 참고자료 등을 통해 객관성을 확보하려고 노력했습니다.

· 구술자의 호칭에 존칭은 사용하지 않았고, 집필자가 시대와 상황을 설명하는 데 필 요한 당시 직책, 호칭 등을 사용했습니다.

· 본문의 장소, 명칭, 이름 등은 구술을 우선하고 자료를 확인하며 사실에 접근하려 노력했습니다.

· 1세대 여성농민운동이라는 동시대 활동가들의 구술이므로 중복 구술하는 사건들이 있습니다.

· 이해를 돕기 위해 사건 · 사고, 참고자료들은 주석으로 처리했습니다.

· 지명이나 학제 등은 그 당시 용어를 사용했습니다.

미치도록 눈부시던 삶

1983년 12월 영등포역 앞 어느 작은 교회. 남편들의 농민운동 대열에 함께하고자 모인 30여 명의 농촌 여성들. 3박 4일 동안 가슴속 깊이 켜켜이 묵혀뒀던 응어리 털어내며 통곡하던 이 땅의 어머니들.

수줍은 듯 선한 눈망울로 운동가 아내의 삶을 몇 권의 책이라도 쓸 수 있노라 말씀하시던 해남의 혜옥 씨. 하얀 것은 종이요 검은 것은 글씨라. 이것이 무슨 뜻인지 알고 싶다던 충남의 순자 엄니.

한 자 한 자 눈으로 익혀가며 그 뜻을 알고 싶어 하시던 우리 어머니들. 이분들과 평생 함께하고자 다짐하던 그 날의 약속.

그 후 40년.

이제 작으나마 소중한 그분들의 삶의 일부를 세상 밖에 드러내고자 합니다. 더러는 아프고, 더러는 소중했던 그 날의 기억들. 아무도 가라 하지 않았던 그 길의 한 자락을 세상 속에 우리도 함께 했노라고, 말하고 싶었습니다.

농민운동 뒷바라지, 보조자가 아닌 주체적인 힘으로 여성농민운동의 선봉에서 디딤돌이 되어 주셨던 선배 동지들의 이야기를 여기에 담았습니다. 이제는 아름다웠던 여행을 마치신 분들도 계시고, 건강상 인터뷰가 어려운 분들도 계셨습니다. 여전히 현장에서 여성농민운동의 버팀목이 되고 계신 분들도 계십니다. 투쟁, 사랑, 연대의 장에 늘 함께 했던 수많은 1세대 여성농민운동가 모든 분들의 삶을 다 담아내지 못해 죄송하고, 아쉬운 마음이 큽니다.

그럼에도 '미치도록 눈부시던' 1세대 여성농민운동가 아홉 분의 삶의 여정을 가감 없이 풀어내어 소중한 역사를 남기고자 하였습니다. 상식이 통하고 원칙이 올곧게 평가받는 세상을 만들고자 하였습니다.

어렵지만 흔쾌히 마음을 내어주신 오분임, 성옥선, 임봉재, 장순자, 이종옥, 임순분, 이정옥, 고송자, 박남식 선배 동지들 고맙습니다.

2년 여에 걸쳐 구술을 채록하고 맛깔나는 글솜씨를 보여주신 강희진, 권미영, 이태옥, 이해승 후배들 고맙습니다. 2년 여의 세월은 잃어버린 혹은 잊힌 기억을 찾아 헤매던 시간이었습니다. 때로는 웃고, 때로는 눈물짓기도 하면서 나름 소중한 시간이었습니다.

정말 고맙습니다. 뜨거운 가슴, 아름다운 열정 함께 느껴 보시기 바랍니다.

평택에서 **박 성 자**
전국여성농민회총연합 초대 사무국장

오분임 해남

아버지 오장근의 억울한 일제 징용 문제를 해결하기 위해 유족회 활동을 하면서 사회운동에 눈을 떴다. 해남군농민회 정광훈 회장을 만나면서 여성농민운동가의 길로 들어섰다. 마이크만 쥐면 타고난 선동력으로 대중을 휘어잡았다. 1987년 해남여성농민회장에 선출되고 해남이 좁아라 뛰어 다닌 덕에 2대 전남여성농민회장에 선출되었다. '해남'과 '오분임'은 천생연분이다.

마이크만
쥐면
기가 났제

뜻밖의 그리운 이름을 받아 들었다.

이루지 못한 삶이랄까? 마치지 못한 숙제랄까?

1980년대 말 대학 졸업과 결혼 후 치열한 삶의 현장으로 선택한 농촌에서 여성농민회를 만들어보겠다고 뛰어다녔던 논과 밭, 그리고 그 길에 이어진 마을과 사람들이 가끔 떠오른다. 이슥해진 봄밤 삽질에, 호미질에 지친 마을 언니들 부여잡고 여성농민 문제를 공부했던 기억들은 20여 년의 세월에도 또렷이 기억 한켠을 채운다.

10년을 못 채웠던 여성농민운동가로서의 삶은 '여성농민'이라는 단어 하나에 묵직한 애틋함이 올라온다. 밭가에 냉이가 올라오고, 겨울을 이겨낸 연초록 보리싹이 고개를 내밀 즈음이나 모든 것을 빼앗긴 쓸쓸한 겨울 들녘이 헛헛해질 때면 미영 언니와 평택 성자 언니네 집에서 하룻밤을 새며 이삼십 년 묵은 이야기를 털어놓곤 했다.

　지난해 전국여성농민회총연합(전여농) 30주년 행사 때 휠체어를 타고 등장한 한한순(1대 전남여성농민회) 회장님 모습에 가슴이 쿵 내려앉았다는 성자 언니 입에서 오분임, 성옥선, 엄영애, 김윤, 장순자, 이정옥, 고송자, 박남식, 이종옥 등 1세대 여성농민운동가들의 이름들이 터져나왔다. 그렇게 시작한 1세대 여성농민운동가 찾기는 박남식·이종옥 언니까지 참여한 평택 참숯가마 회동으로 이어졌고 여성농민 전설들을 찾아 나서는 '여농기행'으로 구체화됐다.

　첫 번째 여농 전설은 최고의 선동가 오분임 회장으로 낙점됐다.

　"우리 해남 회장님 댁에 갈라는데 잠은 재워주실라요?"

　종옥 언니의 전화에 "응, 그라제 밥도 해 줄게."라는 흔쾌한 답이 오갔다. 수화기 너머 오분임 회장의 목소리는 여전히 짱짱하시다. 30여 년 세월을 살아낸 1세대 여성농민운동가들은 어디서, 어떻게 살고 계실까?

　2020년 1월 10일 해남행 약속을 잡고 광주 사는 종옥 언니가 해남까지 기사 역할을 자처했다.

58세 집 앞에 선 83세 오분임

　"밥은 우리 집에서 김치 놓고 항끈에 먹으면 되제, 뭣한데 밖에서 먹고 온가?"

남편과 손수 지은 58년 된 집은 오 회장에게 가장 따뜻한 곳이다. 왼쪽부터 권미영, 오분임, 이태옥 (필자), 이종옥.

한동안 밖에서 서성였을 허리 굽은 그림자가 먼저 반긴다. 목소리와 실루엣만으로도 '오분임 회장'이지 싶다. 아, 드디어 해남 땅끝에 왔구나.

"여섯 시쯤 갈게요. 저녁밥 주세요."라는 저녁 약속을 깨고 점심을 허술하게 먹은 탓에 해남읍 식당에서 상다리 부러져라 '남도밥상'을 받았다.

"회장님 저녁밥 먹고 들어갈게요."라고 다시 전화 한 통 넣고 가물치, 조기, 갈치 생선 발라 먹다 보니, 아차차 5시가 훌쩍 넘어버렸다.

몇 년 전 고향마을로 돌아온 조카 오은숙의 안내를 받아 해남 현산리 오 회장이 사는 곳으로 바삐 차를 몰았다. 오은숙도 1980년 말부터 1990년대 광산군에서 농민회, 여성농민회 활동가로 살았던 터라 차 안에서는 종옥 언니와 한바탕 옛 수다가 쏟아졌다.

겨울 볕이 땅에 떨어지니 시골 마을은 후딱 밤으로 치닫는다. 겨울 들녘은 쓸쓸한 듯, 봄을 품어 안은 듯 두 얼굴이다. 백방산을 휘돌아 마을 안 공터에 차를 대니 스물한 살에 결혼해 남편과 지은 58세나 된 집 앞에 83세의 여성농민운동가, 오분임 회장이 서성인다.

세월의 흔적을 고스란히 짊어진 허리는 살짝 굽었고, 연골이 달아나버린 오른쪽 무릎은 끝내 펴지 못한 채 반가운 잔소리로 '내 손님들'을 맞이한다.

결혼하고 이모네 집 곁방살이 3년 만에 마련한 오 회장 집은 세월만큼 허름한 채 오 회장 손 닿을 만한 곳에 오밀조밀 살림들을 모아 놓았다. 독거노인들이 사는 방안의 흔한 풍경이다. '내 손님들' 준다고 해둔 저녁밥을 혼자 넘겼을 민망함에 서둘러 질문을 던진다.

"농민운동은 어떻게 만나셨어요?"

나는 해남 땅끝에서 온 오장근 딸 오분임이다

"난 지금도 박정희, 종필이가 제일로 미워. 종필이가 일본 가서 강제징용자, 원폭 피해자, 위안부 할머니들 피해보상에 대한 협상을 잘못해서 문제가 아직도 해결되지 않잖아."

오 회장은 두세 살 때 일본 징용 끌려가 장애를 입고 돌아와 고생만 하다 돌아가신 아버지 한이나 풀자고 유족회 활동을 시작했다. 서울까지 올라가 일본 대사관 앞에서 숱하게 데모를 했는데, 어떤 날은 일본대사관을 하루에 4번도 갔었다. 그런 날은 경찰 눈을 속이려고 옷을 뒤집어 입고 접근하기도 했고, 조계사에 불공 하러 간다고 속이기도 했다.

"한 번은 종필이 집 앞에서 강제징용자유족회 사람들이랑 원폭 피해자들이 모여서 데모를 했어. 내가 종필이 대문 앞에서 소리를 지르니 경찰들이 싹 나와서 우리 일행을 둘러싸더라고."

오 회장은 한일 협정 실무책임자였던 김종필 당시 국무총리를 지금도 종필이라고 부른다. 대궐 같은 종필이 집 앞에 서고 보니 속에 불이 난 오 회장은 "우리 아버지들 목숨 가지고 큰 집 지었냐! 종필이 너 때문에 일본 새끼들이 목에다 힘주고 보상 다 줬다고 하잖느냐."며 억울한 김에 소리를 질러댔다.

강제징용자유족회 활동을 하며 세상살이에 눈 뜬 오 회장은 일본 대사관 앞이든 종필이 집 앞이든, 항상 자신을 "나는 해남 땅끝에서 온 오장근 딸 오분임이다."라고 소개했다.

오 회장은 "해남이 서울서 몇천 리여? 무지막지한 일본 놈들이 아버지를 강제로 끌고 가서 온 가족이 한평생 고생한 것을 생각하면 막아선 경찰들도 무섭지 않았어."

오 회장은 온몸을 던지며 죽기 살기로 싸웠다. 경찰들도 그 기세에 움찔움찔 물러섰다.

오 회장이 지나갈 때면 "저 엄마 속엔 역사가 들었어."라고 경찰들이 말할 정도로 강제징용자유족회 투쟁은 역사 앞에 정당하고 당당했다.

오 회장은 인터뷰 내내 박정희, 종필이 이름만 들어도 지금도 이가 갈린다고 한다.

오 회장의 삶엔 아버지의 한이나 풀어주려고 시작했던 '강제 징용자유족회' 활동이 옹이처럼 박혀 있다.

농민운동과의 만남은 '강제징용자유족회' 활동으로 세상의 부조리에 눈을 뜬 오 회장에겐 당연한 순서였다.

내 목소리가 쓸만했나 봐

오 회장은 해남군 농민회장을 맡고 있던 정광훈을 만난다. 1978년 전남 기독교농민회 창립에 참여했던 정광훈 회장은 해남군 농민회를 만들어 부당한 농지세, 부당수세, 부당의료보험과 수입 농수산물 등 봇물처럼 터지는 농업·농민 문제에 앞장서고 있었다.

해남 YMCA 윤상철, 강용학 회장 등도 그때 만난 농민운동가들이다. 김남주 시인 동생 김덕종은 오 회장을 '농민회 엄마'라고 불렀다.

1987년 전남에서 시작된 수세 거부 투쟁은 1988년 전국적인 고추값 제값 받기 투쟁으로 이어졌다. 전국고추생산지역대책위와 전국수세폐지대책위가 공동으로 1989년 2월 13일 여의도광장에서 연 '수세 폐지 및 고추 전량 수매 쟁취를 위한 전국 농민대회'에 2만여 명의 농민들이 모이는 기염을 토하며 농민운동은 대중화의 물결을 만들어낸다.

강제징용자유족회 활동을 토대로 오 회장은 기독교농민회, YMCA농민회와 해남군 농민회 활동을 하며 여성농민운동가의 길로 들어선다.

"정광훈 회장이 무슨 일만 있으면 나를 부르는 거야."

정광훈 회장은 "드디어 농민운동 짝꿍을 만났으니 옳다 됐다." 라며 손뼉을 쳤다고 한다. 정광훈 회장은 5.18 당시 시위 주도, 농민대회, 민중대회 주도, 한미 FTA 저지 등으로 3차례 투옥되기도 했다. 청년 같은 순수함과 구수한 전라도 사투리로 투쟁현장을 달구기도, 녹여내기도 했던 정광훈 회장은 이후 전국농민회총연맹 의장, 전국민중연대 대표, 한국진보연대 공동대표를 맡기도 했다. 내 결혼식 주례 선생님이기도 하다. 나뿐이겠는가? 그즈음 결혼한 젊은 농민운동가들의 단골 주례 선생님이셨다.

2011년 정광훈 회장이 교통사고로 갑자기 돌아가셨을 때 "해남이 없어진 것 같았다."라는 오 회장은 농민회 모임에 가면 자신을 챙겼던 정광훈 회장의 부재가 너무도 섭섭하다.

2018년 해남농민회는 오분임, 강용학, 윤상철 회장의 팔순 잔치를 공동으로 차렸다. 누구보다 멋들어진 축사를 했을 정광훈 회장의 얼굴이 떠올라 말들은 허공을 헤맸다.

"농민운동하면 수세, 농지세, 도로 주변 풀 베는 부역이 없어진다고 하는데 왜 안 나가겠어. 나는 누가 오라고 하기 전에 농민회에 스스로 나갔어."

농민집회가 열리면 맨 앞자리에서 경찰들에게 "비키라고 이 놈들아, 왜 우리를 못 가게 막냐"며 소리치는 것은 오 회장 몫이었다.

농민의 요구를 담은 머리띠가 아직도 방 한켠을 차지하고 있다.

"내 목소리가 쓸만했나 봐, 농민회에서 행사만 있으면 나를 부르더라고."(웃음)

목소리만 쓸만했겠는가? 주체적인 여성농민으로의 자각과 실천은 오 회장에겐 두말하면 잔소리였다.

수세 투쟁, 선봉에 서다

"농민운동하면서 수세를 없앴지."

수세는 농지개량조합(이하 농조)에 조합원들이 납부하는 조합비인데, 일제강점기부터 수리조합에 의한 징세가 이어져 내려온 대표적인 반봉건 식민지 잔재였다.

군사정부가 들어서면서 농조는 부당하게 농민을 수탈하는 기관으로 군림했다. 조합 총회는 물론 대의원회도 구성하지 못하고 정부가 조합의 임원을 마음대로 임명하는 등 비민주적·반농민적 기구였다. 저수지를 사용하지 않는 농민에게도 수세를 물리는가 하면 조합비의 부당한 상승도 농민들의 삶을 옥죄였다. 조합으로부터 아무런 이익을 얻지도 못하면서 조합비를 내야 하고 체납할 경우 과태료와 압류 등으로 강제징수를 당하기도 했다. 따라서 농민들에게는 농민의 조합비가 아니라 '부당한 수세'일 뿐이어서 원성이 높았다. 벼농사를 짓는 농민들에게 물은 생명과도 같은 것이었으니 농민들의 거센 저항은 이미 예견된 것이었다.

부당수세 투쟁은 농민 대중들에게 최대 이슈가 되었고 마을, 시군으로 연결되는 농민 대중투쟁의 모범이 되었다. 결국 부당수세는 폐지되었고 농민투쟁의 값진 승리를 일구었다.

수세 투쟁 전면에 나선 오 회장은 농조 직원들과 숱하게 싸웠다. 농조 직원이 수세를 받으러 오면 "썩은 대가리 같은 놈들아! 느그들이 일본 놈들보다 더 징허다. 하늘이 내린 저수지 물값을 왜 니들이 받아가냐?"며 악을 써댔다.

"저수지에서 새우를 잡으면 못 잡게 해서 싸웠어. 저수지에 물을 품으면 새우가 생기는데 하늘이 내려준 것을 왜 즈그들이 돈을 주라고 해? 수리조합 놈들에게 '눈 빠질 놈들아 내가 돈 있어도 수세는 줄 수 없다'고 하니까 농조 직원이 '아줌마 좋게 삽시다' 하던데. 내가 무섭기는 했나 봐."

오 회장은 신방 저수지 근처 논둑에 심어놓은 콩에도 세금을 붙여 걷어가니 농민운동을 안 할 수 없었다.

집 근처 신방 저수지에서 20여 년 동안 가물치, 새우, 붕어를 잡아 소, 돼지 등 가축도 키우고 땅도 늘려온 오 회장은 수세 문제로 농조 직원들과 늘 싸워왔는데, 농민운동을 하면서 드디어 수세를 없앨 기회가 왔다고 생각했다. 더구나 농민회가 함께하니 무서울 것이 없었다.

수세 압류, 빨간딱지

"나락 쌓아놓은 창고 구멍에서 쌀 냄새가 났던지 농조에서 수세 안 낸다고 창고 문에 차압 딱지를 붙였더라고."

오 회장은 그 길로 김강일 이장한테 가서 농조 직원에게 이렇게 전하라고 했다.

"창고에 방아 찧는 기계가 있는데 빨간딱지 붙여서 방아를 못 찧으니 아그덜 보듬고 석유 뿌려서 불을 확 질러 불 것이다. 내가 농민회원인데 나 죽으면 전국에서 난리 날 것이다."

이 말을 들었는지 농조에서 박주희 소장 등 몇 명이 내려왔다.

"차압 안 떼면 애들이랑 석유 뿌리고 죽어 불란다. 그러면 전

23

국이 떠들썩할 거고. 내 입으로 부당수세라고 씨부리고 죽지, 내가 그냥 죽것냐고 했어."

나중에 김강일 이장은 농조 사람들한테 "이 아짐 성격에 그냥 안 있을 것."이라고 했단다.

농조 직원이 온다고 하자 오 회장은 화덕에 보리밥 한 솥 삶아 놓고 나갔다가 왔더니 압류 딱지 뜯고 창고 문도 열어놓았다.

"이 아짐 한번 한다면 하는 양반"이라는 이장 말이 한몫했던 것 같다며 일부러 한 솥 해놨던 보리밥은 동네 청년들이 다 먹고 갔다. 작전은 대성공이었다.

그 후로도 "우리도 밥통 떨어진다."라며 수세 징수에 나선 농조 직원들과 실랑이가 오고 갈 때마다 "내 입으로 수세 안 준다고 했는데 내가 주것냐?"라며 호통을 쳤다.

오 회장은 한번 마음먹으면 해내야 하고 한 입으로 두 말이 필요 없는 사람이었다. 2년 동안 투쟁으로 결국 농민들을 괴롭혀왔던 부당수세가 사라졌고 농민회는 대중투쟁의 중심에 우뚝 섰다.

"해남에 오분임 같은 사람 하나만 더 있으면 얼마나 좋을까?"라는 말이 들렸고, 수세 투쟁으로 오 회장의 이름도 높아갔다.

어린 오분임의 꿈

일제 식민지와 전쟁, 가난이라는 역사를 살아낸 오 회장의 꿈은 무엇이었을까? 아니 식민지 가부장 문화가 극심했던 당시에

꼬마 여자아이에게 꿈이라는 말이 가당키나 했을까?

"나는 그렇게 공부가 하고 잡았어. 근디 일본 놈들이 아버지를 강제징용으로 끌고 가서 내가 공부도 할 수 없었잖아."

어린 오분임은 공부해서 선생님이 되고 싶었다. 아버지 한이나 풀자며 시작했던 강제징용자유족회 활동은 어쩌면 꿈을 빼앗긴 어린 오분임의 한이 더 크게 작동했을지 모르겠다. 창고 같은 큰 건물에 전 학년을 한꺼번에 모아 놓고 수업을 했던 당시, 초등학교 2학년을 겨우 다녔던 어린 오분임은 한글은 뗐지만 여전히 받침 쓰기가 어렵다.

"내가 겁이 없고 호기심이 많았나 봐."

일본 순사 온다면 울던 아이도 울음을 그치던 때였으나 오 회장은 각반에 칼을 찬 순사들이 마을에 나타나면 '무엇을 하고 다니나?' 싶어 따라다녔다.

"일제 때 청결(청소) 조사라는 것이 있었는데 이유도 없이 일본 순사가 아버지를 뚜드려 팼어. 그 뒤로 우리 집 옆 야학당에 각반 찬 일본 순사가 와서 뭘 조사하러 오면 나는 일본 순사 하는 짓이 궁금해서 따라다녔어."

엄마가 기겁하고 혼을 내도 소용없었다.

초등학교 2학년도 채 마치지 못한 오 회장은 자식이 없었던 막내 이모네 양녀로 보내졌다. 완도 바닷가에 살았던 이모에게 오전에 학교 가서 공부하고 오후에는 바다에 가서 우무도 따고 청각, 미역도 묶고 일 많이 할라니까 학교만 보내 달라고 졸랐다.

어린 오분임의 청은 받아들여지지 않았다.

"다른 아이들이 가방 메고 학교 가는 것을 보면 딱 죽것더라고."

어린 오분임은 학교 다니는 사촌들 책을 보면서 한글을 떼고, 혼자서 구구단을 외웠다. 그러나 한글 받침에 막히고 곱셈, 나눗셈엔 숨이 턱 막히더니 바닷일을 핑계로 점점 공부와 멀어졌다.

"농협 가서 글씨를 쓰려면 왜 이렇게 안 써지는지 몰러."

오 회장은 드라마 연속극보다 책 보고 글씨 연습하는 것이 좋다며 '오분임 체'로 가득 메운 공책을 내놓는다. 침대 옆 식탁에는 큰며느리가 보내주었다는 《좋은 생각》이 쌓여 있다.

"다시 태어나면 공부 많이 하고 싶어."

더 어려운 시절에도 '나 묵을 치는 단속'하고 살아왔던 터라 돈 많은 사람은 하나도 부럽지 않지만, 다시 태어나면 공부가 하고 싶단다. 한국 근현대사를 오롯이 살아낸 여성들에겐 '배움에 대한 한'이 저토록 평생 똬리를 틀고 있었다.

신방 저수지에서 낚아 올린 순환농업

공부가 하고 싶었던 오분임은 방직공장에 다니면 돈을 번다더라는 소문을 듣고 있었다. 마음이 동할 즈음 선자리가 들어왔다, 인근 마을 총각인데 4남매 중 형제 둘은 징용 가고 형이 하나 있는데 자립해서 시댁 때문에 성가실 것 없고 신랑 자리는 술도 안

---

1 '나 먹을 만큼은 마련하고'의 사투리

먹고 성실하다며 결혼 이야기가 오갔다. 나이가 찼으니 빠르게 오간 혼담 덕에 결혼식도 후딱 치렀다.

한 마지기로 시작했던 부부는 땅을 불려 갔다. 빠르게 살림을 불릴 수 있었던 보물단지는 집 근처 신방 저수지였다.

어렸을 때 바닷가에 살았던 오 회장은 농사일보다 물질이 손에 더 익었다. 신방 저수지에는 새우며, 가물치며, 붕어들이 많았다. 비가 오면 양동이로 붕어를 담아냈다.

된장 풀어 끓여낸 붕어국은 집에서 키우던 소, 돼지, 개, 닭, 오리의 사료가 되었다. 짐승들의 똥과 오줌은 기름진 거름이 되어 논으로 나갔고, 오 회장네 논은 다른 집보다 소출이 더 날 수밖에 없었다. 복합영농, 순환농업이었다.

저수지 근처에 살았던 제부가 부부에게 저수지에 그물을 치라고 일러주었다. 사방 모서리 끝이 보이지 않는 신방 저수지에 큰 그물을 치고 작은 배를 샀다.

농사철에는 농사를 짓고, 겨울에는 본격적인 저수지 농사가 시작되었다. 가물치, 장어, 붕어, 새우 등을 잡아 광주 대인시장으로 팔러 다녔다.

"새벽 2시 되면 일어나서 아침밥 해놓고 3시에 저수지 가서 그물 당김서 고기를 거둬들여, 그란디 아그덜이 우는 소리가 내게만 들리는 거여. 그라문 집으로 쫓아와서 방문을 열어보면 아들 둘이 잘 놀고 있더라고."

여성이자 농민이었던 오분임은 집안일에 농사일까지 한시도

27

몸을 쉴 수 없었다. 오 회장 부부에게 신방 저수지는 삶의 동아줄이었다. 맨몸에 성실함을 장착한 부부에게 저수지는 힘겨운 노동을 요구했지만 일한 만큼 땅으로 보상받았다. 1마지기에서 30마지기까지 땅이 불어났다. 동네 사람들은 연출이네(오 회장 남편)는 방죽 밑에서 논을 콩 줍듯이 산다고 할 때였다.

저수지 어업이 농사짓는 큰 밑천이 되었으니 수세로 인한 분쟁은 시도 때도 없었다. 오 회장이 수세 투쟁에 나선 중요한 운동 밑천도 저수지 농사였다.

"가마치(가물치) 한 가마니 잡아 6천 원까지 팔아봤어. 지금 돈으로 치자면 백만 원 돈 할 것이여."라던 오 회장은 아들이 저수지 농사를 짓겠다고 하니 펄쩍 뛰며 말렸다. 돈은 돼도 몸이 고되다는 것이 이유였다. 그렇게 저수지에 매여 20여 년 살다 보니 마을이, 세상이 어떻게 돌아가는지 몰랐다. 남편은 시름시름 앓더니 병원 출입이 잦아졌다.

농약 중독, 남편을 잃다

결혼하고 5년 동안 아이 소식이 없었다. 밥값 못한다고 구박도 많이 받았다. 동네 사람들과 시어른, 친정 식구 보기 민망했다.

오 회장이 결혼한 동짓달 스무날에 5년 만에 큰아들을 낳았다. 오 회장이 내놓은 사진 속 젊은 남편은 인물이 훤했다.

"아들 델꼬 읍내 나가면 아따 연출이 아들 훤하다고 했제."

오 회장은 아들 둘에 막둥이 딸이 하나 있다.

"낳기는 다섯을 낳았어. 큰아들 낳고 딸을 낳았는데 며칠 만에 죽어버렸어. 그리고 둘째 아들 낳고 또 그 밑으로 딸을 낳았는데 죽었어."

사람들은 부정 타서 아이들이 자꾸 죽는다고 수군댔다. 오 회장은 애 낳으면 죽으니까 남편에게 부부생활도 하지 말자고 했다. 남편도 농약 중독으로 시름시름 앓았다. 그러다 마흔 줄에 막내딸이 생겼는데 낙태를 하려고 했다. 한의원 하는 집안 동생이 형수는 하혈을 많이 해서 수술하면 죽는다는 말을 듣고 마지 못해 늦둥이 딸을 낳았다.

돈도 땅도 없었던 남편은 농기계를 빌리는 대신 그 집 농약을 대신 쳐주었다. 마스크도 방제복도 없었던 시절 독한 농약을 그대로 삼킨 남편은 큰아들 세 살 때부터 증상이 나타났지만 약으로 버티다 결국 50대 초반에 삶의 끈을 놓았다.

"기계 살 능력도 됐는데 그때는 왜 멍청이처럼 그 짓을 했는지…"

후회는 너무 늦었다. 병원 가는 걸 지독히 싫어했던 남편 고집도 한몫했다. 농약 중독으로 많이 죽기도 한 시절이었다.

"막둥이 딸 안 낳았으면 어쩔 뻔했나 몰라. 그렇게 잘해, 매일 전화하고, 매일 엄마 먹으라고 뭘 보내."

막내딸 자랑이 한창일 때 전화벨이 울렸다.

"오냐, 막내냐? 뭘 또 보냈다냐. 천혜향 보낸다고? 알았다. 지금 여그 내 손님들 와서 이야기 중이다."

엄마와 딸의 연대는 거리에 상관없이 일상화되었다. 아들만 둘인 나로서는 참으로 부러운 풍경이다.

한평생 한동네에서 살다 보니 죽은 자식 또래들이 고향을 찾을 때면 저만치 나이 먹었을 먼저 보낸 자식들이 생각난단다.

오 회장네 집은 그렇게 사람들을 맞이하고 떠나보내고 있었다.

시골이 뿌리면 도시는 꽃

"사람들이 농촌 사람들에게 시골 냄새난다고 하는데 썩은 대가리들이제. 시골이 없으면 되간디! 시골이 뿌리면 도시는 꽃밖에 안 되잖아. 시골이 뿌리여."

20퍼센트 대의 초라한 식량자급률로 농업, 농촌, 농민을 홀대하는 이 나라에서 오 회장은 지금도 뿌리인 농촌이 잘 살아야 꽃인 도시가 제대로 돌아간다고 한다.

"농민운동 하면서 수세 없앴지, 부당한 농지세 없앴지, 도로 주변 풀 베는 강제 부역이 없어졌어."

농민들한테 풀 베게 하고 나오는 뒷돈을 받아먹었다는 소리도 있었다. 힘없는 농민들 부려먹던 농조였는데 농민회가 생기고 여성농민회까지 만드니 무서울 것이 없었다.

1980년대 말 농산물 수입개방과 우루과이라운드로 농민들의 시름이 높아갔다.

　　오 회장을 비롯한 해남농민회 활동을 하던 5명의 여성은 여성들의 주체적인 조직이 필요하다는데 뜻을 같이하고 1988년 '해남여성농민교육준비위원회'를 만든다. 교육준비위원회는 군 단위 교육 2회, 면 교육 1회, 마을 교육을 30차례 진행하며 여성농민을 모아낸다.

　　수세와 토지 투쟁을 통해 여성농민의 참여 숫자가 늘어나자 1989년 3월 25일 해남여성농민모임으로 명칭을 바꾸고 1990년 1월 18일 여성농민 42명이 교육을 받은 후 '해남여성농민회결성을위한준비모임(이하 준비모임)'으로 전환한다.

　　준비모임은 이후 6차례 회의를 갖고 1990년 7월 7일부터 9월 5일까지 14개 마을에 여성분회를 조직한다. 대학생과 함께 진행한 여름 농활은 여성농민회 조직화에 거름 역할을 하였다. '교육활동-활동가 양성-마을 분회 결성'이라는 조직화의 기본기를 튼실히 다진 준비모임은 1990년 7월 30일 바닷가에서 300여 명이 모여 '해남여성농민회준비위원회'를 결성하고 준비위원장에 오분임(남천면 신방리), 부위원장에 서현숙(옥천면 용산리), 총무에 김연숙(현산면 봉동리) 씨를 선출한다(엄영애, 《한국 여성농민운동사》, 나무와 숲, 2017).

　　53세 오분임 위원장은 결성선언문에서 "이 땅의 주인인 여성농민이 농민이기에 당하는 억압과 여성이기에 겪어야 하는 어려움을 극복하기 위해 농축산물 제값 받기, 수입 반대, 건전한 농촌문화 정착, 농촌 교육시설 개선, 봉건적 인습 타파, 사회 민주화 등 농민문제와 민족문제 해결을 위해 힘차게 나아갈 것”
을 선언했다.

선언문 말미 우리의 다짐에는 '우리 농민 얽매이는 봉건 인
습 고쳐보자, 여성농민 똘똘 뭉쳐 여성농민회 건설하자'가 선명
하게 자리하고 있었다.

해남군 여성농민회는 4개면 17개 마을 분회, 1개 면 지회라
는 대중들의 폭발적인 참여를 바탕으로 1990년 12월 11일 창
립했다. 오분임은 해남여성농민회 초대회장에 선출됐다. 오 회
장에게 정광훈, 이종옥, 김종분은 여성농민운동을 만나게 해 준
징검다리들이다.

“내가 여성농민회에 미쳤었나 봐. 내가 빠지면 여농이 어떻게
될까 봐 먼 길도 마다하지 않고 나다녔어.”

2대 전남여성농민회장이었던 오 회장은 광주, 전남, 서울 등
을 오갈 일이 많았다. 해남 밖을 나가는 날이면 으레 전날 저녁
김종분 해남 여성농민회 총무 집에서 하룻밤 묵어갔다.

무안 수양촌에 모여 전남 각지에서 온 여성농민들과 공부도
하고, 농민대회, 연대 활동을 통해 몰랐던 한국 사회와 농업문
제에 크게 눈을 떴다. 농촌 현장이 학교였던 오 회장은 마을로
다니면서 강의도 하고 각종 농민대회 연사로 나서 인기몰이를 했
다. 대학생들도 해남 엄마라고 부르며 따랐다.

1991년 경찰의 폭력에 희생된 강경대 학생으로 시작된 분신
정국에 전남대에서는 학생들 시위가 한창이었다. 전남여성농민

회도 쌀을 모아 학생들에게 지원했고, 9월 2일 전남대에서 열린 투쟁에 참여해 같이 돌도 굴리다가 경찰에 쫓겨 학생들 손에 이끌려 도망가기도 했다.

1980~90년대 대학생 농촌활동(이하 농활)은 농민운동과 학생운동이 전면적으로 만나는 장이었다. 오 회장 동네에도 농활이 들어왔고 큰아들과 또래 청년들이 농활 주체를 맡았다. 큰아들은 오 회장의 적극적인 지지자였고, 어머니의 영향으로 청년회 활동에 열성을 다했다. 농민운동 열성분자 모자 덕에 오 회장네 아래채는 매번 농활 학생들의 숙소가 되었다.

오 회장은 지금도 장마로 제대로 말리지도 못한 채 물기 머금은 옷을 입고 일하러 나가던 학생들의 모습이 눈에 선하게 떠오른다.

한번 시작하면 어디든 안 빠지고, 안 가면 궁금했던 오 회장은 각반 찬 순사 뒤를 따라다녔던 호기심 찬 어린아이에서 여성농민 리더로 훌쩍 성장하고 있었다.

"내가 이래 뵈도 전국 여성농민회로 묶여 있는 사람인데, 처신을 잘해야지 싶어서 10원짜리 하나라도 항시 내 돈 내면서 댕겼어. 내가 여성농민회 다닌 거 남 보기는 어쨌을까 몰라도 세상 돌아가는 공부 많이 했어. 가만히 앉았으면 누가 알려주나?"

오 회장은 지금도 나이 육십만 먹었어도 어디고 따라다녔을 거라고 한다. 오 회장은 농촌으로 투신하거나 귀농해 여성농민회를 만들겠다고 애쓰는 젊은 활동가들이 항상 안타까웠다.

해남여성농민회 재정사업으로 밤새 썰어 만든 유자차를 팔기도 했다. 해남여성농민회는 농민들의 건강권을 지키기 위해 만든 농민약국과 함께 마을 곳곳을 다니며 무료진료와 여성농민 교육을 진행했다.

"나는 여성농민운동 하면서 다 좋았어."라고 회상하는 여성농민운동가 오분임의 삶은 눈이 부시게 찬란했던 듯하다.

모든 날, 모든 시간은 아니었겠지만 말이다.

감옥에 갇히다

1990년 경희대에서 추수대동제를 한다고 해서 해남에서도 진도 홍주, 무안 세발낙지, 고천암 쌀 등을 준비해서 서울로 출발했다. 그러나 해남을 벗어나기도 전에 경찰에 막혀서 군청으로 차를 돌렸다. 군청에서 농성하다가 해산하려 하니 가져갔던 농산물을 고스란히 농민들이 물어내야 할 상황이 되었다. 오 회장은 "너그덜이 막아서 우리가 손해 보게 생겼으니 물건값을 물어내라."며 농성을 했고, 경찰은 오 회장과 김영생 농민회장을 잡아 가뒀다.

특수공무집행 방해죄로 한 달 동안 유치장에 갇힌 오 회장은 "이 도둑놈들아 느그가 도둑이지 내가 왜 도둑이냐."라며 문짝을 차면서 투쟁했고, 밖에서는 여성농민회와 농민회원들이 함께했다.

"마침 군대 갔던 둘째 아들이 면회를 왔는데 나를 죄인처럼 묶더라고, 그래서 나를 왜 묶냐고 했더니 법칙이 그렇다고 해. 기가 막혔지."

"나는 아들, 딸 낳고, 아들 둘을 군대도 보냈다. 내가 뭣을 잘 못했냐? 농민들 살자고 농민운동한 것인데 왜 나를 가두냐? 난 조사받을 것도 없다."라고 악쓰며 울었더니 조사하던 경찰들도 눈물을 흘렸단다. 결국 오 회장은 물건값보다 더 받아내고 당당히 유치장을 나왔다. 초등학교 다니던 막둥이 딸이 놀란 눈으로 한 달 만에 돌아온 엄마를 맞이했다.

집 한 채, 땅 한 뙈기 없던 오 회장은 젊은 날 남편과 악착같이 마련한 땅을 살뜰히 보살폈다.

"남편이 죽고 여성농민운동 시작할 때 아들들은 서울 등 외지로 나갔고 막내만 초등학교에 다녔어. 여성농민운동하면서 단돈 천 원도 의지 않으려고 작심하고 살았어. 그때만 해도 남편 약값도 짊어지고 있어서 쉬운 일은 아니었지."

야문 사람 오분임

여성이 나다니는 것을 곱게 볼 리 없었던 농촌에서 여성농민운동을 하자면 얼마나 많은 세평에 올랐을까 싶다. 예수나 선지자도 고향마을에서는 대접받지 못했듯이 오 회장도 전국을 돌아다니며 강연을 하고 타고난 여성농민 선동가로 이름을 높였지만 동네에서는 '미쳤다'는 이야기를 듣기도 했다.

전국을 내 동네처럼 다니면서도 오 회장 논밭은 항상 깨끗했다. 내일 나갈 일이 있으면 밤늦게라도 농사일을 마치고 다음 날 새벽차로 집을 나서야 직성이 풀렸다. 동네 사람들에게 오 회장은 "여성농민회 일하니 하늘이 알아서 돕는가 보다."라고 너스레를 떨곤 했다. 오씨들이 많이 모여 사는 북평면 농민회 총회에 가서 마이크 잡고 연설을 하니 집안 오빠들이 "네가 오분임이냐? 아버지가 누구냐?"라고 물어 "우리 아버지는 오장근이고, 나는 오장근 딸"이라고 당당하게 이야기하면 말만 안 했지 속으로는 눈이 휘둥그레지는 것 같았다고 한다.

그렇게 오 회장은 동네 안팎에서 '야문 사람, 똑똑한 여자'가 되어갔다.

마이크만 쥐면 기가 났제

오 회장은 타고난 선동가다. 사실 여성농민들은 누군가 써준 원고를 그대로 읽는 것이 더 고역일 수도 있다. 오 회장에게는 몸으로 느끼고 머리로 알게 된 것을 여성농민의 언어로 표현하는 것이 더 쉬웠다. 오 회장은 마이크만 쥐면 '기가 난다'라고 표현한다.

"내가 전라도 땅끝에서 여기까지 올 때는 다 이유가 있다. 농산물 수입 말고 쌀값을 올려라. 농민들이 대접받아야 한다. 우리는 농민운동을 시작했으니 똘똘 뭉쳐야 한다. 다음에는 더 많은 숫자가 모이자."

오 회장이 발언하면 사람들 박수가 커졌다. 속이 시원했고 알아 먹기는 더욱 쉬웠다.

마이크만 잡으면 '기가 나는' 오 회장의 연설은 시원하고 쉬웠다.

"꽃만 보고 살 수 있나? 농사짓는 농촌이 뿌리이지. 도시 사람들은 그걸 알아야 해."

농촌 뿌리론은 오 회장의 지론이다.

장에서 아는 사람을 만나면 오 회장의 연설을 들었는지 "아짐 서울 가서 1등 났소?"라고 물으면 "1등 난 것은 모르겠고 여성농민 운동은 했소"라고 한 방 먹이기 일쑤였다.

"여성농민회 하면 밥이 나오요?"라는 비아냥에 "밥 나오지, 암만"이라는 응수는 여성농민운동가 오분임의 자부심을 보여준다.

"수세 없애니 얼마나 좋소. 여성농민회 따라다니면 얼마나 좋

은지 모르요. 당신 농사는 짓소? 안 짓소? 수세 싸움 안 해본 사
람은 이 맛을 모를 거이다.”

오 회장의 연설은 마치 노래처럼 흐른다.

타고났다고 할 수밖에.

다시 태어나도 여성농민

“다시 태어나도 농사지어야지. 농사는 뿌리니까.”

오 회장은 다시 태어나도 농사짓고 여성농민운동 판도 부지
런히 쫓아다닐 거란다. 1990년대 우루과이라운드와 농산물 수
입개방으로 많은 젊은 농민들이 땅을 떠나갔다. 그래서인지 지
금 농촌문제 중 가장 중요한 것을 물으니 역시 농산물 수입 개
방 문제와 가격보장을 꼽는다.

“농민들이 더 똘똘 뭉쳤으면 좋겠는데, 요즘 잘 안 되는 것
같아서 속상해. 정치하는 것들도 일은 안 하고 지랄하고 자빠
졌잖아.”

30년 전 오 회장이 전국을 돌며 외쳤던 구호 그대로여서 그런
지 뒷맛이 쓰다. 오 회장은 자식들에게 ‘노력하면 된다’라고 가르
쳤다. 아버지 한을 풀려고 시작한 강제징용자유족회 활동도, 수
세와 농지세 등 부당한 농민 문제를 해결하기 위해 나선 여성농
민운동 판에서도 오 회장 표현을 빌리자면 ‘뼈 녹아지게 노력’하
며 살았다. 여성농민운동가 엄마 밑에서 자랐으니 너희들도 기

본은 해야 한다 말하고 산 덕에 세 자녀 모두 제 몫은 하고 사는
것 같다.

　오 회장네가 콩 줍듯 논을 사는 데 공이 큰 신방 저수지 근처
에 자리 잡은 오 회장 텃밭엔 마늘이며 양파가 땅속에 꼭꼭 숨
어 볕을 기다린다. 시금치는 파릇파릇 올라와 입맛을 돋운다. 그
많던 붕어와 새우는 저수지가 연꽃으로 가득 차면서 자취를 감
추었다. 아스라이 저수지 너머 마이크 쥔 오 회장이 기가 나서
연설을 한다.

　"농촌은 뿌리고, 도시는 꽃이라니까, 뿌리가 살아야 우리 모두
사는 거이다. 이 썩은 대가리들아."

성옥선 부여

1983년 성문밖교회 여성농민교육을 인연으로 여성농민운동을 시작했다. 사는 게 팍팍해도 '알면 행동해야 한다'는 그의 신념대로 부당함에 맞서 싸우며 현장의 대중성을 높여나갔다. 1991~1993년 충남여성농민위원회 위원장을 지내고, 1993년에 전국여성농민회총연합 4기 부회장으로 활동했다. 호되게 똑똑한 여자, 성옥선은 현재 충남 부여 내곡리에서 젖소를 키우며, 부여 여성농민회 감사를 맡고 있다.

호되게
똑똑한 여자,
성옥선

입춘과 우수가 지나고 아직 찬 기운이 남은 날씨였지만 충남 부여 성옥선의 집으로 가는 길은 벌써 파릇파릇한 봄기운이 올라오고 있었다.

"이렇게 우리가 한자리에 앉아서 밥 먹을 줄은 상상도 못했슈."

서른 해도 더 된 인연들이 그것도 여섯 명이나 한꺼번에 집을 찾은 것이 성옥선은 여간 반가운 게 아니다. 잡은 두 손을 쉬이 놓지 못한다. 왜 연락도 없이 지냈냐는 서운함도, 어찌 지냈냐는 궁금함도 뒤로 하고 마음은 이미 서른 해 이전 어디쯤엔가 닿았다.

"어디 계시유? 여기 반가운 손님들 왔슈. 어여 어여 와유."

오진 충청도 사투리다. 성옥선은 모처럼 찾은 손님들 반기느라 이절자, 박순자를 전화로 호출한다. 성옥선은 이절자, 박순자, 이덕자, 김순옥과 함께 충남 부여 여성농민운동 텃밭에 씨를 뿌린 이다.

1984년, 부여 내곡리 경지정리 피해보상 투쟁부터 시작해서 1985년 토마토 불량 종자 피해, 1987년 부여군 남면 농협 출자금 이용 고배당 문제 등 이슈가 있을 때마다 앞장서던 이들이다.

"요즘? 농사일 없어서 동네 회관에 모여 화투 하지, 10원짜리 화투. 50원만 잃어도 화가 나고, 10원짜리 줬다 뺏었다 하면서… 싸우지는 않는디 으쩔 땐 돈 백 원만 잃어도 기분이 안 난다니께."

(왼쪽부터) 이절자, 박성자, 박순자, 박남식, 성옥선, 이종옥, 김영숙(왼쪽 뒷줄). 대전으로 이사를 간 이덕자 씨를 포함해 이절자(80), 박순자(88), 성옥선(78) 씨는 힘든 시기를 함께 겪으며 충남 부여 여성농민운동을 이끌어 온 남면 내곡 4총사다.

근황을 묻는 말에 성옥선은 생생하게 동네 화투 이야기를 들려주었다. 아직 날이 추워 논밭 일은 없지만 매일 새벽에 목장으로 나가서 1400~1500리터 젖을 짜고, 송아지 밥 주고 돌보는 일로 하루를 시작한다. 그래도 몇년 전에 막내아들이 집 옆으로 이사를 와서 목장 일이 조금은 수월해졌다.

"나도 가방끈 좀 길어볼 참으로다 요즘은 복지관에 영어 공부하러 댕겨유."

성옥선은 영어 단어를 빼곡하게 채운 공책을 펼쳐 보이며 영어공부 삼매경에 빠진 이야기를 들려주었다.

"에이비씨는 대문자 소문자가 뭐가 이리 다르게 생겼는지 몰러. 외우는 게 쉽덜 않아유. 작년엔 솔직허니 고3 수험생보담 공부를 더 하믄 더 했지 덜하던 않았을 거여. 얼마 전에 시험을 쳤는디 '알' 대문자가 아무리 생각혀도 떠오르질 않는 거여. 그래 그거 하나 틀렸시유. 이젠 안 잊어뿌러."

성옥선은 자신이 불쌍해서 두 번 울었다. 중학교 못 갔을 때와 여군 못 갔을 때다. 초등학교 6학년 여름쯤 가을 운동회를 앞두고 염병에 걸려 거의 죽을 뻔했다. 염병이 돌면 온 마을 사람들이 죽어 나가던 시절을 겪은 사람들에게 염병은 공포와 혐오의 대상이었다. 머리가 다 빠져 학교에 간 그를 친구들은 엄청 놀려댔고, 학교 선생님도 운동회 끝나고 오라며 슬쩍 밀어냈다. 초등학교 때 두 번씩이나 월반할 정도로 똑똑했지만 그것이 학창시절의 마지막이 될 줄을 그땐 몰랐다.

방앗간 집이라고 하면 시골 동네에서는 그런대로 유지였던 시절이라, 학교행사가 있으면 으레 학교 선생님은 아버지에게 갖다 드리라며 성옥선의 손에 찬조금 공문을 들려주었다. 그러다가 아버지가 방앗간에 전기를 끌어다가 구조를 바꿔볼 요량으로 크게 투자한 것이 부채로 남으면서 성옥선은 학교로 다시 돌아가지 못했다.

그 이후로도 공부를 다시 해볼 기회는 오지 않았다. 여군이 되려고 원서를 샀지만 그 꿈도 포기해야 했다. 학력 제한 때문에 지원 자체가 안 되는 줄 모르고 있었던 성옥선은 좌절감에 울었다.

"근디 나 한복 짓던 여자유, 이런 말허면 사람들이 곧이듣질 않혀. 한복 짓는다고 하면 차분헌디 나허고는 어울리지 않는다는 겨. 참 내, 오죽허면 울 아버지가 '너는 학교에 가면 친구들하고 말은 허냐'고 할 정도로 하루에 말 두 마디도 안했시유."

그의 나이 스무 살, 딸이 혼자 서울로 간다는 걸 반대하던 아버지 몰래 엄마와 짜고 서울 청량리 친정 작은집으로 갔다. 그때는 성옥선뿐만 아니라 그 나이 또래들이 서울 공장으로 취직하러 올라가는 일이 많았다. 이문동 한복집에서 일하는 친구 소개로 성옥선은 청량리에서 이문동까지 왔다 갔다 하면서 한복 짓는 일을 배웠다.

부여로 내려온 이후에도 한복집에서 일거리를 가져다가 한복 짓는 일을 했다. 일이 많은 날이면 밤새 한복을 지었다. 결혼 후에도 그는 가족들에게 깨끼며 치마저고리, 두루마기를 손수 지어 입혔다.

한복 짓던 이야기를 하다가 성옥선은 사진첩에서 사진 한 장을 꺼냈다. 자신이 지은 한복을 곱게 차려입은 두 딸이다. 두 딸을 생각하면 지금도 마음이 아프다.

"나도 못 배운 게 늘 한인디, 공부 잘하던 두 딸을 변변한 학교도 못 보낸 게 두고두고 미안혀."

자신이 몇 번이나 배움을 포기해야 했던 것처럼 딸들도 원하는 공부를 맘껏 할 수 없었던 것이 미안했다. 낮엔 일하고 밤에 공부할 수 있는 대전 충남 방직공장으로 딸들을 보낸 것 때문에 밤을 하얗게 새운 일도 많았다.

"그때 다른 동네에서 공장에 댕기던 누구누구 딸이 공장에서 3교대로 일하다가 견디지 못해서 다른 곳으로 흘러갔다는 얘기를 들으면 그날은 밤새 우느라 잠을 못 잤다니께."

벼랑 끝에 선 모지랑이

성옥선이 이 동네로 이사를 온 건 1975년 음력 2월 30일이다. 그날은 청와대보다 더 좋은 '나의 집'을 갖는 날이었기에 잊을 수가 없는 날이다. 서천 시댁에서 여기 친정 동네로 이사 오면서 가져온 건 쌀 한 가마와 벼 한 가마가 전부였기에 변변한 집을 구할 형편이 못 되었다. 그래도 성옥선은 시부모를 떠나서 살 수 있다는 것만으로도 이미 충분했다.

"남들이 보기엔 다 쓰러져 가는 집이지만 그땐 절로 찬송이

나올 만큼 천국이었다니께~"

이 집으로 들어오기 전, 성옥선은 사는 게 딱 벼랑 끝에 선 것처럼 아무 희망이 없었다.

"오죽허면 내 성격에 시부모한테 나가겠다고 절을 하고 나왔겠냐구. 참으로 그땐 아무런 희망이 안 보이니께 저절로 용기가 나더라구유. 내가 시부모 앞에서는 한 마디도 큰소리를 해보들 않던 사람이유. 애덜 셋 낳고 젖밥 주려면 뭐라도 먹어야 되는디 늘 배를 곯았다니께."

성옥선은 죽어라 쌀농사 짓고도 쌀밥은커녕 보리밥도 배불리 먹어보질 못했다. 특별한 이유도 없이 며느리를 미워한 시어머니가 고인이 된 지금도 이해할 수가 없다.

"넷째가 배 속에 있을 때여서 현기증이 날 정도로 배가 고픈디 시엄니가 며느리가 먹는 건 다 아까워하는 거여. 일 시키려면 밥이라도 줘야 할 거 아니냔 말여!"

성옥선이 다니던 교회에서 누군가로부터 '며느리가 기도를 잘하더라'는 소리를 들어도 그게 못마땅해서 시어머니는 교회도 못 가게 했다.

"내가 뭐라도 잘하면 그게 다 미움 거리가 되는 거여. 시엄니는 왜 그렇게 날 미워했을까 몰러. 그래 막내 낳기 전에 도저히 안 되겠다 싶어서 시부모한테 말을 혔지. 더 이상은 못 살겠다고, 잘살아 보겠다고 열심히 살았는데 이젠 안 되겠다구, 친정 부모님 욕 먹이기 싫어서 참아 볼라고 했는디 이젠 안 되겠다고."

성옥선은 큰절을 하고 그길로 아이들만 데리고 집을 나왔다. 한 번도 어른 앞에서 큰소리를 내보지 않고 살았던 자신이 그땐 닳고 닳아 윤기 없는 모지랑이 같았다. 더는 참을 기력도 없었다.

남편도 세 살 되던 해 엄마 잃고 설움 많게 컸던지라 아이들을 데리고 집을 나선 성옥선을 막아서지 않았다. 시어머니는 성옥선을 잡았고, 시아버지는 동네에 사는 당숙모한테 쫓아가서 설득해달라고 했다. 하지만 성옥선은 발길을 돌리지 않았다.

"임신 중에 하루종일 농사일을 하고 오면 배가 딴딴하게 뭉쳐서 힘이 들잖여유. 그래 잠시라도 누워 있으면 며느리 걱정은커녕 식구들 밥은 어쩌냐는 걱정이 먼저였시유."

시어머니는 며느리한테는 매사에 안 되는 것 투성이였다. 아니어도 아니라고 말하지 않는 것이 미덕이라고 배우며 살았던 터라 틀을 깨는 데는 용기가 필요했다. 쉽지 않았지만 살기 위해 용기를 냈다. 벼랑 끝에 서서 더는 한 발짝도 움직일 수 없었다. 시집살이 8년 만에 숯덩이같이 타 버린 마음으로는 더는 버틸 수가 없었다.

"남편한테 미리 말은 혔지만 남편은 일 가고 없고, 막상 집을 나오긴 했는디 친정으로는 도저히 못 가겠더라구. 그래서 산 위에서 애들 셋에 배 안에 든 막내까지 혀서 남편이 올 때까지 마냥 기다렸지유."

그렇게 시집살이를 끝내고 친정이 있는 내곡리로 이사를 들어왔다. 친정 부모한테 흉이 될까 걱정되었지만 다른 방도가 없었다. 보잘것없는 집이지만 숨을 쉴 수 있었다. 해방공간이었다. 보릿고개 때 아이들 먹일 게 없어서 남편이 시부모 집으로 보리쌀을 구하러 갔을 때 창고에 보리쌀을 열댓 가마나 쌓아놓고도 남편을 빈손으로 돌려보낸 시부모였다. 원망이 컸지만 그래도 성옥선과 남편은 두 분이 돌아가실 때 마음 편히 가시라고 임종을 지켜드렸다.

하늘마저 돕지 않았던 농촌 현실

"이 동네로 오면서 아무것도 가진 게 없으니 그땐 참말로 새벽별 보고 나가서 별 보고 들어올 정도로 일했지유. 쌀 계를 부으면서 서리 베어 땅을 천여 평 사고, 쉰 가마 또 서리 벼 베어서 땅 사고. 그렇게 했더니 나중에는 되레 빚이 1년 수입보다 더 많아지대, 그래서 밥 두 번 해 먹으려고 했다니께. 뭔 말인 줄 아남유?"

힘들게 일하면서 논 사고 밭을 샀지만 영농 빚을 피할 길 없어서 도망가려고 했다. 도망가는 길이 어찌 될지 모르니 미리 밥을 두 번 해 먹으려고 했다. 그러다 친정 부모님들 얼굴이 떠올라서 주저앉던 일이 한두 번이 아니다.

한창 어려울 때는 쌀을 보고만 있어도 줄어드는 것 같았다. 그래서 여름에는 쌀 대신 수제비 끓여 먹고 빵 쪄먹고 하느라 20킬로그램 밀가루를 열예닐곱 봉지를 먹었다.

농사는 하늘이 돕고 농민이 땀 흘려 지어도 풍년이면 가격은 흉년이 되는지라 아무것도 장담할 수가 없었다. 종묘사와 계약재배로 수박씨, 참외씨, 고추씨를 채종할 때는 형편이 조금 나아지는 듯도 했지만 하늘이 돕지 않을 때는 그나마도 헛수고였다.

"날씨가 안 좋으면 일일이 수술 꽃가루를 암술머리에 살살 묻혀 수정을 혀주기도 하고 손이 많이 가유. 87년에는 600평 밭에 수박이 엄청 풍년이었는디 큰 수해가 나서 수박이 하나도 없이 다 떠내려가 버렸다니께. 솥들이 떠다니구 큰나무들이 선 채로 떠내려가고 방죽이 다 메워져서 그 위로 사람들이 걸어 다닐 정도였으니께 엄청 난리였지유. 옆 마을에서는 산사태로 열두 명이나 죽었다고 허고."

1987년, 서울에서는 한창 호헌철폐, 독재타도 투쟁이 일어나고 있을 때였다. 충남에 사는 활동가들이 수해 복구한다고 성옥선의 마을로 모였다. 그들 중 누구 하나 자기 몸 보살필 틈을 내지 못하고 고생했지만 일 년 농사는 허탈하게 끝나버렸다.

그 난리 통에 정신이 없던 성옥선은 수해복구를 하던 한 활동가 배 속의 아기가 숨을 안 쉬었다는 소식도 나중에서야 전해 들었다. 작은 체구에도 무슨 일이든 몸 사리지 않던 그 활동가를 생각하면 지금도 두고두고 미안한 마음을 지울 수가 없다. 땀 흘린 보람도 없이 가난은 늘 빚을 낳았고, 그것을 감당하기 버거울 때는 야반도주할 생각을 수도 없이 했다.

"그래도 대전에서 실업전문대 다니던 딸이 졸업하고 자취방

돈을 빼서 주길래 그걸루다가 91년에 송아지 다섯 마리를 육백 구십만 원 주고 샀지유. 한우를 키워야 돈이 되긴 하는데 그때는 워낙 생활이 힘드니께 보름에 한 번씩은 돈 순환이 되는 젖소가 더 낫겠더라구."

소를 키워야 돈이 된다는 걸 알지만 소값 파동으로 빚더미에 앉는 이웃들을 보고 모험을 할 수는 없었다.

1980년대 초, 정부가 대규모로 축산 장려 정책을 펴면서 미국 수입 소 구입자금을 풀었을 때, 많은 농가가 소를 샀지만 발육 부진에 병든 소가 많았고, 정부가 수입 쇠고기까지 방출하면서 소값이 폭락했다. 어느 때는 공급과잉을 핑계로 산지 가격이며 도매가격은 폭락했지만 반대 급부로 농가의 사료값 부담이나 소비자가격은 높아졌다. 게다가 저관세로 수입쇠고기가 대량수입되면서 축산농가들은 죽을 맛이었다.

"그해에 소 열병이 돌았는디 우리네 아프면 약 하나 먹고 말지만, 젖소가 귀중하니께 수의사를 불렀지."

수의사가 젖소 해열제 한 번 놔주는데 3만 원을 달라고 했다. 성옥선은 수의사하고 타협을 보고 2만 원에 주사를 맞혔는데 옆집은 고스란히 3만 원을 줬다는 말을 들었다. 주사약 가격이 똑같지 않구나 싶어서 약국에 직접 해열제를 사러 갔더니 한 병에 2천 원이었다. 2천 원짜리 한 병이면 주사를 다섯 번은 놔줄 수 있으니 10만 원은 벌 수 있겠다는 생각이 들었다. 해열제 한 병을 사다가 직접 소 혈관 주사를 놨다.

"배우는 게 우딨어유. 젖소에 '젖'자도 몰랐는데, 허허, 그냥 무조건 찔렀지."

여성농민운동의 중심으로 성큼 다가서다

1980년대 초, 서울의 봄을 거치면서 신군부 들어 모든 집회, 결사, 언론, 출판 등의 자유가 통제되고, 저임금, 저곡가 정책으로 노동자, 농민의 불만이 고조되던 시기에 성옥선은 농민운동을 시작했다. 서울의 땅값은 10배, 집값은 20배로 오르는 동안, 농촌은 농산물 수입개방과 가격폭락으로 점점 피폐해져 갔다. 논두렁에 앉아 새참을 함께 먹던 이가 도시 파출부로 나가고, 불어나는 빚 때문에 생명줄 같던 땅을 두고 도시로 떠나는 이웃들이 점점 늘었다. 1983년 12월, 성옥선은 내곡교회 목사의 권유로 영등포 성문밖교회에서 열린 3박 4일 교육에 참여했다.

"83년 겨울쯤. 그땐 세상이 뭐가 어떻게 돌아가는지 관심도 크게 없고 아무것도 모를 때지. 그때 내가 다니던 교회 김봉환 목사님이 교육에 가보라고 하는 거여. 그래서 이절자하고 내가 같이 교육에 갔지유. 처음에 딱 도착했는데, 아, 안으로 들어가자마자 밖에서 문이 철커덕하고 잠기는 소리가 나는 거여. 교회 댕기는 사람덜이 온 건 줄 알았는디 여기저기서 담배 피우는 사람들도 보이고 혀서 아~ 이거 무슨 간첩 교육인가부다 싶어 겁이 덜컥 났었다니께."

그래도 목사님이 가라고 한 교육이니 별일은 없겠다 싶었지만 정신을 바싹 차렸다. 무슨 소리를 하는지 들어보자 싶어 듣게 된 이야기들은 성옥선의 마음을 흔들었다. 쌀생산비, 농지세 계산하는 법을 알려주고, 농민을 위해 만든 농협이 뭐가 어떻게 잘못 운영되고 있는지, 시청료와 적십자회비를 걷는 게 왜 잘못된 건지 그런 이야기들을 들으면서 성옥선은 세상이 달리 보였다.

"농사짓고 사는 나의 문제인데 왜 정작 당사자인 나는 이렇게 모르고 살았나 싶었지유. 힘없고 가난한 농사꾼도 가슴 펴고 살아야 한다는 말이 내 귀에 콕콕 박히더라구. 시청료 안 내도 된다는 것도 몰랐고, 수세도 농사짓는 사람덜은 당연히 내야 되는 건 줄만 알았지유. 우리가 그동안 너무 몰라서 그냥 나라가 시키면 시키는 대로만 혔구나 싶더라니께유."

사는 형편은 좀처럼 나아지지 않았지만 성옥선은 교육이 있다면 어디든 마다하지 않고 참여했다. 농업 정세가 어떻게 돌아가는지, 여성농민의 삶이 어떤지, 나는 누구이고, 나의 꿈이 무엇이었는지 그렇게 자기 존재에 대해 새로운 자각을 하면 할수록 가슴이 뛰었다.

그 후로 기독교농민회에서 실시한 여성농민 교육을 두 차례 더 갔다 왔다. 1984년 1월, 3박 4일 교육 때는 밤마다 자기 살아온 이야기들을 하면서 다들 대성통곡을 했다. 그런 시간이 성옥선에게도 위로가 되었다. 하지만 다시 현실로 돌아가면 누구와 그런 이야기들을 하는 게 쉽지 않았다. 교회 안에서도 목사가 정치나 사회 이야기를 하면 사람들이 "목사가 목사 일은 안 허고, 맨 빨갱이짓만 헌다."라고 뒷말하는 게 그는 싫었다.

"그때 내곡교회에서 김봉환 목사님이 욕먹어가면서 진짜루 고생 많이 혔지. 내가 그분 덕분에 세상 돌아가는 거에 눈을 떴다고 봐야 혀유. 나한티도 빨갱이라고 하는 사람덜이 많았지만 내가 아니면 됐지 그런 소리가 뭐가 중요하냐 싶었지유."

그의 그런 당당함은 어디서 나온 걸까. 더는 닳아질 수 없는 모지랑이 같던 삶이 그를 그렇게 단단하게 무장시킨 걸까. 하지만 그렇게 단순화시켜버릴 수는 없다.

성옥선이 고개를 들어 정면으로 마주한 세상은 너무 험난했을 터. 성옥선은 그 험난함을 넘을 수 있었던 힘이 '마음을 알아준다는 것', 그리고 '혼자가 아니라 함께였다'라는 것에 있었다고 의미를 부여했다.

"부천인가, 수원인가 장소는 잘 기억이 안 나는디 암튼 언젠가 무슨 교육을 하는데, 리어카를 끌면서 연극 같은 것도 허고 그때 정말로 행복했시유. 우리네가 어딜 가서 우리 사는 이야기로 그렇게 연극을 해봤겠냐구유. 그 담부터는 애덜이 넷이나 되는데 다 집에 두고 잠도 자고 와야 되는 교육을 그렇게 다녔다니께. 참말로 그때 뭔 영화를 본다고 그리 다녔을까 몰러유. 그때 이절자랑 내가 쎄게 돌아다녔지. 지금 막내가 마흔셋인데 막내가 쬐깐했을 때부터 놔두고 다녔으니께. 허허."

성옥선은 그때나 지금이나 뭐든 배우는 게 좋다. 미처 생각하지도 못했던 것을 하나하나 알게 되면서 세상이 달리 보였다. 당사자 문제는 당사자가 풀어야 하고, 알면 행동으로 실천해야 한다는 건 누가 말하지 않아도 당연지사로 여겼다.

"내가 나서지 않으면 그 마음 누가 알아주남유. 내가 모르면 몰랐지 알았으면 행동으로 혀야 한다는 생각으로 어디든 교육만 있으면 댕겼지. 그때는 사는 게 팍팍혀도 교육이라면 열 일 다 제쳐두고 나섰으니께."

1970년대 중후반 사회운동 진영에서는 '노동자, 농민 문제를 해결하기 위해서는 현장 당사자의 요구와 상황에 맞게 역량을 강화해야 한다'라는 논의가 한창이었다. 그러다가 1979년 크리스찬 아카데미 사건과 남민전 사건으로 재야 운동권이 초토화되고, 1980년 광주항쟁을 거치면서 살벌하던 신군부 정권하에서 사회운동은 종교의 외피를 쓰고 전개된 측면이 강하다.

1980년대 초중반, 박남식, 이종옥, 허훈순, 이재현 등의 활동가들은 한국교회여성연합회를 중심으로 농촌탁아, 어린이집 활동, 농촌교회를 통한 여성농민교육에 집중하였고, 현장 여성농민교육을 통해 기존의 부녀회를 독자적인 여성농민조직으로 전환하는 활동에 집중하였다.

이때 교육은 단순히 인지적인 교육을 넘어서 여성농민 스스로 자신의 삶을 만들어가는 주체로 서도록 한다는 것에 의미가 있었다. 살아가는 이야기들을 나누고, 서로 위로가 되고 지지가 되어주는 분위기에 연대의식도 생겼다. 성옥선은 교육에 참여하면서 많은 변화를 겪었다. 그러면서 자주적이고 주체적인 운동 관점에서 현장의 지도력을 세우고자 했던 여성농민운동의 중심으로 성큼 다가섰다.

호되게 똑똑한 여자

성옥선은 교육을 다녀올 때마다 발걸음이 바빠졌다. 그리고 1984년에 6명이 모여 기독교농민회 부여군 '내곡 여성지회'를 조직했다. 조직적인 체계를 갖추었다기보다는 회원도 적고, 회비로 한 달에 100원씩 걷어 운영되는 작은 모임 성격이었다. 게다가 그때만 해도 동네에서 여자가 나서면 시선이 곱지 않았을 때라 모임을 한번 하려면 어려움도 많았다. 그럼에도 회원들이 마을마다 순회교육을 돌고 크고 작은 농민대회나 권리 투쟁에 참여했다.

"우리가 처음에는 여섯 명이서 기독교 여성지회로 시작혔는디 84년부터 계속 싸울 일이 많아서 정말 열심히 허긴 했네유. 84년에 농지개량조합이 경지정리 감보율을 말도 안 되게 높여놔서 부당하다는 진정서를 만들어 청와대 정부 합동민원실이랑 내무부 장관실, 충남도지사 앞으로 발송허고, 마을 주민들에게 서명을 받기도 했어유. 근디 계속 하부기관에 이첩됐다는 소리만 하고는 이렇다 할 답변을 안 하는 거여. 기다릴 수만 없어서 회원들이랑 같이 농지개량조합장을 찾아갔지유. 그랬더니 '어떻게 이런 사람들을 여기까지 오게 했냐'고 부하들을 막 혼내는 소리만 들리고 얼굴은 볼 수도 없는 거여."

예전 같으면 조합장을 만나러 가는 길이 큰 숨을 들이쉬어야 할 만큼 쉽지 않았지만 혼자가 아니기에 당당하게 직원들 앞으로 해서 조합장실로 직진했다.

"많이 당당해졌지유. 예전엔 시골서 조합장을 만나러 간다고 허면 아래서부터 여러 번 절차를 밟아야 얼굴 간신히 볼 수 있었잖여. 그런데 운동을 하면서는 내 권리 내가 찾는 거니께 늘 당당혀야 된다, 바른 걸 외칠 때는 어디를 가나 주저하지 말고, 쫄지 말고 직진해라 이 생각이 절로 나더라니께."

성옥선은 농협 이용 고배당에 대해서 교육을 받는 그것이 얼마나 부당한 거였는지를 알았다.

"그래 그 길로 여자들 세 명이 따지러 무조건 농협 2층으로 조합장한테 갔지유. 아래부터 순서 지켜가면서 허면 우리가 헐소리를 못하겠더라고. 누가 들어주지도 안혀!"

1985년에 경지정리 시행 예정 지역인 내곡리에 도로 확장공사를 하게 되었는데 농지개량조합에서는 농민들이 땅 2,326평을 희사한 것처럼 처리하여 원래 0.8퍼센트인 경지정리 감보율을 1.2퍼센트가 되게 조작하는 일이 벌어졌다. 호당 200만 원 이상의 빚을 지고 있는 마을 농민들에게 감보율이 0.4퍼센트가 인상되는 것은 억울하고 분통이 터지는 일이었다.

그때 성옥선은 주민 대표로 뽑혀 앞장섰다. 당시 '옷핀 투쟁'은 오랫동안 사람들 입에 회자되었다. 경지정리 담보율 보상 투쟁을 할 때 여성농민회원들은 손가락만큼 큰 옷핀을 하나씩 들고 대열의 맨 앞에 서서 경찰과 대치했다. 분도 분이지만 힘이 없으니 그렇게라도 폭력으로부터 자신을 보호할 수밖에 없었다. 그렇게 긴 투쟁 끝에 농민들은 끝내 부당한 감보율을 되돌려 받을 수 있었다.

군수 만나러 갔을 때는 군수가 다른 문으로 나가는 것을 쫓아가서 앞길을 막아섰다. 성옥선은 당시 본인의 땅이 해당된 것도 아니었지만 누구라도 해야 할 일이라는 생각만 했다. 쌀농사도 별로 짓지 않았던 그가 쌀개방 반대 운동한다고 동네 사람들한테 싫은 소리도 마르고 닳도록 들었다. 이어진 토마토 불량 종자 보상 싸움에서도 그와 여성농민회 회원들의 역할은 뒤에서 밥하고, 남자들을 보조하는 것에 머물지 않고 더 많은 사람의 투쟁력을 촉발하는 기폭제가 되었다.

"84년도인가, 내가 이장한테 말혀서 교육을 좀 받자고 했는디 지금 생각혀보면 그건 엄청난 일이었시유. 우리 동네에서, 그것도 꼴통보수인 이장 집에서 박성자가 와서 수세 강의를 혔으니께. 수세를 안 내도 된다는 강의를 듣고는 이장 부인이 '세상에 농민이 농사지으면서 물세도 안 내려고 한다'믄서 양심도 없다고 입을 삐쭉거려 쌌더라구. 근디 차차 물세가 없어지니께 사람들이 우리덜이 하는 말과 행동이 정당하다는 걸 알게 된 거지유. 그래도 사람들은 뒤에서 여자가 나서서 옳은 소릴 허면 '여자들이 호되게 똑똑하다'고 허면서 뜯어댔시유."

그 말에 부러움과 칭찬의 뜻도 있지 않았을까 물었더니 성옥선은 "우리덜이 가방끈도 짧은데 호되게 똑똑하다는 게 꼭 칭찬만은 아니었겄지."라며 웃었다. 옳은 소리는 입 밖으로 내야 하고, 행동으로 보여야 한다는 건 성옥선과 여성농민회 회원들 모두 같았다. 호되게 똑똑한 회원들은 1987년, 농협 출자금 이용고 배당금 전액을 전환출자액으로 돌려받는 과정에서도 큰 역할을 해냈다.

"1987년에 농협에서 출자금 이용고배당에서 절반 이상을 강제로 전환 출자해서 물건을 구입하도록 한 겨. 그때 이절자, 이덕자랑 내가 남면 농협 조합장을 찾아가기도 하고, 조합장 앞으루 다가 공문도 보내고 했지유. 그래도 처음엔 꼼짝도 안 하더라고. 그래 우리가 선전물을 만들어서 남면 일대에 죄다 뿌렸더니 남면이 다 들썩거릴 정도가 된 거여. 그랬더니 다음 날 이른 새벽에 농협 직원들이 득달같이 달려와서는 나더러 다른 데로 이사 가라고 허네. 그딴 거 무서웠으면 시작도 안 했지."

승리의 경험은 현장 여성농민 대중조직의 위상에 관한 논의로 확장되었다. 지회나 분회, 혹은 농민회 산하의 여성부나 위원회가 아닌 독자적인 여성농민 대중조직으로 전환해야 한다는 것이었다. 충남은 1989년 3월 20일에 예산, 부여, 당진, 홍성, 아산 지역 여성농민 활동가들이 모여 여성농민조직 활성화를 위한 모임을 결성했다. 부여에서는 1990년에 부여군 여성농민위원회(초대

위원장, 김순옥)를 결성했고, 1991년에 충남여성농민위원회(초대 위원장, 성옥선)를 조직하는 것으로 이어졌다.

1980년대 후반부터 1990년대 초반은 충남만이 아니라 전국적으로 아래로부터 촉발된 현장 지도력과 투쟁을 기반으로 '자주적 여성농민운동'이라는 정체성을 확고히 세워가는 시기였다.

"85년 1월에 3박 4일로 교육[2]이 있었는데 나더러 사회를 보라고 하더라구유. 그 이후로도 대회가 있거나 교육이 있어도 자꾸만 앞에 서라고 하니께 어쩔 수 없이 앞에 서는 일이 많긴 혔지. 현장 지도력이 중요하대나 뭐래나. 처음엔 가슴이 콩딱거리고, 떠듬거렸는데 막상 내가 겪은 얘기를 하니께 목소리가 더 커지고 할 말도 많은 게 어렵질 않더라구유."

1991년 7월 19일 홍성 문화원에서 충남여성 농민위원회 창립대회가 열렸다. 성옥선 위원장이 앞에서 창립 선언을 하고 있다.

---

2 작은자리 교육원에서 진행된 2차 여성농민교육. 대상은 1983년에 1차 여성농민교육 참가자와 가톨릭농민회, 기독교농민회 등 기관에서 여성농민교육을 받은 사람이었다.

성옥선은 대회 연설문을 보고 읽는 것이 더 불편하고 어려웠다. 그냥 연단에 맨손으로 올라가서 앞에 사람들 얼굴을 봐가며 하고 싶은 이야기들을 했다.

"실질적으로 부딪힌 이야기만 혔지. 농민들이 열심히 일혀도 왜 사는 게 팍팍헌지, 농촌 여자들이 을매나 사람대접도 못 받고 사는지 그런 얘기들이쥬. 남자는 어른이고 왕이고 여자들은 사람 취급도 안 혔으니께. 그때는 농촌 인구가 많아서 그랬는가, 사람이 돼지만 못하던 시절이었시유. 돼지가 새끼를 낳으면 돈을 벌어 좋아혔는디 여자가 애를 낳으면 반가워하지도 않았을 때였으니께. 두루마기 다림질까지 혀서 옷 입혀 시장 보내면 막걸리 마시고 개차반 돼서 돌아오고. 밖에서 뭐에 성질이 났는지 공연히 마누라한테 이불 던지고 물바가지 던지고. 오죽허면 애들 두고 보따리 쌌겠냐구. 죽으면 빚쟁이들 몰려올까 봐 죽지도 못허고. 뭐 그런 얘기덜이었지."

친밀한 통제자들

친정 동네다 보니 성옥선은 농민운동을 하는 게 더 어려웠다. 친정 오빠의 직장을 떨군다더라, 전기고문을 한다더라, 어느 기관에서 데려간다더라. 온갖 소문이 그의 마음을 어지럽혔다. 혹시라도 나 때문에 누가 피해라도 보면 어쩔까 걱정도 됐다. 성옥선에게는 경찰이나 관공서 공무원들보다 오히려 가까운 친척이나 이웃이 더 '친밀한 통제자'였는지도 모른다.

"하루는 친정아버지가 오셔서 오빠 직장 떨어진다고 나더러 농민운동 하지 말라고 하시는 거여. 그때 오빠가 전매청에 총무부장이었거든유. 그래서 내가 오빠한테 물었더니 오빠가 '걱정마라 니가 암만 그러고 다녀도 상관없다' 그러더라구유. 오빠가 나서서 말허지는 못혀도 내가 옳은 일을 한다고 은근히 지지해준다는 걸 그때 알았지유."

실상은 6촌 오빠가 친정아버지를 통해 성옥선이 농민운동을 못하게 하려고 했던 거였다. 동네 산업 계장이었던 친정 당숙도 성옥선을 찾아와서 계속 시비를 걸었다.

"그때 공무원이 있는 집들은 직장 날아갈까봐 다들 그랬을 거여."

농촌의 뿌리 깊은 가부장적 사고는 남편과 집안사람들로부터 받는 무시와 핍박만이 아니었다. 금쪽같은 내 시간 쪼개가며 활동해도 '여자들이 아무리 해봐야 소용없다'는 말을 수시로 들어야했다.

"여자들이 뭐에라도 나서면 여기나 어디나 다 똑같이 못마땅해하고 곱게 보들 않았잖아유."

경지정리 피해보상 서명운동이 한창일 때는 "당신 땅이 포함된 것도 아닌데 왜 여자가 남의 일에 설치고 다니느냐."라며 비아냥대는 말에 서글픈 생각도 들었다.

"그럼 나는 그러지. 내가 땅 없이 살고 있어서 내 이웃의 땅

이 얼마나 소중한 줄 안다고, 내 이웃이 잘 살아야 나도 좋지
않냐고."

그에게는 너무 익숙한 풍경이다. 그 익숙함에서 벗어나는 건
갈등을 각오해야 하는 일이었다. 맘껏 활동하고 싶어도 농사와
집안일 육아, 거기에 곱지 않은 시선들까지 견뎌내는 일이 쉽지
않았다. 어린애들 넷을 집에 두고 여러 날 교육이나 회의하러 가
려면 미안함도 컸지만, 차비가 없어서 나서지 못하는 날도 있었
다. 일상은 그렇게 수시로 그의 발목을 잡았다.

여자들이 기지도 못하면서 뛰려고 한다?

"처음엔 농촌여성이라는 말도, 여성농민이라는 말도 그게 뭐
가 중하냐 싶은 생각에 별로 염두에 두덜 않았지유. 여성농민회
를 따로 생각하지도 않았구. 근디 농사짓는 여자덜 처지가 그게
아닌 거여. 동네 일이나 농민회 활동에 여자덜이 열심히 혀도 우
리를 그냥 단순히 양념으로만 생각하거나 농민 문제가 해결되면
여자덜이 겪는 고생도 다 해결된다는 생각이 답답허더라구유."

성옥선은 1985년 1월에 1박 2일, 부천 작은자리 교육원에서
있었던 토론회가 기억나느냐고 물었다. 성옥선은 농민운동의 중
심 활동가였던 사람으로부터 '여자들이 기지도 못하면서 뛰려고
한다'라는 소리를 듣고는 화가 났다. 전남 무안 이정옥 위원장은
펑펑 울고, 독자적 여성농민회 건설의 배후로 찍혔던 몇 명은 단

63

식도 했었다.

평등과 존엄은 특별함이 아니라 일상의 가장 평범한 것이어야 하지만 운동 내부에서조차 여성은 소수자였다. 성옥선은 농민 문제를 해결하는 것만으로는 여성농민의 존재가 평등해지지는 않는다고 했다.

1980년대 중후반은 조직의 위상을 두고 농민운동 안에서도 꽤 긴 논쟁이 있었다. 여성 활동가들은 조직의 자율성, 독립적인 의 사결정권, 예산의 독자적 집행 등을 요구했다. 하지만 자주적 여 성농민조직이라는 말이 나오면 '농민운동의 역량을 분산시키는 분파주의'라는 반박의 목소리가 컸고, '남성조직의 활성화를 통해 서 여성조직을 강화하는 것이 수월하다'라는 경향이 짙었다. '부 모와 뜻이 안 맞아도 따로 사는 것은 한국 사회에서 합당한 방법 이 아니다'라는 식의 비유는 운동진영 내에서도 여성농민 주체에 대한 인식이 어땠는지를 보여주는 대목이다.

1984년 10월 한국기독교사회연합회 워크숍에서 여성농민운 동 조직전망에 대한 논의 끝에 '농촌'이라는 공간적 개념이 아닌 '사회적 실천을 하는 주체'라는 의미로 '여성농민운동'이 개념화 되면서 이후 '자주적인 여성농민운동 조직'에 대한 논의는 더욱 활성화되었다. 여성농민은 '여성', '농민'이라는 별개의 특성과 꼭 일치하거나 고정된 것이 아니다. 여성이기에 겪는 성차별, 농 민이기에 겪는 계급 차별과는 다른 여성농민이기에 겪는 차별 과 불평등의 문제가 있다.

"당시 이 동네에 서른 두 가구가 살았는데 빚 없는 집은 두 가구뿐이었시유. 모두 농협에서 영농자금으로 빌려다 쓴 빚이 몇백만 원씩은 됐고, 똑똑한 자식 한 둘 있으면 멀리 도시로 고등학교 보낸다고 또 빚이 늘었구유. 거기다가 보수적인 시골에 살면서 여자가 겪는 거까지 허면 을매나 복잡하냐구유. 우리들 처지와 요구에 맞게 조직을 만드는 게 맞는 거지. 농사짓는 여자덜이 평등해지는 건 모두에게 좋은 일이잖여."

그때는 누구라도 당연히 해야 했다

성옥선은 교회에서 농민운동을 시작한 지라 새벽부터 밤까지 농사일하느라 고단해도 교회에 가서 꾸벅꾸벅 조는 게 마음이 더 편했다. 젊은이들이 도회지로 떠나 농촌교회 주일학교 교사는 마흔을 넘긴 교회 여신도들 몫이었다. 성옥선은 농사일을 하다가도 틈틈이 밭이랑에 앉아 아이들을 가르칠 성경 공부를 했다. 지식으로 아이들을 가르치려다 보니 한계가 느껴지고, 바쁜 농사철이 되면 몸이 열 개라도 뭐 하나 제대로 하는 게 쉽지 않았다. 도저히 안 되겠다 싶어 목사님을 찾아갔다가도 교회 사정을 빤히 아는 터라 차마 입 밖으로 드러내지 못했다. 힘들었지만 자신의 신심을 하나님이 기뻐하실 거라는 믿음으로 소임을 다하려고 했다. 그러다 어느 날 교회 내부에서 의견 충돌이 나서 서로 언성을 높이면서 싸우는 모습을 보고는 '이런 곳에 정말 사

65

랑, 평화가 있나? 그랬다면 나보다 더 똑똑허고 위에 있는 양반들이 저러고 싸움을 하겠나' 싶었다. 사는 게 퍽퍽해도 자신보다 다른 사람을 먼저 섬기는 게 사랑이고 평화라고 배웠다. 이런 맘으로 믿음 생활하면 안 되겠다 싶어서 교회를 관뒀다.

교회에서 운동을 시작했던 성옥선에게 종교에 대한 믿음이 실망으로 바뀐 것이 작지 않은 영향을 주었다. 게다가 집 농사일이며 젖소 키우느라 짬도 없었지만 젊은 활동가들이 각자 사정으로 하나둘씩 지역을 떠난 후로는 성옥선의 마음도 같이 시들해졌다. 홍성으로 예산으로 먼 길 마다하지 않고 다니던 성옥선은 이제 본인의 자리는 뒤쪽에서 잘한다고 지지해주는 역할이라고 생각한다.

"내가 부여군 여성농민회 감사인 건 맞는디 젊은 사람들 사이에 껴 있는 것이 쉽덜 않아유. 요즘 부여 여성농민회는 젊은 일꾼들이 스물다섯 명도 더 되는디 똘똘 뭉쳐서 사업도 잘허구. 근디 회의 한번 하면 서너 시간씩 하는 거는 내가 이젠 못 허지."

아들이 '엄마는 농민운동을 더 했어야 했다'라고 했단다.

"나두 아쉽지유. 1990년대 후반 북한에 같이 못 간 것두 아쉽고. 다시 돌아가면 여성농민운동 더 열심히 할 거구만. 그때는 누구라도 당연히 해야 할 일이었지유."

성옥선은 그때 다같이 애썼던 이름을 하나씩 불렀다. 특히 부여에서 열심히 활동했던 이재현 이름에 여운을 남겼다.

"이재현이가 여기 살면서 고생 많이 했시유. 지금은 어떻게 사는지 궁금하네. 그땐 여자들이 대학 나온 것만도 대단한 시절이라 가방끈 긴 여자들이 왜 뭣 하러 이런 데까지 와서 고생하느냐고 내가 막 뭐라고 그랬다니께. 그래도 우리 혼자서는 힘들었을 텐디 다들 애썼지유."

성옥선은 빨리 통일이 돼서 열차 타고 북한에 가고 싶다. 그리고 너무나 늦어버린 중학교 졸업장도 따고 싶다. 실버 여농이든 골드 여농이든 두 다리 성할 때 예전의 여성농민운동 활동가들도 만나고 싶다.

"아프지덜 말구 살면 좋지만서두 세월이 워디 우리를 기다려준대유? 우리는 또 우리가 할 일이 있겠지유."

몇 해 전 《서른 전여농, 세상의 힘, 변화의 중심》[3]이 발간됐다. 때로는 누군가의 가물가물한 기억을 소환해야 했을 터. 제목 그대로 《서른 전여농》에는 '세상을 바꾸는 변화의 중심에 선' 여성농민들의 크고 작은 꿈과 역동이 곳곳에 배어 있었다. 서른 해를 좀 더 거슬러 올라가다 보면 거기에 수많은 1세대 여성농민운동가들의 사랑과 투쟁과 연대가 있다.

1980년대 서슬 시퍼런 신군부 정권 시절. 자기로부터, 마을로부터 일어나 저항의 힘을 만들어 갔던 선배 동지들의 역사는 당연함이 아니라 특별함이었다.

'그때는 누구라도 해야할 일'이었지만 누구나 그 길을 가지는 않았다. 당사자의 목소리로, 당사자의 힘으로 쌓아올린 여성농민운동 역사에 가치를 부여하는 일이 더 당연한 일이다.

3 전국여성농민회총연합이 1989년 12월 18일 창립부터 2019년까지의 활동을 담은 여성농민운동 30년사를 엮어 2020년에 펴낸 책.

임봉재 산청

노래에, 공부에, 운동까지 잘했지만, 10남매 맏이가 짊어져야 할 짐이 많았다. 배움에 대한 갈증에 화답하듯 기회도 많았지만, 임봉재의 배움은 늘 이타적 삶을 위한 도구였다. 1977년 한국가톨릭 농촌여성회를 만들었고, 2010년 여성 최초 한국가톨릭농민회 회장에 선출되었다. 자연과 사람에 이로운 생명 농업인으로 지리산 자락에서 토종 씨앗을 남기며 살고 있다.

봉재의
정원

"딸애라고 공부를 안 시키던 시절이었어요."

어린 봉재는 '호롱불도 아깝다'라며 꺼버리는 할머니 성화에 못 이겨 책을 품고 캄캄한 밖으로 나온다.

달빛 받은 밀대가 반짝인다. 어머니가 이웃집 농사일 해 주고 품삯으로 받은 밀짚 더미에 푹 들어앉으니 밀대 빛에 글자가 어른거린다. 국어책에서는 영희와 철수가 뛰놀고, 산수책에서는 덧셈과 뺄셈이 힘겨루기한다.

봄밤을 달구는 달빛과 밀대 덕에 글과 셈을 익힐 수 있었던 어린 봉재는 일찌감치 안경을 써야 했다.

지난봄, 텃밭에서 수확한 보리와 호밀을 갈무리해 원두막 지붕에 널며 생전 처음 만져본 밀대는 반질반질하고 단단한 것이 당장이라도 달빛을 내어줄 태세다.

이제 내겐 '밀대'가 '봉재'다.

광주에서 산청으로

1세대 여성농민운동가인 임봉재 선생님이 사시는 경남 산청
을 가기 위해 여농기행팀이 모인 곳은 뜻밖에 광주였다. 가톨릭
농촌여성회를 만들고 '농촌 부녀'에서 '여성농민'이라는 개념을
널리 알린 여성농민운동 대모 임봉재 선생님이 사는 곳이 부안
이나 김제 어드메인 줄 알고 광주에 모인 일행에게 종옥 언니는
"여기서 산청 한 시간 반이면 가."라며 태연히 답한다.

'광주 5.18 40주년'에 참석 못해 영 마음이 불편하다던 남식
언니는 하루 전날 내려와 광주항쟁 기념지를 돌아본 후 종옥 언
니 집에서 하룻밤 자고 광주 학동 순댓국집에서 종옥 언니 부부
와 후발대를 맞이한다. 광주는 어딜 가나 맛집인데 동네 사람이
고른 순댓국집이니 맛이야 두말하면 잔소리다. 해태 타이거즈 야
구선수들 신문기사로 도배를 한 순댓국집 구석방에서 그만큼 오
래된 인연들이 소주잔을 부딪치며 임봉재 선생님 만나러 가는
길을 축복했다.

광주 만찬을 뒤로 하고 종옥 언니가 운전하는 차를 타고 산청
으로 향하는 길, 강천휴게소에 들러 멋진 모자 하나씩 둘러쓰고
하하 호호 깔깔대며 두 팔 벌려 너른 품 내어주는 산자락으로
빨려 들어간다.

이름만 들어도 가슴 뭉클한 지리산 동쪽에 자리한 산청에 들
어서니 뜨거운 그리움이 몽실대며 올라온다.

산청군 입석에 자리한 중촌마을 회관을 지나 막다른 골목에 차를 댄다. 나무 대문 활짝 열어젖힌 임봉재 선생님이 환한 웃음으로 우리를 맞이한다.

삼십 년 만에 반가운 포옹과 세월의 흔적을 주워 담는 인사들이 오가고 나무 대문 안으로 들어서니 하얀 꽃 마삭줄 덩굴이 아치를 이룬 정원과 텃밭에서 뿜어내는 향기에 몸과 마음은 이미 황홀경이다. 마삭줄 옆에는 인동초, 백리향, 매발톱, 작약, 체리 세이지, 제비꽃, 원추리 등이 향기로 피어 연신 코를 벌렁이게 한다. 향기와 풍경에 취한 우리를 두 팔 벌려 환영하는 마리아상 옆에는 '타샤의 정원'을 일군 임봉재 선생님과 스물예닐곱으로 돌아간 남식, 종옥, 성자 언니가 꽃처럼 피어난다.

자연 그대로인 봉재 씨가 지리산 자락을 배경으로 쓰윽 들어서니 한편의 풍경화가 완성된다.

여기는 '봉재의 정원'이다.

솔숲을 품다

몇 년 전 퇴임하고 내려온 동생 신부와 한 울타리 두 집 살림하는 봉재 씨는 20년 전 솔숲 하나 보고 산청 중촌마을로 내려왔다. 봉재 씨가 한눈에 반한 솔숲 옆에 세운 멋진 농막에서 동생 신부님이 삼겹살을 굽는 동안 '봉재의 정원' 너머 '봉재의 부엌'을 네댓 번 오가며 저녁상을 완성했다.

2021년 5월 경남 산청 집 대문 앞에 선 임봉재.

파김치, 갓김치에 매실장아찌며, 삶은 머위와 쌈 거리, 몇 년 묵은 지도 모를 매실주를 나르는 동안 마당 곳곳에 핀 카모마일, 세이지, 박하 향에 정신이 팔려 저녁상이 자꾸 늦어진다.

양파, 마늘 등 겨울 작물들이 흙 속에서 몸집을 불리는 동안 상추, 케일, 신선초가 마음껏 초록을 뽐내고 소나무, 편백, 감나무, 석류나무에 둘러싸인 '봉재의 정원'은 보는 것만으로도 이미 배가 부르다. 퇴임 선물로 따라왔다는 복실이는 동생 신부님 주변을 맴돌더니 음식 나르는 봉재 씨를 졸래졸래 따라다니기 바쁘다. 낯선 손님들에게까지 순한 눈빛을 내어주는 고마운 녀석이다.

"농민운동 한다고 속리산 어디쯤 산다는 누나 집에 갔다가 눈이 한없이 온 덕에 갇혀 버렸어요. 다음 날 미사를 봐야 해서 겨우 차를 몰아 내려왔는데, 그러고 나니 두 번은 못가겠더라고요. 그래서 고마 내려오라고 했죠."

능숙한 솜씨로 구원 낸 고기를 권하며 동생 신부님은 산청 마을에 정착하게 된 연유를 설명한다. 10남매 맏이인 누나가 평생 결혼도 안 하고 농민운동 한다고 전국을 쫓아다니며 가난하게 사는 동안 동생 신부님은 가톨릭농민회 지도신부가, 아버지는 늦깎이 가톨릭농민회원이 되었다.

"풀만 무성했던 이 땅을 소개하는데 솔숲이 마음에 무척 드는 거예요. 그래서 단박에 나 여기 살래요, 해버렸어요."

삶의 원천이었던 어머니가 1999년 두 번째 쓰러지자 봉재 씨는 살고 있던 상주 집에 어머니를 모셨다. 그러나 평생 따뜻한 남쪽 나라에서 살았던 어머니는 '산골 집이 춥다'라며 적응하지 못했다. 봉재 씨에게도 늘 그리움의 대상이었던 고향 집에서 어머니를 모시려 했으나 폐암으로 먼저 세상을 떠난 동생 때문에 그마저도 여의치 않았다.

동생 신부 소개로 내려온 중촌마을 소나무 숲에 매료당한 봉재 씨는 두말없이 땅을 계약하고 집을 짓는다.

"회장님 나 돈 없어요. 모자란 것은 나 죽으면 이 집 팔아서 보충하세요."

손에 쥔 돈이 넉넉할 리 없는 봉재 씨는 땅과 집짓기를 주선한 성당 사목회장님께 떼를 썼고 회장님은 선선히 그 부탁을 받아주었다. 인복 많은 봉재 씨다.

상주 공동체 마을에서 붙박이로 살려고 온 맘과 힘을 모아 지은 집에서 5년도 살지 못하고 산청으로 내려와야 했던 봉재 씨는 한동안 마음을 붙이지 못했다.

가톨릭여성농민회(이하 가여농)에서 가톨릭농민회(이하 가농) 운동가로 유목민 같은 삶을 살다가 '농촌 마을에 정착해야겠다'라는 생각에 1995년 돈에 맞춰 알아본 200평짜리 땅은 서울에서 제주도까지 30명의 주인에게 도장을 받아야 했다. 가격과 위치에 여러 사람이 덤볐다가 '30명 동의서' 문턱에서 포기한 덕에 찾아온 기회를 봉재 씨는 놓치지 않았다. 법무사 도움 없이 1년 동안 30명 동의를 받아 땅을 사는 데 성공한다.

땅 등기를 위해 찾아간 등기소에서 법무사를 통하라는 직원들을 사흘 품 들여 끈질기게 설득한 대목에서는 감탄의 박수가 터져나왔다.

헌 집에 빈방 하나를 빌려 지내면서 짓기 시작한 집은 3개월 만에 완성되었다. 공동체를 꿈꾸는 마을과 첫 집에 듬뿍 정을 들인 봉재 씨는 엄마 때문에 이사해야 했지만, 쉽게 정을 떼지 못했다.

"집 잘 지었다고 집 산 사람한테 밥 얻어먹어 본 사람이 있을까요?"

얼마나 집을 잘 짓고 가꾸었던지 새로운 집주인은 감사 전화도 부족해서 꼭 한번 음식 대접을 하고 싶다고 했다. 그러잖아도 상주공동체의 그리움에서 빠져나오지 못했던 봉재 씨는 초대에 응했고, 그 후로 상주 산골 집에 대한 마음을 내려놓을 수 있었다.

몇 해 묵었을지 모를 알콜기 하나도 없는 매실주 건배를 끝으로 저녁 식사를 마치고 다시 '봉재의 정원'을 건너 '봉재의 부엌'으로 빈 그릇들을 날랐다.

붉게 타던 태양도 '봉재의 정원'을 물들이며 지리산 저편으로 들어가 버리고, 산청 중촌마을엔 봄밤이 까맣게 내려앉는다.

잿물 소녀, 봉재

1942년생인 봉재 씨는 거제도 고현에서도 6킬로미터 더 들어간 두메산골 시골 마을 양정에서 10남매 맏이로 태어났다. 지금은 양정이 아파트촌으로 변했지만 6·25전쟁 당시 포로수용소가 들어선 곳이다. 조부모와 아버지 형제들로 대가족을 이루었던 봉재네는 거제도에 피난민이 넘쳐나자 아래채를 내주고 제 집에서 비좁은 피난살이를 해야 했다. 어린 봉재는 조부모 틈에 끼여 잠을 잤다. 동네 뒤쪽에 포로수용소가 들어서자 초등학교 3학년 때 봉재네는 거제읍에서 3킬로미터 떨어진 외갓집 동네 명진 마을로 강제 소개 당한다.

너나없이 입에 풀칠하기 어려웠던 때 어머니, 아버지가 남의 집 일을 하고 받아온 품삯은 보리쌀이나 땔감용 밀짚이었다. 목수였던 아버지가 가끔 돈을 받아오면 효자였던 아버지는 할아버지에게 드렸고, 할아버지 주머니로 들어간 돈은 나올 줄 몰랐다. 대식구 살림을 해야 하니 할아버지 주머니의 돈도 흔적 없이 사라졌을 것이다. 식구가 많았던 봉재네는 배급으로 나온 옥수수로 언감생심 빵 만들어 먹을 생각은 못하고 옥수수죽, 보리죽으로 끼니를 때웠다. 죽이라도 먹을 때는 그나마 나았다. 칡뿌리 껍질을 벗겨 씹거나 죽을 끓여 허기를 때운 보릿고개에는 형제자매들의 굳은 똥을 어머니가 꼬챙이로 파내기도 했다. 전쟁으로 폭격당한 민중들의 삶은 어린 봉재에게도 그대로 투영되었다. 월사금을 못 낸 아이들은 학교에서 맞고, 쫓겨나기 일쑤였지만 어린 봉재는 부모님께 월사금 달라는 소리를 입 밖에 내지 못했다. 월사금 때문에 학교에서 쫓겨난 줄 알면 "아이고 잘됐다. 아이나 봐라."라고 할 판이니, 시치미를 뗀 체 아침 일찍 일어나 청소며 설거지를 하고 아이들 등교하는 모습을 시계 삼아 책보를 메고 학교로 내달렸다. 학교 안으로 발 들일 수 없었던 어린 봉재는 소나무 언덕에 몸을 숨긴 채 글을 읽고 덧셈, 뺄셈을 공부하다 하교 시간에 맞춰 집으로 내려왔다.

'가다 말다'를 밥 먹듯 하며 5학년을 보내고, 6학년을 맞이했다. 6학년 등교 첫날 어린 봉재는 든든한 지원군을 만난다. 6학년 2반으로 배정을 받고 보니 당시 여자아이들을 학교에 안 보낸 탓에 한 줄밖에 안 됐다. 6학년 2반 담임에 '김진호 선생님'이 호명되자 여자아이들이 자리에 앉아서 울음을 터뜨리고 영문을 모르는 봉재만 뻘쭘하게 서 있었다. 4학년 때 한 반이었던 친구가 "봉재야, 앉아라." 하기에 "왜 그러냐?"고 물으니 김진호 선생님이 호랑이라서 아이들이 피한다는 것이었다. 5학년을 제대로 다니지 못해 김진호 선생님에 대한 정보가 없었던 봉재는 '나는 교실에서 공부만 할 수 있으면 호랑이라도 괜찮다'라고 생각하며 그대로 서 있었다.

김진호 선생님이 "6학년 2반 교실로 들어가."라는 소리에 따라 들어간 여자아이는 봉재가 유일했다. 앉아서 울던 여자아이들도 할 수 없이 봉재를 따라 우르르 교실로 들어왔다.

김진호 선생님은 반을 나눠 자리를 배치한 뒤 시험성적대로 앉혔다. 시험을 본 뒤 아이들을 복도에 줄을 세우고 분반별로 아이들을 앉혔는데, 남자아이로 채워진 1분반에 봉재와 또 한 명의 여자아이가 호명되었다. 공부 잘하는 아이들로 구성된 1분반에 여자아이는 둘뿐이었다. 교육에 대한 열의가 남달랐던 김진호 선생님 덕에 교실에서의 공부시간은 어린 봉재에겐 해방구이자 맘껏 행복한 시간이었다.

그러나 공부시간이 끝나면 봉재는 왕따 신세였다. 한국전쟁으로 피난민들이 몰려들었던 거제도에는 전국에서 온 아이들로 학교가 북적였다. 서울이나 제법 큰 도시에서 온 피난민 아이들과 읍내 여자아이들은 알록달록한 원피스를 차려입었고 어린 봉재만 엄마가 잿물 들여 만들어 준 치마저고리에 머리도 집에서 제멋대로 자른 채였다. 저희와 다른 입성을 한 잿물 소녀 봉재가 감히 공부까지 잘하니 질투가 폭발한 아이들은 봉재를 따돌리기 시작했다. 공부만 할 수 있다면 봉재에게 왕따 따위는 아무것도 아니었다. 오히려 치기 어린 어린애들 놀이 같았다. 봉재의 능력과 재능을 단박에 알아챈 김진호 선생님이 학예발표회 때 봉재에게 발표를 맡기자 아이들의 시샘은 한껏 커졌다. 운동신경이 좋아 달리기까지 잘한 봉재는 운동회가 열리면 공책이며 연필을 싹쓸이했다. 갯물 소녀 봉재의 재능은 아이들에게 따돌림의 이유일 뿐이었다.

어린 봉재는 봉재 씨가 되어서도 옷과 머리를 손수 지어 입고 자른다. 왕따는 어린 봉재를 더 강하게 만들었고 '자족하고 자급하는' 기술을 빨리 익히게 했을지도 모르겠다.

똥 막걸리

3대째 가톨릭 집안의 맏이인 아버지는 독실한 천주교 신자다. 신부님과 수녀님이 귀했던 시절 봉재네 집은 공소로 사용되었다. 어린 봉재는 어머니가 전해주는 성서 이야기를 들으며 말을 배웠다.

전쟁고아가 많아지자 거제 본당 신부님들은 고아원을 짓기로 하고 목수였던 아버지에게 일을 맡겼다. 급할 때는 성년의 나이로 고아원에서 생활하는 스무 살 무렵의 청년들이 일을 거들었다.

태풍이 몰고 온 비가 세차게 내리던 날 양철지붕을 얹던 아버지는 함께 일하던 청년일꾼이 미끄러지는 것을 막으려다가 3층 높이 지붕에서 떨어지면서 척추를 다친다.

우악스럽게 내리는 비를 쫄딱 맞으면서도 책이 젖을까 봐 가슴에 책 보따리를 품은 채 집으로 내달리던 봉재는 마자루 가마 둘러쓰고 허둥대며 뛰어가는 할아버지와 마주친다.

봉재가 "할아버지 어디 가요?"라고 소리치니 멈춰선 할아버지가 다급히 소리친다 "봉재가? 퍼뜩 가자."라며 어린 봉재를 몰아 도착한 곳은 돌팔이 병원으로 소문난 읍내 김의원이었다. 사고 소식을 들은 어머니와 친척들까지 병원에 모여 "아버지 다 죽게 생겼다."라며 한소리씩 하며 큰 병원으로 옮겨야 한다고 했지만, 태풍을 헤치고 통영으로 나갈 배를 구하기는 어려웠다. 신부님과 군수 영감이 나서 어찌어찌 여객선에 아버지를 싣고 어른들은 통영병원으로 향했다. 어린 봉재는 혼자 터덜터덜 집으로 돌아와야 했다.

며칠 전 아버지는 가만히 봉재를 불러 "봉재, 니 중학교 가고 싶나?"라고 물었다. 안 그래도 학교에서 중학교 갈 아이들을 모아 입시 과외를 한다고 남아서 공부할 사람 손을 들으라고 했는데 봉재는 차마 들지 못했다. 학교 들어갈 남동생들이 줄줄이 있으니 부모님께 말씀드려봐야 대답은 뻔했다. 봉재네 집안 사정을 잘 아는 김진호 선생님은 아버지를 찾아가 설득했고 아버지는 웬일로 봉재에게 중학교 갈 준비를 하라고 말씀하셨다.

혼나거나 회초리 맞을 때 외에는 한 번도 아버지를 독대한 적이 없었던 어린 봉재는 당장 소리라도 치고 기뻐 날뛰고 싶었지만, 아버지 앞에서는 "예"라는 한마디만 겨우 할 수 있었다. '내게도 이런 일이 있다니!' 며칠 동안 중학교에 갈 생각에 황홀한 시간을 보냈는데 아버지의 사고는 어린 봉재에게 한번 올까 말까 한 행운을 날려버리고 말았다.

통영병원으로 옮겼지만, 지붕에서 떨어진 충격으로 척추뼈가 겹친 아버지를 수술할 방법이 당시에는 없었다. 할 수 없이 어른들이 달려들어 아버지의 상·하체를 잡아 늘어뜨려 겹친 척추를 뽑아 깁스를 한 것이 다였다. "평생 방바닥에 등을 지고 살아야 한다."라는 의사 말에 크게 낙담한 아버지는 식구들을 불러 병원에 돈 쓰지 말고 집으로 데려다 달라고 했다.

"그때 차가 어디 있어요? 외삼촌이 야전침대 매트리스를 구해소 구루마에 아버지를 태워 집까지 끌고 오셨어요."

집으로 돌아온 아버지는 '뼈에 좋다'며 봉재와 남동생 똥을 막걸리에 걸러 낸 '똥 막걸리'를 들이켰고 엄마는 마늘 한 통을 입에 넣어주었다. 올망졸망한 아이들을 책임져야 하는 아버지는 어머니가 손에 똥독 올라가며 걸러준 지독한 '똥 막걸리'를 한 달간 복용한 끝에 지팡이에 의지해 걸을 수 있었다. 하느님의 은총인지, 우연인지 알 수 없었지만, 평생 누워 지낼 것이라던 서양의학의 예견을 이긴 민간요법의 승리처럼 보였다. 오랜 시간이 지난 후 어머니도 아버지처럼 '똥 막걸리'에 의지해 다친 허리를 치료하려다 결국 굽은 허리는 펴지지 않았다. ㄷ자로 굽어진 허리 때문에 어머니는 돌아가실 때까지 하늘 한번 시원하게 보지 못했다.

아버지 사고 소식을 들었는지 김진호 선생님은 반장, 부반장을 앞세워 봉재를 찾아와 돈 걱정 말고 졸업장을 받아가라고 했다. 며칠 후 어린 봉재는 거제초등학교 46회 졸업생이 되어 '빛나는 졸업장'을 받았다. 장학금을 염두에 둔 김진호 선생님이 중학교 시험을 권했지만, 남동생 생각에 봉재는 머리를 가로저었다.

다음 해 초등학교에 들어간 남동생 담임을 맡은 김진호 선생님이 제안한 중학교 편입시험도 봉재는 받아들일 여유가 없었다. 그다음 해까지 끈질기게 시험을 권하는 선생님 성의를 봐서 시험도 보고 합격도 했지만, 중학교는 남동생들에게 양보하고 엄마와 본격적으로 농사지으며 집안일을 돌보기 시작했다.

어린 봉재에게 초등학교 졸업장을 안겨준 김진호 선생님은 거제도에 살 때 몇 번 뵈었지만, 농민운동 한다고 바삐 살다 1980년대 말 뒤늦게 찾아보니 이미 세상을 떠나셨다. 호랑이 김진호 선생님은 어린 봉재에게 다시없을 은인이셨다. 인덕 많은 봉재 씨다.

어머니와 수녀원

초등학교를 졸업한 봉재 씨는 아버지 사고 후 외갓집이 있는 명진에서 거제읍 성당 앞으로 다시 이사한다. 성당 소유 논 여덟 마지기 소작을 얻게 된 봉재 씨는 엄마와 동네 품앗이를 하며 억척스레 농사를 지었다. 모내기 철이면 동네를 돌아다니며 전날 쪄놓은 모로 모내기를 하고 다시 저녁때 모 쪄놓기를 반복하며 온 동네 모내기가 끝날 때까지 일해야 했다. 손톱은 자랄 새가 없었고 손끝에서는 피가 났다.

우연히 눈이 간 봉재 씨의 손은 농사일로 잔뼈가 굵기도 했지만, 류머티즘으로 뼈마디가 툭툭 불거져 있었다. 평생 농사에 바친 손이라고 치켜올리기엔 봉재 씨가 감당해야 했던 세월의 몫이 너무 커 '봉재 씨의 손'에 그만 숙연해진다.

아픈 아버지를 대신해 농사와 집안일을 맡아 하면서도 배움에 대한 욕구는 사그라지지 않았다. 천주교 집안에서 태어난 모태신앙인 봉재 씨는 수녀가 되면 공부도 하고 집을 벗어날 수 있을 거라 생각했다.

"봉재 니는 목소리가 좋으니 오르간을 배워라. 노래하고 오르간을 치면 수녀원 어린이집 같은 데서 할 일이 있다."

먼저 수녀원으로 향한 동네 언니 말을 떠올린 봉재 씨는 밤이면 초를 들고 성당으로 향했다. 잘 놀고 있는 동생 꼬집어 울린 뒤 둘러업고 아이 본다는 핑계로 성당에 가서 오르간을 치기 시작했다. 초등학교 6학년 때 칠판에 악보를 그리고 음악 수업을 했던 김진호 선생님 덕분에 악보를 읽을 수 있었던 봉재 씨는 음악 시간이나 되어야 만져볼 수 있었던 풍금 치던 기억을 되살려 더듬더듬 오르간을 익혔다. 소문이 났던지 성당에서 오르겐 치시던 분이 봉재 씨에게 오르간을 가르쳐 주겠다고 나섰다. 저음의 울림이 있는 목소리로 노래에도 소질이 있던 봉재 씨는 빠르게 오르간을 배웠고, 1950년대 말 쉽게 접할 수 없던 음악의 세계를 만난다.

오르간을 치고 노래를 할 수 있게 되자 부산 분도수녀원 수녀님이 대청동성당 유치원을 소개하며 봉재 씨에게 중학교를 보내주겠다고 한다. 기뻐 소리라도 쳐야 할 봉재 씨는 중학교 가는 것은 좋은데 만약 나중에 수녀가 되지 않으면 죄를 짓게 되는 것이니 제안을 받아들일 수 없었다. 어머니같이 살지 않기 위해 수녀가 되는 길을 고민하고 있었지만, 아직 어찌 될지 모르는 운명 앞에 봉재 씨는 신중하고 솔직했다.

수녀원, 배움을 달다

'나같이 가난한 아이들'에게로 늘 마음이 향했던 성심수녀원. 첫 줄 왼쪽에서 세 번째가 임봉재.

열여덟 살 되던 해 선을 보라는 아버지의 명령이 떨어졌다. 1960년의 일이니, 그때만 해도 선을 본다는 것은 집안끼리 혼인이 결정되었고 결혼 날짜를 잡는다는 의미였다. 당시 성당 사목 회장을 맡고 있던 아버지는 성당에서도 성격이 불같은 호랑이로 소문났다. '선' 보라는 이야기에 봉재 씨는 옆집에 살던 정교회장 (결혼하지 않고 성당 일을 하는 여성)님 집으로 달려갔다. 어머니에게도 말 못한 수녀의 꿈을 털어놓으며 '선' 보는 것을 막아달라고 회장님께 매달렸다.

"나는 느그 아버지 무서워서 못한다."라고 손사래 치던 회장님도 계속되는 봉재 씨의 호소에 할 수 없이 조카 신부가 있는 대구로 봉재 씨를 피신시켰다. 1960년 4월 새벽같이 집을 나선 봉재 씨는 '선'을 피해 도망간 대구에서 4·19혁명을 맞이한다. 지금도 대구 남산동 파출소 앞을 지나던 데모대의 물결이 선하게 떠오른다.

정교회장님 조카 집에 머물던 봉재 씨는 호랑이 같던 아버지의 편지를 받고 3개월 만에 집으로 내려온다. 엄마는 10남매의 막냇동생 아들을 낳았고, 아버지는 동생들을 돌볼 봉재 씨가 필요했다. 그렇게 어려웠던 시절 엄마는 아들을 다섯이나 낳고도 기가 죽어지냈다. 맏딸 봉재 씨를 낳고 바로 이어 아들 셋을 낳았지만 첫째, 둘째 아들이 어릴 때 죽어, 셋째, 넷째 아들 다음에 태어난 딸들은 천덕꾸러기 신세를 면치 못했다. 엄마는 딸을 낳고 혼자 탯줄을 자른 채 밭에 나가 일을 했다. 물론 그 후로도 아들들을 낳았지만, 여동생을 낳을 때마다 어머니는 죄인같이 굴었고, 할머니의 구박은 더해졌다. 어린 여동생들이 깔깔대며

마당을 뛰놀면 할머니는 "지집아들이 시끄럽게 논다."라고 소리
쳤고 어머니도 덩달아 부지깽이를 들고 여동생들 입단속에 바빴
다. 보다 못한 봉재 씨가 "할머니는 어릴 때 지집아 아니었나?"
라고 항의하니 할머니는 "저 지집아 하는 소리 봐라."라며 기가
차 했다. 엄마한테 붙들려 부지깽이로 죽지 않을 만큼 맞았지만
어린 봉재 씨는 오히려 시원했다.

　봉재 씨는 아들을 많이 낳고도 딸을 낳을 때마다 죄인이 되
는 여성의 삶을 받아들일 수 없었다. 어머니처럼 살기 싫었고 결
혼 말고 집을 나올 방법을 찾으며 수녀원에 가야겠다는 생각을
굳혔다. 그러나 수녀원을 가려고 해도 대부분의 수녀원에서는 적
어도 중학교 졸업장과 지참금 5만 원을 요구했다. 졸업장도 지참
금도 없었던 봉재 씨에게 성심수녀원 모집공고는 한 줄기 빛이었
다. 스물한 살 때 성당 신부님께 성심수녀원에 가고 싶다고 추천
서를 써 달라고 말씀드리니 아버지의 반대가 심했다. 봉재 씨는
아버지의 반대를 무릅쓰고 새벽에 배를 타고 부산으로 나가 하
루 종일 완행열차에 시달리며 서울의 수녀원에 도착한다.

　봉재 씨는 성심수도원에서 1년쯤 살면서 수녀원 내에서의 차
별을 느끼며 갈등하기 시작한다.

　"수녀원을 택한 것은 결혼을 피해 집을 벗어난다는 것도 있었
지만 나같이 어려운 아이들을 돕고 싶어서였어요."

　수녀원은 대학 졸업장을 기준으로 '마더'와 '시스터'로 신분이
나눠졌다. 마더와 시스터는 수녀복으로 한눈에 구별할 수 있었

고, 할 수 있는 일도 달랐다.

남녀차별을 피해 들어온 수녀원에서 계급 차별을 느낀 봉재 씨는 '잘난 여자들 뒷바라지나 하려고 여기까지 왔나?' 싶어 수녀원을 나가고 싶은 마음이 커졌다.

그러나 아버지의 극심한 반대를 뿌리치고 들어온 수녀원이라 이러지도 저러지도 못한 채 1년의 세월이 흘렀다. 그러던 차에 '회개와 쇄신'을 주제로 1962년 10월부터 1965년 12월까지 열린 제2차 바티칸공의회에서 교회 내 차별을 없애는 교회개혁을 결의했다. 제2차 바티칸공의회는 세계의 주교들이 한자리에 모여 신앙과 도덕에 관한 교리와 사목 문제를 협의·결정하기 위해 100년에 한 번씩 열리는 공식회의로 교황 바오로 23세가 소집했다. '전례의 변화, 타 종교와의 연대, 세상 속으로' 등 시대변화를 담으려 노력한 바티칸공의회는 봉재 씨가 수녀원에서 느꼈던 계급과 차별을 없애고 평등한 교회로의 변화를 적극 받아들였다. 마더와 시스터로 구별하던 수녀들의 복장도 단출하게 통일했다. 공부를 마치지 못한 수녀들은 공부를 더 시키기로 하고 아직 수녀 서원을 하지 않은 사람들은 집으로 돌려보냈다.

바티칸공의회가 열리던 해 봉재 씨는 일본의 수녀원에서 생활하고 있었다. 마음 못 잡고 땡깡부리던 봉재 씨를 성심수녀원에서는 일본으로 보낸 것이다. 원장 수녀님은 봉재 씨에게 바티칸공의회 결정 사항을 알려주면서 수녀원에 남아서 더 공부할 것을 제안했다. 수녀원에서는 총기 있고 똑똑한 봉재 씨가 공부를 마치고 수녀가 되기를 원했다.

그러나 이미 삐딱 선을 탄 봉재 씨가 '이제 공부를 해서 뭘 하지?'라는 생각과 평생 수녀원에서 살 수 있을지 고민이 깊어갈 즈음 손에 잡히는 대로 '가톨릭 성인전'을 집어 들었다. 책 속에는 스페인 무사였던 '이나시오 로욜라' 성인의 이야기가 펼쳐졌다. 전장에서 부상을 입고 상이군인이 된 이나시오 로욜라는 현실에 괴로워하며 하느님을 부정한다. 그러던 어느 날 문득 성서를 보고 성령을 입은 이나시오가 33세에 중학교에 들어가 성인이 되는 과정을 쭉 따라 읽었다.

"운명처럼 이나시오 로욜라 성인을 만나면서 내가 참 교만했다는 생각이 들었어요."

그 후 봉재 씨는 하느님이 주신 기회를 거역하지 않고 한국으로 돌아가서 학업을 이어가기로 한다.

성심학교에서 중1 과정을 마친 봉재 씨는 월반해서 중3 과정을 검정고시로 마쳤다. 고1 과정 학생이 부족하자 성심학교 선생님들은 봉재 씨 진학 문제로 고심했다. 성심학교는 다른 수녀원에까지 학생모집 공고를 냈고 몰려온 수녀들로 고1 과정을 편성할 수 있었다. 성심중학교 음악 교사가 결근이라도 하면 고등학교 2학년에 재학 중이던 봉재 씨에게 음악 수업을 맡길 만큼 봉재 씨는 수녀원의 기대와 지원을 한껏 받았다.

수녀원의 기대와는 달리 봉재 씨는 성심학교에서 공부하고 아이들을 가르치면서도 고향에 있는 '나처럼 가난한 아이들' 생각에 괴로웠다. 수녀원에서 오히려 쫓아내 주기를 바라면서 문제를 일으켜 보지만 봉재 씨를 지키고 싶었던 수녀원에서는 또다시 일본으로 보낸다. 다시 찾아간 곳은 후지산 근처 시즈오카현에 있는 '수녀수련소'였다. 일본에서도 '부러운 것 없는 아이들이 오는 성심학교에서 일을 해야 할지' 고민이 이어지던 차에 둘째 남동생이 대구에서 교통사고로 입원했다는 소식이 날아온다. 동생은 편지에서 신학대학을 다니는 형이 등록금이 없어서 휴학을 했다는 소식을 전했고, 봉재 씨는 바로 한국행을 결심한다. 미국인이었던 관구장(한국, 일본 교구를 관장하는 역할)까지 나서 봉재 씨의 한국행을 말렸지만 "성서에 네 이웃을 사랑하라고 하는데 나에게는 부모형제가 가장 가까운 이웃이라고 생각합니다."라며 한국으로 돌아온다.

동생 등록금이 급했던 봉재 씨는 한국에 돌아와 외국인 아이들 돌보는 일을 했지만 역시 보람을 느끼지 못하고 얼마 안 가 일을 그만둔다. 수녀원의 도움으로 동생 학비를 마련한 봉재 씨는 남은 학업을 마치기로 하고 성심학교 급사 일을 하면서 고3 과정을 마친다. 드디어 27세 봉재 씨 손에 고등학교 졸업장이 쥐어진다.

필리핀, 신용협동조합을 만나다

고등학교를 졸업한 봉재 씨는 전문대학이라도 가라는 주변의 권유를 뿌리치고 1968년 고향 거제도로 내려온다. 마침 같은 수녀원에 있다가 나와서 결혼한 친구 남편이 가난한 아이들을 위해 거제고등공민학교를 세운다는 소식을 듣고 1969년 음악 교사로 합류한다. 말이 음악 교사였지 영어, 가정까지 할 수 있는 과목을 다 맡아야 했다. 자신같이 어려운 아이들을 가르칠 수 있다는 사실에 기꺼이 즐거운 날들이 이어졌다.

"아이들 집을 방문해서 엄마들을 만나보면 꼭 우리 집, 우리 엄마 같았어요."

수녀원 시절 마음은 항상 고향 거제로 향했고, 머리는 '나 같은 아이들'로 꽉 차 있었던 봉재 씨는 70여 명의 1학년 학생들 담임으로 열정을 다했다. 학비를 내지 못한 아이들을 집으로 돌려보낸 서무담당 선생님에게 "내 반 아이들은 혼내거나 집에 돌려보내지 말라."며 적은 월급을 털어 학비를 대납하며 아이들을 지켰다. 어린 봉재를 지키고 싶어 했던 김진호 선생님처럼 말이다.

2년간 담임을 하고 3년째 되던 해에 성심수녀원에서 같이 지냈던 손인숙 수녀가 방문한다. 노동·도시빈민 등 사회운동에 몸담고 있는 손 수녀님은 필리핀 민다나오에 있는 세이비어대학 부속 연구소 씨어솔린에서 운영하는 동남아시아지역 농촌사회 지도자들 재교육과정에 다녀왔다며 봉재 씨에게 조심스럽게 제안한다.

"나는 거제도를 떠날 생각이 없어서 거절했어요. 여동생 둘도 학교에 데리고 있었고 아이들 가르치는 일도 보람 있었구요."

그러나 결국 봉재 씨는 떠밀리듯 1972년 필리핀으로 떠난다.

등 떠밀려 간 필리핀에서 봉재 씨는 신용협동조합 운동을 만나면서 거제도에서 해야 할 일을 찾아낸다. 가난한 농촌 사람이 자립할 수 있도록 지원하고 든든한 지역공동체의 역할을 신용협동조합(이하 신협)이 할 수 있을 것이라는 믿음이 커지자 봉재 씨는 '한국에 돌아가면 거제도에 신협을 만들겠다'라는 꿈을 꾼다.

한국 신협 사례를 중심으로 논문을 쓰려던 봉재 씨가 마땅한 자료가 없어 애를 먹고 있을 때 마침 한국에서 임진창 교수가 교환교수로 씨어솔린에 온다. 봉재 씨는 임 교수에게 자신의 뜻을 전하고 논문 쓸 자료가 없다고 하자 임 교수는 크게 반가워하며 한국에 돌아가면 필요한 자료를 보내주겠다며 한국에 돌아오면 꼭 연락을 달라고 했다.

임 교수가 보내준 자료로 논문을 쓰고 무사히 씨오솔린을 졸업한 봉재 씨가 한국에 돌아오자마자 고맙다고 전화를 하자 공항까지 마중 나온 임 교수는 동교동에 있는 협동조합연구원으로 차를 몰았다.

다시, 거제도

1973년 한국으로 돌아온 봉재 씨는 협동조합연구원에서 박희섭 원장과 함께 일하는 선생님들을 만난다. 한평생을 협동조합 운동에 바친 박희섭 원장은 거제도 출신으로 봉재 씨의 출현을 유독 반겼다. 거제도에 협동조합연구원 지부를 만들 계획을 하고 있어, 잘 됐다며 협동조합연구원 거제도 지부에서 같이 일할 것을 제안했고, 봉재 씨는 거제도 지부에서 집체교육과 마을 단위 신협 교육을 맡아 진행했다.

협동조합연구원에서는 협동조합 운동(소비자, 의료 등)에 관한 전반적인 교육을 하고 있었다.

초기 신용협동조합 운동을 배우러 전국에서 온 사람들은 지역에서 공동체를 일구고자 하는 사람이 대부분이어서 봉재 씨는 보람을 느꼈다. 그러나 1975년부터 신협 직원 채용이 공채로 전환되면서 사명감을 가진 신협 운동가보다 직장으로 신협을 선택하는 사람이 늘어났다. 신협 운동에 회의를 느끼던 봉재 씨는 서울본부 교육 활동을 접고 거제도 지부 신협 활동에 힘을 쏟았다.

거제도에서 마을 단위 신협을 교육하고 조직하고, 새로 생긴 조합 회계를 초등학교 또는 중학교를 졸업한 여자아이들에게 맡기고 신협 복식부기를 가르쳤다. 그러나 복식부기와 실무를 몸에 익힐 만하면 보수와 업무환경이 더 좋은 직장을 구해 떠났다. 새로 사람을 뽑아 훈련시켜봐도 마찬가지여서 결혼해서 마을에 사는 젊은 여성들을 교육시켜 회계를 맡겨보았다. 그러나 월말에 점검 가서 회계장부를 달라고 하면 출납기록은 오간 데 없고 오직 입으로만 한 달간 들고 난 출납액을 줄줄이 토해낸다.

반복되는 현실 앞에 한계를 느낀 봉재 씨는 마을로 돌아다니며 교육하는 것보다 자신이 마을에 정착하는 것이 좋겠다는 생각으로 농촌 탁아운동을 고민한다. 봉재 씨의 고민을 들은 협동조합연구원 사람들은 유치원 교사 자격증 취득을 권했고, 마침 열리는 이스라엘 하이파대학 부속연구소 깔멜 교육과정에 다녀올 것을 제안한다. 영어, 불어, 스페인어로 나뉘어 진행되는 교육과정에 유치원 코스가 있다는 말에 솔깃해진 봉재 씨는 이스라엘 행을 결심한다.

이란 테헤란에서 주 1회 이스라엘 가는 비행기에 맞춰 준비했다. 당시에는 외국 나갈 때 한 사람이 소지할 수 있는 돈이 100달러였다.

'거제 석유비축기지반대 운동' 전력으로 여권 발급부터 쉽지 않았던 '이스라엘행'은 도착하기까지 고생길이었다. 이스라엘 가면 사진과 슬라이드를 많이 찍어오라는 동료의 부탁에 경유지인 홍콩에서 슬라이드 필름을 사느라 환전한 돈의 절반 이상을 써버렸다. 그런데 홍콩에서 하룻밤 자고 떠난다던 비행기가 고장으로 하루 더 홍콩에서 묵어야 하는 상황이 발생했다. 그렇게 예정에서 하루를 더 홍콩에서 묵고 테헤란에 도착했으나 이스라엘 가는 비행기가 3일 후에나 있다는 것이었다. 우선 3일 묵을 호텔 방을 구하기가 쉽지 않았다. 가까스로 공항에서 꽤 먼 거리에 있는 에빈(Evin) 호텔에 방이 하나 있다 하여 밤중에 택시 타고 찾아가 하룻밤을 묵었다. 다음 날 아침 봉재 씨는 '하루 숙박비가 60달러'라는 호텔 직원 말에 깜짝 놀란다.

"지금도 에빈 호텔 이름을 잊지 못해요. 가진 돈이 40달러밖에 없는데 하루 호텔 방이 60달러라니까 얼마나 놀랐겠어요."

호텔에 사정 이야기를 하고 한국대사관 연락처를 받아서 겨우 연락 하니 대사관 직원은 도울 방법이 없다며 전화를 끊어버린다. 멍해진 봉재 씨는 공항 갈 택시비만 남기고 가진 돈을 다 주고 공항에서 노숙할 생각으로 짐을 빼는데 호텔 직원이 다급히 부른다.

"프런트에 가보니 방을 예약한 사우디아라비아 남자가 서 있는 거예요. 무슨 일이냐고 물어서 사정을 이야기하고 미안하다며 방을 빼주겠다고 했죠. 그랬더니 그 사우디아라비아 사람이 자신은 어젯밤 친구 집에서 잤고 지금도 그럴 수 있으니 걱정하지 말고 방을 쓰라고 하는 거예요."

한국대사관에서 뺨 맞고 얼얼해져 있는데 인연 한 점 없는 외국인에게 위로와 도움을 받았다. 인복 많은 봉재 씨는 이역만리에서 또 한 번 이렇게 위기를 넘긴다.

하얗게 눈이 내리던 11월, 에빈 호텔의 끝내주는 전망을 보며 이틀 잠자리는 해결했지만 수중에 돈이 없던 봉재 씨는 호텔 방 수돗물로 배를 채워야 했다. 허기진 채 비행기에 오른 봉재 씨는 기내식으로 제공된 콜라를 허겁지겁 마셨다가 목이 타들어 가는 고통을 느껴야 했다. 그 기억에 봉재 씨는 지금까지도 콜라, 사이다 같은 탄산음료를 입에 대지 않는다.

우여곡절 끝에 이스라엘 까멜에 도착했지만, 여권 발급 지연과 비행기 고장까지 겹쳐 늦게 도착한 탓에 유치원 과정은 이미 정원이 차버렸다.

영어로 진행하는 과목 중 지역사회개발과목은 수강이 가능하
다는 말에 겨우 수강 신청을 하고 8개월간 지역사회개발 과목을
공부했다.

유치원교사 자격증은 놓쳤지만, 거제도에서 지역 운동을 해야
겠다고 생각한 봉재 씨에게 오히려 맞춤한 과목이었다. 이스라엘
에서 8개월 동안 교육을 받으면서 봉재 씨의 농촌과 지역, 교육
에 대한 그림과 희망은 더욱 커졌다.

농촌부녀에서 여성농민으로

1976년 이스라엘에서 돌아온 봉재 씨에게 손인숙 수녀는 "너
랑 같은 생각을 하는 사람"이라며 수원교구 공소에서 활동하던
엄영애 씨를 소개한다.

이스라엘에서 방금 도착한 만큼 지역사회운동에 열의가 팽팽
했던 봉재 씨는 엄영애 씨, 손 수녀와 "쇠뿔도 단김에 빼자"라며
'농촌부녀' 활동을 모색한다.

세 사람은 농촌부녀를 모집하기 위해 우선 홍보물을 내기
로 하고 최초의 여성농민 소식지 〈농촌부녀 1호〉를 발간한다.
'농촌에서 온 편지' 같은 내용으로 채워 낸 소식지는 세 사람
이름으로 3호까지 나왔고, 이후 가톨릭 농촌 여성조직의 대
표 소식지가 된다.

봉재 씨는 겸업하던 협동조합연구원을 그만두고 본격적으로

농촌 지역을 돌아다니면서 여성들을 교육했다. 작은 방에 옹기종 기 엄마들을 모아 놓고 무슨 말을 하는지도 모르고 떠들어대면 엄마들은 눈을 반짝이며 응대했다. 전국 교육을 하면 여성농민운동에 뜻은 있지만 가톨릭 신자가 아닌 여성들도 찾아왔다. 정신없이 전국을 다니며 교육한 지 1년도 채 안 된 1977년 1월 14일 경기도 발안천주교회 교육원에서 '한국가톨릭농촌여성회'를 결성했다. 1대 회장에 김영자 씨가 선출되었고, 2년 후 봉재 씨는 2대 회장을 맡는다.

가톨릭농촌여성회 교육은 전국 교육, 지역 교육, 마을 교육으로 나눠 진행했는데 전국 교육은 전국 각지에서 참여한 참가자들과 세미나형식으로 진행했고, 교육을 이수한 사람은 지역으로 내려가 지역교육의 주체가 되었다. 마을 교육 또한 강사를 제외하고는 마을회원이 준비하고 주관하며 지역 여성의 역량을 키우는 장이 되었다. 1977년부터 1979년까지 진행한 가여농 초기 여성 농민교육은 '농촌문제의 원인과 과제, 농촌 여성문제, 농촌 여성운동사, 협동 활동사례, 농촌 여성 건강문제, 가정간호법, 노래와 놀이, 가톨릭 농촌 여성 활동 방향' 등 여성 농민 문제의 본질과 운동의 필요성부터 일상생활에서 필요한 정보까지 여성 밀착형 교육으로 손색없었다.

봉재 씨와 엄영애, 손 수녀 3인방이 만들기 시작한 〈농촌부녀〉는 1985년까지 8년간 34호까지 발행하며 가톨릭여성농민회 기관지 역할을 톡톡히 했다. 가여농 소식지는 그 후로 〈품앗이〉

〈여성농민〉으로 제호를 바꿔가며 1987년까지 꾸준히 발행했다. 그러나 아직 혈기왕성한 30대 중반 농촌 여성 활동가 봉재 씨는 교육해도 바로 실천으로 연결되지 않는 농촌 여성의 현실에 답답함을 느꼈다.

"지금 같으면 충분히 이해할 텐데 그때는 옳다고 생각하면 실천을 해야지 왜 도로아미타불이 되는지 이해도 안 되고 속만 상하더라구요."

신협 운동하면서 만난 농촌 여성들도 농촌 현실과 회계 등의 교육을 해도 다음 달이면 까맣게 잊기를 반복했던 것처럼 가톨릭농촌여성회 활동을 하면서 똑같은 문제와 마주한 봉재 씨는 떠돌이 교육보다 한 마을에 들어가서 사례를 만들어야겠다는 결심을 한다.

가톨릭 신자이다 보니 자연스럽게 가톨릭농민회를 찾게 되었고 당시 협동조합과 지역공동체운동을 활발히 이끌던 가톨릭 원주교구 지학순 주교를 찾아간다. 지학순 주교는 원주지역은 사람도 많고 운동도 어느 정도 자리를 잡아가니 농촌을 원하면 경상도가 좋겠다며 본당 대부분이 농촌 지역인 안동교구 두봉 주교를 소개한다.

1979년 봉재 씨는 안동으로 두봉 주교를 찾아간다. 1954년 한국전쟁의 상흔이 완연한 한국선교를 위해 파견된 파란 눈의 프랑스인 두봉 주교는 1969년 안동교구 주교가 되면서 농촌문제와 농민운동에 관심을 갖고 지원을 아끼지 않았다. 안동 가톨릭농민회를 만들고 농민회관을 세우는 등 가톨릭 농민운동의 근간을 만든 두봉 주교는 '오원춘 사건'으로 알려진 '영양 불량씨 감자투쟁'을 적극적으로 지원해 승리로 이끈 가농 운동의 숨은 공로자이다.

두봉 주교는 봉재 씨를 반기며 정호경 안동가톨릭농민회 지도 신부와 권종대 회장, 정재돈 총무를 소개한다.

마침 아래층 안동교구 농민회 사무실에 있던 세 사람을 만난 봉재 씨는 성당, 교회, 학교, 유치원, 어린이집이 없고 새마을운동이 잘 안된 곳으로 자신을 보내 달라는 까다로운 조건을 제시한다. 안동교구는 농촌 지역 기초조사가 잘 되어 있었다. 자료를 바탕으로 봉화 1개 마을과 예천 2개 마을을 후보로 찍었다. 봉화와 예천을 가보고 결정하기로 하고 교구청을 나온 봉재 씨가 몇 걸음 떼는데 정재돈 총무가 뒤쫓아와 봉화마을 사람이 마침 농민회 사무실에 왔으니 만나고 가란다.

'일이 되려니 일사천리던가' 싶어 봉재 씨가 가던 길을 접고 사무실로 들어서니 봉화 구천마을에 산다는 전우익 선생이 "우리 동네를 왜 올라고 하니껴?"라며 반가이 맞는다. 나중에 안 사실이지만 《혼자만 잘 살믄 무슨 재민겨》 저자로 유명해진 전우익 선생은 해방 후 조선민주청년동맹(민청)에서 활동하다가 사회안전법 위반으로 6년간 감옥생활을 했다. 그 후 귀향해 40여 년간 꼼짝 않고 농사를 짓고 글을 짓던 전우익 선생은 당시까지만 해도 봉화, 안동까지만 이동의 자유가 있는 사회안전법 감시자였

다. 가톨릭 신자는 아니었지만 두봉 주교, 가농 사람들과 교류
하며 지내던 터였다.

"사실은 좀 쉬고 싶은 곳을 찾는데 그 마을이 좋을 것 같아
서요."라는 봉재 씨의 대답에 전우익 선생은 "오세요. 와도 되니
더."라고 화답했고, "오늘 당장 가보자."라는 전우익 선생 제안에
두 사람은 두말없이 봉화군 상운면 구천리로 향한다.

낡은 기와집들이 들어찬 마을 앞에는 냇물이 흐르고 새마을
운동의 광기에도 허물어진 기와집과 어그러진 돌담이 남아 있던
마을풍경에 봉재 씨 마음이 설렌다.

"선생님, 이 마을 너무 좋아요. 빈집이 있을까요?"

단박에 마음을 정한 봉재 씨가 물으니 전 선생은 호호백발에
허리가 반쯤 굽은 76세 할머니 집으로 안내한다. ㄱ자 집으로
방 두 개를 터놓은 방은 얼마나 오랫동안 손을 안 탔는지 흙이
떨어져 나가 대나무가 드러난 채로 살짝만 밀어도 벽이 흔들릴
정도였다. 낡아서 떨어진 창문은 창틀이 흔적을 알릴 뿐이었다.

"이 아가씨만 좋다면 나야 괜찮니더."라는 말로 주인 할머니
허락을 받은 봉재 씨는 대나무 살 드러난 흔들리는 흙벽도, 떨어
져 나간 창문틀도 고향 집처럼 반가웠다.

1970년대 말, 30대 중반의 깡마른 여자가 굽이굽이 산골 마을
허물어져 가는 집 곁방살이를 하는 것이 무에 그리 신나는 일이
었겠냐만은 어렸을 때부터 독립적인 생활에 도가 튼 봉재 씨는
대궐 같은 집으로 이사하는 것마냥 들떴다.

99

"농촌 마을에서 여자 혼자 사는 것이 괜찮았냐?"라고 묻는 성자 언니에게 "마을 사람들이 나를 나가라고 할까 봐 그것이 제일 무서웠지 혼자 사는 것이 힘들다는 생각은 한 번도 안 해 봤다."라는 대답이 돌아온다. 일찌감치 어머니와 농사지으며 동생들을 키워낸 봉재 씨에게 남의 시선과 수군거림은 중요치 않았다. 목표와 자신의 의지만 있다면 불가능한 일은 없어 보이는 봉재 씨다.

구천마을은 전씨 집성촌으로 예전엔 봉화에서는 알아주는 부자마을이었다고 한다.

"치마양반이라고 들어봤어요?"라고 묻는 봉재 씨에게 "바지사장은 들어봤다."라며 현문우답을 해버렸다.

'몸이 아파 요양 온 아가씨'로 마을 사람들에게 자신을 소개한 봉재 씨는 도배와 창문을 새로 바른 자신의 방을 마을 책방으로 꾸몄다. 신협연구원 동료에게 책을 모아 보내 달라고 SOS를 쳐서 마련한 책은 책장이 없어 방바닥 신세였지만 아이들은 교과서를 들고 봉재 씨 책방을 찾아오기 시작했다. 교육열이 높았던지 호기심인지 몰려든 아이들 공부를 봐주었고, 책을 빌려 가는 아이들도 생겼다. 말 그대로 마을 공부방인 셈이었다.

"한 아이가 매일 소설책을 빌려 가는 거예요. 이상해서 아이에게 너 이 책을 매일 한 권씩 읽니?"라고 물으니 아이는 도리질을 치며 빌려 간 책은 할머니가 읽는다고 한다. 문맹률이 높을 때인데 그것도 할머니가 매일 한 권씩 책을 읽는다는 사실에 궁금증이 더해진 봉재 씨는 다음 날 책 읽는 할머니를 찾아 나섰고 '치마양반' 유래를 듣게 된다.

봉화에서 전씨 집안 땅을 밟지 않고 갈 곳이 없을 정도로 부자마을로 소문난 이 마을 사람들은 몰락한 양반집 딸들과 결혼을 많이 했다. 바깥일을 꺼리는 유교적 전통이 강한 양반가 여성들이다 보니 농사일은 논일이건 밭일이건 자연히 남자들 몫이었다. 이 마을에서 남자들이 쪼그리고 앉아 풀 메는 모습은 흔한 풍경이었다. '치마양반'은 몰락한 양반집 딸과 결혼한 남편들을 지칭하는 말로 지금 듣기에도 생소하다.

이 동네 여자는 치마는 정강이가 보이면 안 되고 팔이 보이는 옷은 입지 않는다. 바지는 물론 금지다. 봉재 씨가 처음 이 마을에 집 보러온 날 만난 동네 구멍가게 아가씨는 청바지 차림의 봉재 씨가 이 동네 살러 올 거라고 건네는 인사말에 '옷부터 치마로 바꿔 입으라'고 강력히 조언한다.

예전의 봉재 씨 같았으면 펄쩍 뛰었겠지만, 지역사회개발 과정을 공부한 뒤로는 '다른 사람과 생각이 달라도 반격하지 말고 그저 예, 예 하라'는 가르침을 떠올리며 "예, 예" 하고 넘겼다.

팔십을 바라보는 지금도 비닐멀칭 안 한다고, 농약 안 친다고, 온 동네 사람이 잔소리를 해도 그저 "예, 예" 대답하고는 봉재 씨 하고 싶은 대로 자연과 사람에게 이로운 농사를 짓는 지혜를 발휘한다.

"그 마을에서는 일부러 바지만 입었어요. 치마에서 한번 지면 또 다른 것을 요구하니까 앞에서는 예, 예 해놓고 내 생각대로 밀고 나갔어요."

어렸을 때부터 농사일에 이골이 난 봉재 씨는 호미를 들고 젊은 엄마들과 산을 오르며 약초를 캤다. 남자들만 일하는 모내기에도 끼여 모내는 솜씨를 자랑하며 마을 사람들과 어울렸다.

책을 빌리고 공부하러 온 아이들로 시끌벅적했던 봉재 씨 집도 1980년 5월 18일이 지나면서 공기가 변하기 시작했다.

그날도 아이들 공부를 가르치고 있는데 새마을지도자가 술에 잔뜩 취해서 아이들은 아랑곳하지 않고 봉재 씨에게 삿대질하며 "우리 동네에 쉬러 왔다고? 당신 뭐 하는 사람이야?"라며 소리치고 행패를 부렸다. 다음 날 다시 찾아온 새마을지도자는 공청회 발표 자료를 앞에 내놓으며 봉재 씨를 닦달한다. 1980년 4월 17일 경제인연합회를 빌려 농민 문제를 주제로 연 첫 공청회에서 봉재 씨가 발표한 가톨릭농민회와 가톨릭농촌여성회 발표를 문제 삼은 것이다. 어쩌면 처음부터 가톨릭농민회와 관련 있는 봉재 씨를 예의주시해 왔는지 모를 일이다.

모내기 철인데도 봉재 씨 집에 공부하러 오던 아이들 발길이 뚝 끊어졌다. 알고 보니 이 마을 주민 30퍼센트가 월북 가족인데 빨갱이로 소문난 봉재 씨에게 아이들을 보낼 리 없었다.

역경이 닥칠수록 투지가 강해지는 봉재 씨는 무거워진 분위기를 벗어나려고 모내기하는 들녘을 찾아다녔다. 부지깽이 손도 빌린다는 모내기 철이니 마을 사람들은 일솜씨 좋은 봉재 씨 손을 반나절이나마 빌려야 했다.

마침 언니가 '마을이 너무 예쁘고 좋다'고 하니 속는 셈 치고 여름휴가를 언니 집에서 보내기로 하고 여동생이 봉화 집에 쉬러 왔다. 여동생을 데모하다 피신 온 여학생인 줄 알았는지 봉재 씨가 일하러 간 사이 경찰서장은 혼자 있던 여동생에게 취조하듯 이것저것 묻고 있었다. 오전 모내기 마치고 돌아온 봉재 씨가 서울에서 간호사 하는 동생인데 휴가차 쉬러 온 것이라고 해도 믿지 않던 경찰서장은 직원신분증을 확인하고 나서야 떨떠름한 표정으로 돌아갔다.

경찰서장이 돌아가자 여동생은 "언니가 나쁜 길에 들어섰으니 부모님께 말씀드려서 데려가라고 했다."며 울면서 언니에게 같이 서울로 올라가자고 사정했다.

"우리 집에서는 언니가 팥으로 메주를 쑨다고 해도 믿는다."라고 경찰서장에게 항변하던 동생이 걱정을 잔뜩 안고 떠나고, 경찰의 감시는 심해졌다.

형사를 붙여 봉재 씨를 감시하기 시작했고, 소문은 안동교구 두봉 주교에게 날아갔다. 두봉 주교와 안동농민회 사람들은 더는 마을에서 활동하기 어려우니 나오라고 했지만, 봉재 씨는 "저를 죽이기야 하겠습니까? 설령 죽인다 해도 저들의 소행임이 분명하니 나쁠 것도 없지요. 지금 나가면 오히려 나쁜 선례가 되니 견뎌 보겠다."라며 오히려 설득했다. 봉재 씨는 자신을 감시하는 지서장에게 오히려 "당신이 나를 지켜 달라."고 선방을 날리기도 했다.

억압과 탄압에는 우회와 타협을 모르는 봉재 씨다.

상황이 이러니 가톨릭농민회 이병철 회장까지 찾아와 가톨릭 농민회에서 일하자고 제안한다. 봉재 씨는 가톨릭농촌여성회 활동하다가 어떻게 가톨릭농민회 일을 하냐며 거절했다. 그러나 이찬배, 정성헌 씨 등 가농 활동가들이 찾아와 설득하기도 했고, 더는 마을 활동이 어렵다고 판단한 봉재 씨는 가여농 활동가들과 상의 끝에 1982년 가농 여성부장으로 자리를 옮긴다. 가톨릭농촌여성회는 감사를 맡아 관계를 유지했다.

마을에 들어간 지 2년 만의 일이다.

받들 봉(奉), 있을 재(在)

"제 이름이 어떻게 봉재가 되었는지 아세요?"

1940년대 한국전쟁 이전 세대치고 멋진 이름이라고 생각했는데 '봉재'라는 이름에 또 무슨 차별이 있을까 싶었다. 예수가 광야에서 올렸던 40일 기도를 기억하며 예수 부활 즈음에 천주교인들이 40일간 금식기도를 하는 사순절이 1968년 이전에는 봉재(封齋)라고 불렸다는 사실을 알기까지는 말이다. '지집아'들이 환영받지 못했던 시절 맏딸로 태어난 여자아이는 이름도 없이 크다가 일제강점기 때 공출 거두려고 호구조사 나온 면서기 앞에서 할아버지가 아무렇게나 툭 던진 한마디가 이름이 되었다. "저 지집아 봉재 때 낳았으니 봉재라고 해라."

집안에서 유일하게 초등학교를 나온 막내 작은아버지가 아는 한자를 총동원해 호적에 올린 이름은 받들 봉(奉), 있을 재(在)로 사순절을 뜻하는 봉재(封齋)는 면했다. 아무리 한자 뜻이 달라도 봉재가 사순절임을 천주교인들이라면 다 아는 터라 어린 봉재는 할아버지와 아버지가 원망스러웠고 봉재라고 불리는 것도 싫었다.

그러나 철이 들고 농민운동을 하면서 한자로 풀어 쓴 수풀림(林), 받들 봉(奉), 있을 재(在) '사람들이 숲을 이루고, 그들을 모시고 사는 삶을 살라'는 뜻으로 재탄생하면서 봉재 씨는 '임봉재'가 마음에 쏙 들었다. 평생 사람들 속에서 민중을 받들고 살라고 할아버지와 막내 작은아버지가 거든 셈이다. 이름 때문에 봉재 씨는 군대에 갈 뻔도 했다.

논과 밭에서 봉재 씨 표정은 환히 빛난다. 천상 여성농민이다.

105

"열서너 살 때였을 거예요. 한번은 면서기가 서류를 들고 와서 '임봉재' 어디 있어?'라며 저를 앞에 두고 찾는 거예요."

봉재 씨가 "전데요?"라고 나섰지만 "넌 지집아잖아. 호적에 아들로 되어 있는데 무슨 소리야?"라며 오빠를 찾아오라고 성화였단다.

짐작건대 '봉재'라는 이름만 보고 면서기가 당연히 남자라고 적은 것이 분명하다. 여자 이름이 옥자, 명자, 정자, 순자가 대세였던 시절 제가 '봉재'라고 나서는 지집아 앞에 면서기는 '낭패다' 싶은 얼굴로 어린 봉재를 뚫어져라 쳐다보았다. 공출과 군대, 현대사의 질곡을 대변하는 두 단어가 봉재 씨 이름을 웃프게 한다.

하느님은 차별하지 않죠

70대 초반의 동생 신부님이 70대 후반을 사는 누나에게 일하지 말라고 잔소리를 해보지만, 몸이 기억하는 가난과 배고픔은 저절로 땅을 돌보고 곡식을 심고 거두게 한다.

전쟁 통에 대식구 맏딸이었던 열너댓 살 봉재는 옥수수 배급을 받는 날이면 머리에 인 옥수수가루를 한 번도 내리지 못하고 15리 길을 걸어 집까지 왔다. 쉬려고 짐을 내리면 누가 다시 머리에 얹어줄지 모르니 목이 부러질 듯 아파도 다리쉼 한번 못했다.

공부가 하고 싶어 수녀원을 통해 고등학교까지 마쳤고, 영어를 잘하고 음악적 재능까지 있었던 봉재 씨는 얼마든지 개인적 출세의 길을 걸을 수 있었다. 봉재 씨가 거쳐 온 교육과정은 교사의 길도, 교수의 길도, 예술가의 길도 충분했다.

그러나 새로운 길이 놓일 때마다 봉재 씨 가슴을 잡아끈 것은 고향 거제도와 어머니였다.

완강하게 탈출했던 고향 땅과 어머니의 삶은 봉재 씨가 살아낸 여성농민운동, 농민운동, 생명운동의 '필요충분' 조건이었다.

누군가 "너 뭐 하고 싶냐?"고 물으면 봉재 씨는 "배부르게 먹을 수 있으면 뭐라도 하겠다."라고 말했다. 어머니처럼 살기 싫어 결혼은 안 했지만, 농촌 여성들과 자신의 삶이 별반 다르다고 생각하지 않았다.

"하느님은 남자, 여자 가리지 않고 다 존중했잖아요. 신앙의 가르침을 삶에서 살아내야 하는데 삶에서 신앙이 일치되지 않고 사는 사람들을 보면 이해가 안 됐죠."

어린 시절 공부는 해야겠고 수녀원 제안을 덥석 받지 못했던 여러 대목은 봉재 씨의 신앙관과도 같았다. 봉재 씨는 농촌 여성들이 변해야 다음 세대 여성들에게도 희망이 있으리라 생각했다.

필리핀에서 협동조합을, 이스라엘에서 지역사회개발 공부를 하면서도 뇌리를 떠나지 않던 '어떻게 살 것인가?'에 대한 물음과 답은 고향 거제도와 어머니 같은 여성들이었다.

봉화 구천마을을 나와 1988년까지 가톨릭농민회 여성부장으로 일하면서 국제회의에 참여해 세계여성들과 교류했다. 외사촌

명자의 영어 교과서와 성당 야학, 수녀원에서 배우고 익힌 영어 덕분에 가농 국제회의는 봉재 씨 담당이 되었다. 아프리카, 남미, 유럽과 동남아시아 등 15개 국가에서 열린 가톨릭 국제회의는 한 번 열리면 한 달씩 진행되었다. 국제회의 한 번 다녀오면 곤죽이 되어 귀국 후 한 달 동안은 몸살을 앓아야 했다.

지금 생각해보면 젊은 날 기회가 있었음에도 여행다운 여행을 못 한 것이 아쉽다.

"브라질에서 회의하는데 유럽 활동가들이 아마존강 폭포를 보러 같이 가자고 하는데 그럴 때마다 거절했어요."

가톨릭농민회 여성부 일을 혼자 해내야 했던 때라 일정 맞춰 귀국하지 않으면 지역 활동가들도, 봉재 씨도 밀린 일 해내느라 힘이 들었다. 안 그래도 여성부 활동가들이 자주 바뀌던 때라 한 달 회의에 이어진 여행은 봉재 씨에게 '너무 먼 당신'이었다.

"우리는 독재정권에서 농업과 농민들의 생존권을 어떻게 지킬 것인가, 이런 논의를 하는데 유럽 활동가들은 농촌 청소년 레크레이션 같은 이야기를 하는 거예요."

바쁜 일정 짬 낸 보람이 없는 것 같아 처음에는 화가 났지만, 점차 처한 상황과 문화가 다름을 이해하게 되면서 불공정한 농산물 가격과 정치제도로 갈수록 변두리로 나앉게 되는 농민 문제 해결을 위한 한국 농민들의 투쟁을 국제사회에 적극 알리는 역할을 했다.

열 권이 넘는 봉재 씨 앨범 속에는 외국인 친구들과의 교류와 협력이 가득하다. 트렌치코트와 원피스, 양산으로 한껏 멋을 낸 협동조합연구원 시절의 봉재 씨는 신여성 대표주자라 해도 손색이 없다.

네팔 여성 활동가와 전통 의상을 서로 바꿔 입고 찍은 사진은 발랄했고 유럽, 아프리카 활동가들과 찍은 사진 속에서도 봉재 씨의 까칠한 세련미는 넘쳐흐른다.

'지구가 좁다'며 한 세상 원 없이 하고 싶은 일을 하며 살아온 봉재 씨가 슬슬 부러워진다.

호랑이굴

"《농촌부녀》지를 내면서 별 고민 없이 쓰고 말했던 부녀(婦女)라는 글을 한자로 펼쳐보니 손에 싸리비를 들고 있는 여자의 모습을 그린 상형문자더라고요. 글자 자체에 차별이 담긴 거죠."

'가톨릭농촌부녀회'를 '가톨릭농촌여성회'로 바꾸려고 하니 반대의견이 쏟아졌다.

"부녀와 여성이 무슨 차이가 있냐고 해서 에미와 어머니가 같냐고 했더니 아무 말 못하더라구요."

그 후 한국기독교사회문제연구원 이미경 씨 제안으로 농촌 여성교육을 함께 한 봉재 씨는 1984년 열린 '농촌 여성운동 지도력 개발 세미나' 발제를 하면서 농촌에 사는 '농촌여성'이 아닌 여성이면서 농사짓고 사는 주체적 의미의 '여성농민'으로 용어 전환을 제안한다.

　부부가 가농 활동을 할 경우 여성에게는 내조자의 역할을 강요하고, 여성들의 모임과 논의를 분파로 몰아붙이던 1980년대 초, 가농 여성부장 역할을 맡으며 봉재 씨는 '호랑이를 잡으려면 호랑이굴로 들어가야 한다'라며 마음을 다잡는다.

　평등하고 정의로운 세상을 외쳤던 가농 활동가들이 일상생활에서도 평등 세상을 실천하는지 알고 싶었던 봉재 씨는 일부러 임원들 집을 찾아다녔다. 아내는 연기 가득한 아궁이에 불땀을 집어넣으며 밥하느라 땀을 뻘뻘 흘리는데 도우러 들어갔던 봉재 씨마저도 빨리 밖으로 나오라고 성화를 쳐대는 남자들을 보면서 봉재 씨는 '호랑이굴에 더 남아 싸워야겠다'라고 결심한다.

　"그런데 충남 당진 매산공소에서 여성 분회를 만든다고 방문한 형제님 집에서 신선한 충격을 받았어요. 그 집도 불 때서 밥을 해먹었는데 그 집 아궁이에서는 형제님이 자매님과 같이 부엌일을 하는 거예요."

　형제님은 밥상도 아이들을 불러 들게 하고 자매님과 봉재 씨를 아랫목에 앉혔다. 아이들의 말에 의하면 평상시에도 아랫목은 엄마 자매님 자리였다.

　1980년대 중반 농촌 마을에서 보기 힘든 풍경을 안긴 형제님은 아직도 가농 회원으로 생명운동을 모범적으로 하고 있다. 봉재 씨는 김상덕, 권종대 회장도 삶과 일, 투쟁이 일치한 존경하는 농민운동 동지들로 꼽는다.

1989년 전국여성농민회총연합이 뜨고, 1990년 전국농민회총연맹이 결성되면서 가톨릭여성농민회와 가톨릭농민회는 전국조직으로 각각 통합을 결정한다. 가농은 1년간 공부와 논의를 거쳐 생명운동의 길을 가기로 하고 생명 농사꾼 봉재 씨는 여성 최초로 마산교구연합회, 전국 회장을 맡아 가농을 이끈다.

씨앗을 심어 거두고 또다시 종자를 남겨 순환하는 농사, 순환 질서를 거스르지 않고 자연 속에 겸손, 소박한 봉재 씨의 삶은 이렇게 이어진다.

30년 만에 아버지와 화해

돌아가신 아버지에게 봉재 씨는 꼭 묻고 싶었던 말이 있었다.

"초등학교 2학년 때 이유도 모르고 똥을 싸도록 맞았던 적이 있었어요."

한국전쟁 당시 집이 두 채였던 봉재 씨네 집은 할아버지와 작은아버지 방을 비워 피난민에게 내주었다. 그 방과 마을에 들어찬 피난민 아이들과 어린 봉재는 학교를 함께 다녔다. 피난 오기 전 꽤 살던 집안이었는지 아래채 여자아이는 알록달록한 원피스를 입고 아침마다 학교 앞 구멍가게에서 껌을 사서 씹었다. 소나무 송진이나 봄이면 밀껌밖에 모르던 봉재 씨는 원피스 여자아이가 씹던 껌에 알록달록한 색을 입힌 것을 보고 크레파스를 섞어 색껌을 만들어 씹기도 했다. 송진껌을 질겅이다가 향기에 못 이

111

겨 "껌 조금만 줄래?" 하면 원피스 여자아이는 씹던 껌을 눈곱만큼 떼 주었다. 원피스 여자아이는 씹던 껌을 잘라 주면서 "껌 갚아라."라고 했던 모양이지만 단내 나는 껌에 취해 건성으로 대답을 했는지 봉재 씨는 눈곱만큼 얻어먹었던 껌을 갚아야 한다는 생각이 눈곱만큼도 없었다. 지나가던 나그네에게 밥을 대접하면서도, 피난민들에게 방을 내주면서도 아무런 대가를 바라본 적 없는 어른들을 보고 자란 어린 봉재에게 '눈곱만큼 얻어먹은 껌을 설마 갚아야 한다'는 것은 꿈에도 생각하지 못한 셈법이었다.

돈이라고 본 것은 먼발치에서 할아버지 허리춤에 달려있던 엽전뿐이었던 어린 봉재에게 원피스 여자아이는 껌 3개를 갚으라고 빚쟁이처럼 독촉했다. 돈을 본 적도 만져본 적도 없는 어린 봉재는 빚 독촉에 공부도 머릿속에 안 들어왔다. 학교를 마치면 원피스 여자아이를 피해 포로수용소를 통해 가는 가까운 길을 버리고 산길을 둘러 늦게 집으로 오곤 했다.

어느 날 집 근처 언덕에서 어린 봉재가 내려오는 것을 지키고 섰던 아버지는 "회초리 꺾어 와라." 한마디를 하고 방으로 들어가셨다.

"늦게 왔다고 그런가?" 하며 집 뒤 미루나무를 꺾어 방에 들어가자 아버지는 문고리를 걸고 숟가락까지 단단히 채운다.

"니가 뭘 잘못했는지 아나?"

사정없이 내려친 미루나무 회초리는 종아리뿐만 아니라 온몸을 고통스럽게 했다. 밖에서 할머니와 엄마가 말리며 문을 열어

보려 했지만 잠긴 문 안에서 아버지는 살점이 떨어져 나가도 매를 멈추지 않았다. 밖에서 애타게 말리던 할머니가 문살을 부수고 문을 연 틈을 타 죽도록 도망쳤지만, 아버지도 질기게 어린 봉재를 쫓으며 회초리를 내리쳤다. 아버지 매질에 못이긴 어린 봉재는 결국 옷에 똥을 싸고 까무러치고 말았다.

따끔따끔한 종아리에 된장 바르는 감촉을 느끼며 정신이 돌아오는 어린 봉재의 귀에 "쪼깐한게 뭣 한다고 빚을 졌겠노?"라며 혀를 차는 할머니의 목소리가 들린다.

'아버지도 그렇지 나한테 한 번이라도 안 물어보고' 어린 봉재는 눈을 감은 채 속울음을 울며 아버지에게 마음을 닫아 버린다. 마음으로부터 아버지를 지운 대신 '절대 남에게 돈을 빌리지 않는다'라는 원칙이 봉재 씨 몸에 독하게 새겨졌다.

"100원이면 라면 서너 봉지 살 수 있을 때 돈이 없어서 6개월을 라면으로 버틴 적이 있어요. 나중에는 하도 질리니까 수프 대신 된장을 풀어 먹었더니 좀 낫더라고요."

어린 봉재 씨 눈에는 남편을 잃고 구멍가게를 하는 아주머니도 딸이든 아들이든 억척같이 아이들을 학교 보내는데 논을 다섯에서 여섯 마지기나 갖고도 아이들을 학교에 못 보내는 아버지가 너무 무능해 보였다. 집에서는 호랑이지만 면서기 앞에서 잔뜩 주눅 드는 아버지의 이중적인 태도도 싫었다.

학교에서 가정환경조사서를 써오라고 하면 아버지는 어머니 직업란까지 항상 '무'라고 체크를 하셨다. 농사를 짓는데 왜 아버지, 어머니는 직업란에 '농업' 대신 '무'라고 체크 하는지 속상한 어린 봉재는 선생님 보기도 민망했다. 아버지와의 대립은 1979년 오원춘 사건 이전까지 30년이 넘도록 팽팽하게 이어졌다.

1978년 영양 농민들의 '불량감자종자보상 투쟁'에 영양군과 농협 등 당국이 무대응으로 일관하다가 1979년 1월 안동교구 사제들이 농민투쟁을 지원하면서 보상도 받고 농민들은 승리의 기쁨을 나눴다.

그러나 몇 달 후인 5월 당시 영양가톨릭농민회 청기분회 오원춘 회장이 중앙정보부에 의해 납치, 울릉도에 감금 폭행당한 사건이 알려졌고, 천주교정의구현사제단과 가톨릭농민회는 박정희 정권과 전면적 투쟁을 벌였다. 유신독재와 긴급조치법 등으로 민주인사를 탄압했던 서슬 퍼렇던 박정희 정권은 오원춘 회장뿐 아니라 정호경 신부와 정재돈 씨 등 가농 회원 3명을 구속했고, 봉재 씨 등 농민회원 7명이 구류를 살았다.

오원춘 사건으로 뒤숭숭한 채로 대구법원을 오가던 차에 어머니가 쓰러졌다는 소식을 받고 집으로 달려가니 어머니는 죽기 직전 사람처럼 뼈와 가죽만 남은 채 누워 있었다. 집에 들어서는 봉재 씨에게 아버지는 대뜸 "너는 왜 정부가 하지 말라는 짓을 해서 난리를 치냐."라며 큰소리부터 냈다.

봉재 씨는 아버지 앞에 무릎을 꿇고 "예수님은 죄가 있어서 십자가에 못 박혀 돌아가셨습니까? 천주님의 자녀로 예수님 닮은 삶을 살아야 한다고 늘 가르치셨잖아요. 만약 이 땅에 예수

님께서 살아계신다면 어부를 제자로 삼지 않으시고 아버지 같은
농부를 제자로 삼았을 거라고 저는 생각합니다. 예수님 말씀을
따르며 제대로 사는 일, 농민운동은 그런 겁니다."

　말을 마친 봉재 씨가 어머니를 당장 큰 병원으로 모시고 가
겠다고 하니 아버지는 화를 내며 "니 쪼대로 해라."며 돌아앉았
다. 봉재 씨는 그 길로 진영성당에서 사목하던 동생 신부와 상
의해 부산 분도병원에 어머니를 입원시켰다. 3일간 검사를 받
은 어머니는 1980년 회갑 무렵 위를 3분의 2 이상 잘라내는 큰
수술을 해야 했다. 하루 만에 깨어난 엄마는 봉재 씨에게 불같
이 화를 내고 집으로 가버린 아버지부터 찾았다. 지집아들이
떠든다고 부지깽이 들고 여동생들 입단속을 해대던 어머니가
아버지 다음으로 찾은 사람은 손녀딸이었다. 왠지 씁쓸해진 봉
재 씨를 붙잡고 문병 온 작은어머니가 "봉재 니가 큰일 했다."
며 눈물 바람이었다.

　아버지는 어머니가 죽은 목숨이라고 판단했는지 집에서 장례
치를 생각까지 했었다. 느닷없이 내려온 봉재 씨가 부산 큰 병원
으로 모시고 가자 "여태까지 내팽개치더니 엄마를 병원에서 죽
게 한다."라며 제수씨가 봐 온 술상 앞에서 크게 화를 내셨다고
한다. 며칠 후 어머니가 다행히 살아나자 아버지는 친지들을 모
아 놓고 한턱 거하게 내며 "봉재가 지 에미를 살렸다."라며 기
분 좋아하셨다. 아마도 아버지는 그사이 지옥과 천국을 오가셨
을 것이다.

"1980년 오원춘 사건에 대한 항의로 고성에서 농민대회를 크게 하기로 하고 준비하는데 누가 봉재야, 봉재야 하고 부르는 거예요."

분명 아버지 목소리였다. 정부 하는 일에 반대한다며 역정을 내시던 아버지가 여기는 웬일로 오셨는지 의아해하며 돌아봤더니 "나 왔다. 바쁘겠다. 수고해라."라며 환한 웃음을 남기고 일행들 속으로 사라졌다. 나중에 알고 보니 아버지는 가농에 가입했고, 농민대회에 참석하러 오셔서 큰딸에게 멋쩍은 인사를 건넨 것이었다. 아버지 나름의 '화해'였다.

고성 농민대회 이후, 아버지는 출장길에 집에 들른 봉재 씨에게 어머니를 통해 처음으로 차비를 쥐여주었다. 아버지에게 똥 싸도록 회초리를 맞은 후 30년 만에 느껴 보는 부정에 봉재 씨 가슴 저편이 싸하다.

1993년 암 투병하던 초대 가여농 김영자 회장 장례식과 삼우제를 치르는 와중에 아버지가 위독하다는 전갈을 받았다. 병원에서 할 수 있는 일은 없으니 장례를 집에서 치를 거면 모시고 가라는 병원 측에 양해를 구해 큰딸 오기까지만 응급실에 있기로 하고 아버지와 온 식구가 봉재 씨를 기다렸다. 뜬눈으로 밤을 새우고 새벽 첫차로 달려간 봉재 씨가 아버지 귀에 대고 "봉재 왔어요."라고 소리치자 혀까지 말려들어 간 아버지는 그제사 "아" 하고 숨을 바투 쉰다. 동생 신부가 임종을 돕는 주모경을 외우자 봉재 씨 손에 잡힌 아버지 손목의 맥이 더 이상

뛰지 않는다.

아버지와 한평생 얽히고 설켰던 실타래가 '턱'하고 떨어진다.

안기부에서 9일

가농 전국 회장을 맡았던 서경원 전 의원 방북 사건으로 1989년 정국은 시끄러웠다. 문익환 목사, 황석영 작가의 방북에 이어 당시 평민당 국회의원이었던 서경원 의원이 1988년 방북한 사실이 뒤늦게 밝혀졌다. 6월에는 남한 청년학생대표로 임수경 학생이 세계청년학생축제 참여를 위해 방북한 사건으로 공안정국이 휘몰아쳤다.

친하게 지냈던 월간지 편집장 후배에게 갑자기 '집으로 좀 오라'는 전화를 받고 봉재 씨는 갸우뚱하며 후배 집으로 간다. 자정이 넘어 후배 집에 도착한 봉재 씨에게 자신이 안기부에 연행되었는데 봉재 씨 동선을 묻더란다. 봉재 씨를 불러내겠다고 약속하고 집으로 왔으니 피하라는 후배 말에 늦은 밤 뒷문을 통해 경찰을 따돌리고 피신했다.

가톨릭농민회와 지인들을 통해 여기저기 알아보니 서경원 회장 방북 사건에 봉재 씨가 연루되어 안기부에서 찾고 있다는 것이다. 1985년 당시 가농 여성부장이었던 봉재 씨는 아프리카에서 열린 가톨릭농민회 국제총회에 당시 가톨릭농민회 서경원 회장과 함께 갔었다. 회의를 마치자 서경원 회장이 '독일에 있는 친구 집에 들렀다 간다'라며 봉재 씨에게 동행을 제안했다. 할 일이 태산 같았던 봉재 씨는 거절하고 벨기에에서 서경원 회장을 독일 가는 기차에 태워 보낸 것이 알리바이의 전부였다. 아마도 그때 서경원 회장은 독일 들렀다가 북한으로 향했고 뒤늦게 밀입북이 알려지면서 연행되었다.

가농뿐 아니라 농민운동판, 정치권까지 서경원 씨 주변이 난리가 났다. 가농 활동가들과 상의 끝에 자진 출두해서 결백을 증명하는 것으로 결정했다.

동생 신부에게 자신의 상태를 간단히 전하고 지인 집에 며칠 피신한 뒤 정성헌 사무국장을 만나기 위해 가농회관으로 가는 택시를 탔다. 대전 가농회관 앞에 내리자마자 잠복해 있던 형사들이 양쪽에서 튀어나와 봉재 씨를 잡으려 했다. 달리기에 자신 있었던 봉재 씨는 죽을힘을 다해 뛴 덕에 경찰 손이 닿기 전에 가톨릭농민회관 정문에 아슬아슬하게 닿을 수 있었다. 가농 활동가들과 이야기를 마친 뒤 대전 안기부 요원에 의해 연행된 봉재 씨는 차에 태워진 채 서울로 향했다.

한밤중에 서울로 들어선 차가 삼일 고가도로를 타는 것을 보고 '아, 남산으로 가는구나, 이제 죽을 수도 있구나'라는 절망적인 생각이 들면서 봉재 씨는 눈을 감아버린다.

남산 중앙정보부에 내리자 수사관들은 봉재 씨 눈을 가리고 어디론가 데려갔다. 삐걱하는 쇳소리와 함께 수사관이 눈가리개를 풀자 지하로 연결된 계단이 늘어서 있었다. 계단을 내려가려는 순간 봉재 씨 다리가 '탁'하고 풀린다. 봉재 씨는 '여기는 안기부다. 마음 단단히 먹자'라고 자신을 다독이며 하늘에 계신 그분께 기도를 올렸다. 그제사 마음이 평온해졌다.

지하 2층 취조실로 들어서자 가지고 있던 소지품은 물론 묵주 반지까지 빼앗겼다. 저항해 봤자 소용없다. 여기는 안기부다.

'어렸을 때 가출한 비행 소녀 봉재 씨는 위장해서 수녀원에 갔고 서경원 회장을 꼬셔 모로코를 통해 북한을 다녀왔다' 수사관들이 만들어 놓은 진술서에서 봉재 씨는 이미 사우디아라비아도 가고 북한에도 몇 번이나 다녀온 고정간첩이 되어 있었다. 김일성에게 공작금까지 받아서 포섭 활동을 했다는 각본을 미리 짜놓고 3명의 수사관이 밤낮없이 봉재 씨를 취조했다.

"나는 모로코가 어디에 붙어 있는 나라인 줄도 몰랐어요."

안기부에서 풀려난 뒤 지도를 보고 모로코가 아프리카 대륙에 붙어 있는 나라인 줄 알았다는 봉재 씨는 지난해 드디어 30년 만에 모로코로 여행을 다녀왔다.

당시 기(氣)운동을 하며 건강을 살피던 봉재 씨는 신발을 벗고 가부좌를 틀고 단식기도를 시작했다. 형사들이 써놓은 진술서에 절대 도장은 찍을 수 없으니 어서 검찰로 넘기거나 재판을 받게 해달라고 했다.

"단식은 하나도 힘들지 않았어요."

좁은 취조실이 얼마나 답답하던지 서성거리다가 자술서를 쓰던 여자 수사관 머리를 만져주니 시원하다고 좋아한다. 다른 수사관들도 너도나도 안마해달라고 해서 돌아가며 안마를 해 주었다니 안기부 취조실이 맞나 싶었다.

천주교 국제단체에서 대통령과 각계각층에 편지를 보내는 등 활발하게 펼친 구호 활동도 한몫했고, 서경원 회장 당사자가 잡혀서인지 수사관들은 봉재 씨를 심하게 다루지 않았다.

취조실에서 며칠을 그렇게 보내는데 잠깐 열린 문 사이로 아는 활동가가 지나가는 것을 본 봉재 씨는 취조실 바깥세상이 궁금해졌다. 물도 마시지 않는 단식과 기(氣)운동으로 한 번도 화장실을 가지 않았던 봉재 씨는 화장실을 핑계로 다른 방 분위기를 살피기로 했다. 마침 화장실 바닥에 떨어진 신문쪼가리에는 '임수경 방북' 기사가 실려 있었다. 오늘 아침 취조실에 들어오던 형사가 "요즘 왜 이렇게 임 씨들이 시끄러워?"라며 신경질적으로 내뱉던 말이 이 말이구나 싶었다.

"영장 없이 연행해서 구속시간을 연장해야 했는지 두 번 정도 형사들이 나를 밖으로 데리고 나가더라구요. 뭐가 제일 먹고 싶냐고 물어서 내 딴에는 형사들 골탕 먹인다고 보리밥이 먹고 싶다고 했죠."

서울이라 보리밥 하는 식당이 없을 거라고 생각한 봉재 씨에게 수사관들은 보란 듯이 강남 한복판에 있는 고급 보리밥 집으로 봉재 씨를 데려갔다. 수사관들 골탕 먹이느라 보리밥 집을 애써 떠올렸는데 작전이 실패하자 없던 입맛도 떨어져 한술도 뜨지 않았다.

"난 그때 쏘나타를 처음 들어봤어요."

피아노 소나타밖에 알 리 없었던 봉재 씨는 일행 앞에 선 차를 보고서야 쏘나타 차를 알게 되었다며 해맑게 웃는다. 가난을 긍지로 아는 자의 호기로운 웃음이다.

9일간의 취조 끝에 대전행 버스표를 주며 담당 수사관은 "제가 이 일을 수십 년 했는데 선생님같이 태연한 사람은 두 번째입니다."라며 정중히 인사를 건넸다.

"세상이 좋아지면 그때는 제가 선생님 따라 농민운동을 하지요."라고 덧붙이는 안기부 요원에게 봉재 씨는 "그때 저는 반대편에 서지요."라며 격조 있는 펀치를 날렸다.

봉재 씨가 기(氣) 수련과 단식으로 9일간 안기부 조사를 견디는 동안 아버지는 혈압으로 쓰러지고 집안은 한바탕 난리가 났었다.

어머니

어머니가 1999년 두 번째 쓰러져 종합검사 1주일 만에 '특발성 뇌수막염'이라는 진단을 받고 한 달 입원한 뒤 거제도로 모시고 왔다. 1년에 겨우 한두 번 집에 들르면 항상 손을 잡고 "조심해라."라며 차비 몇 푼을 쥐여주시던 어머니는 쓰러져서도 "봉재 시집 가기 전에는 눈을 못 감겠다."라며 봉재 씨 마음을 아프게 했다. 어머니 때문에 결혼하지 않은 딸이 어머니에겐 죽어서도 풀지 못한 한을 남긴 꼴이 되었다.

　부모님의 '시집가라'라는 잔소리 때문은 아니었지만 삼십 대 후반 '봉재 씨는 결혼해볼까?' 하는 생각을 한 적이 있었다. 봉화 구천마을로 들어가기로 결심하기 전 봉재 씨는 여성농민들을 만나면서 실망이 컸다. 왜 농촌의 젊은 엄마들은 아는 만큼 실천하지 않는지 답답했던 봉재 씨는 '농촌 여성들과 나의 삶이 달라 이해가 부족했다'라는 생각에 미치자 자신을 바꿔보기로 마음먹었다.

　"활동을 보장해주는 남자가 있으면 시집가겠다."라고 말하니 김영자 회장이 득달같이 남자 한 명을 선보였다. 농민회원은 아니지만 일단 '사귀어 보자' 마음먹고 탐색을 했는데 바로 아버지 모습이 보였다. 그 길로 남자를 만나고 결혼을 꿈꾸는 일은 봉재 씨 인생에서 털어 버렸다.

　평생 결혼 안 한 딸을 가진 어머니라는 한을 남겨드렸다는 죄책감에 시작한 어머니 병시중은 생각보다 쉽지 않았다. '특발성 뇌수막염'은 치매로 증상이 나타났다. 그래도 어머니는 예쁜 치매를 앓았다. 봉재 씨를 자신을 보살펴주는 좋은 아주머니로 인지한 어머니는 "나는 큰딸도 있고 아들도 있는데 이 아주머니한테 와서 살고 있다."라며 봉재 씨 눈을 피해 아들, 딸 찾으러 집을 나가기 일쑤였다.

　농민운동하는 큰 누나와 농민회 지도신부 하는 큰 형님, 뒤늦게 농민회원이 되신 아버지 덕에 공무원 신분으로 항상 기한번 크게 켜보지 못했을 셋째 동생이 어머니가 쓰러진 다음

해 폐암 말기 선고를 받고 사망했다. 어머니의 치매가 어쩌면 다행인지 모르겠다고 생각했는데 언제부터인가 새벽이면 집 뒤에 있는 동생 묘소 주변을 파헤치길 반복했다. 거제도에서 어머니를 보살피는 것이 어렵다고 판단한 봉재 씨는 산청 집으로 어머니를 모셔 왔다.

긴병에 효자 없는지 어머니를 잘 보살피려고 모시고 왔는데 자꾸 아들, 딸 집에 간다면서 봉재 씨 눈을 피해 집을 나가는 어머니를 나무둥치에 묶어두고 밭일을 하고 밤잠을 자야 하는 형편이 되었다. 잠시 봉재 씨 눈을 피해 문밖으로 탈출을 했어도 마을회관 앞에 진 치고 있는 마을 사람들에게 들켜 어머니는 마을회관 모정에 꼼짝없이 갇힌다. 마을 사람 전화를 받고 어머니를 찾으러 가면 "아이고 저 할매 나 잡으러 온다."라며 마을 사람들 뒤에 숨곤 했다. 착한 아주머니의 보살핌을 받는다고 생각했을 9년이 어머니에게 어떤 세월이었을지 모르겠다.

몸도 마음도 지쳐갈 즈음 막냇동생 집으로 마실 갔던 어머니가 절대 봉재 씨 집으로 안 가겠다고 떼를 썼다. 막내며느리를 일해 주는 아주머니로 대했지만, 막내아들 집이 편하다는 어머니를 차마 모시고 올 수 없었다. 그렇게 막내아들 집에서 1년을 살던 어머니는 다시 쓰러지고 병원으로 옮긴 지 1주일만에 돌아가셨다.

가농 마산교구 회장을 할 때 출장을 가려던 봉재 씨는 느낌이 좋지 않아 밤에 어머니를 돌보고 날이 밝으면 회의에 합류하려던 참이었다. 새벽 한 시쯤 어머니의 호흡이 가빠지고 의사 선생님이 임종을 준비하는 게 좋겠다는 말씀에 동생 신부를 부르고 이어질 듯 떨어질 듯 숨을 내쉬는 어머니에게 "엄마 누가 제일 보고 싶어?" 하고 묻자 어머니는 봉재 씨를 보며 "봉재가 제일 보고 싶어." 하고 겨우 대답했다.

"내가 봉재라고 해도 어머니는 나를 몰라보더라구요."

봉재 씨가 큰딸 이름을 물었더니 "큰딸 이름은 봉재, 둘째부터는 모르겠다."라며 고개를 젓는다. 어머니가 병상에 있을 때 사람들이 "큰딸은 뭐해요?"라고 물으면 "봉재는 뭐 하는지 몰라요. 근데 바빠요."라고 대답하곤 했다.

하늘같이 믿었던 큰딸이 어머니처럼 살지 않겠다고 자신을 떠나면서 모녀의 삶은 멀고도 가까워졌는지 모르겠다. 1993년 돌아가신 아버지도, 2007년 돌아가신 어머니도 봉재 씨 삶의 원천이었던 것만은 분명하다. 두 분 다 임종을 지켰으니 봉재 씨는 효를 다한 셈이다.

씨앗, 할머니

2018년 나온 책 《씨앗, 할머니의 비밀》[4]에 봉재 씨가 소개되었다. 종자를 지키는 여성농민 9명의 이야기가 봄·여름·가을·겨울로 나뉘어 전개되는데 봉재 씨 이야기는 〈산나물들아, 봄꽃들아

---

4 김신효정, 《씨앗, 할머니의 비밀》, 소나무, 2018.

고맙다〉라는 제목으로 봄 편을 가득 채웠다.

어머니의 삶도, 가부장 정서 가득했던 고향 거제도도, 때론 무기력해 보이고 때론 호랑이 같던 아버지도 피해 가지 않고 정면으로 받아내며 살았던 것처럼 배고픔과 가난의 대명사였던 농업과 농촌을 봉재 씨는 한평생 품어 안고 살았다.

"배를 곯아봐서 그런지 이 세상에서 가장 중요한 것은 먹거리라고 생각해요."

광우병 사태나 코로나 19를 겪으며 먹거리와 생명농업의 중요성이 커지고 있으니 봉재 씨는 의·식·주가 아니라 식·의·주가 맞는 말이란다.

"먹는 것이 해결 안 되면 고통스럽거나 죽잖아요."

얼마 전 큰마음 먹고 미장원에서 자른 머리가 마음에 안 차서 가위를 들고 다시 손을 봐야 했다. 필요한 옷은 본을 뜨고 재봉틀을 돌려 손수 지어 입는다. 식·의·주가 다 봉재 씨 손에 달려있다. 자족하고 자립하는 삶에 대한 나의 로망을 수십 년 전부터 이룬 봉재 씨가 부러울 뿐이다.

가농이 생명운동을 한다고 했을 때 '계급투쟁과 생존권 투쟁이 중요하지 한가하게 생명농업을 하냐'라고 비판하던 목소리도 있었다. 화학비료와 제초제 등 농약에 의존하는 관행농과 자연농, 생태농을 하는 농민들 간의 갈등이 컸음은 짐작하고도 남는다.

생태적 삶이 자본과 맞짱 떠야 하는 험난한 길임을 아직 사람들이 잘 모를 때이기도 했다.

"생태적으로 농사를 짓는 것은 자연의 순환적 이치대로 산다는 거예요. 그렇게 살아야 우리 몸과 마음에 영양 가득한 먹거리를 보충할 수 있지요."

당귀, 취나물, 엄나무순, 산초열매, 꽈리, 백련초 등 봉재의 정원을 가득 채운 풀과 열매, 꽃으로 담은 효소와 장아찌는 봉재 씨 부엌 한켠을 채운다. 생명농업의 기본인 효소는 반찬으로도 먹고 천연농약과 퇴비로도 쓴다. 할미꽃 효소는 벌레와 해충을 막아주고, 군불 땔 때 나오는 목초액은 노린재를 잡는 데 효과적이다. 양파껍질은 우려내면 훌륭한 해충기피제다. 생태 뒷간에서 재와 함께 모은 똥, 오줌은 효소 찌꺼기에 잡목을 넣어 삭히면 질 높은 천연퇴비로 다시 태어난다.

봉재 씨에게 쓰레기란 존재하지 않는다. 자연에서 얻은 모든 것을 자연으로 되돌리는 '모두에게 이로운 농사'이고 '모두에게 이로운 삶'을 산다.

"생명의 시작은 씨앗이에요."

봉재 씨는 1985년 아프리카 말리에서 열린 가농 국제회의에 참여하면서 씨앗의 중요성을 알게 된다.

"먹을 것이 없어 기아에 시달리던 말리가 수십 년 전에는 벼 이삭이 출렁이는 풍요로운 나라였다는 사실을 알고 깜짝 놀랐죠."

아프리카를 앞다퉈 식민지로 만든 프랑스, 영국 등 유럽 열강들은 그 지역 땅과 기후에 맞는 작물 대신 파인애플, 사탕수수,

바나나 등 돈이 되는 작물을 대량 생산한다. 작물의 다양성이 사라진 농장에 생산성을 높이기 위해 막대한 화학비료와 농약이 투입된다. 식민지배는 끝났지만, 땅은 생명력을 잃었고 씨앗도 씨가 마르면서 아프리카는 기아와 가난의 땅이 되었다.

"종자를 모은다고 하니까 할머니들이 봉투째 내주시는 거예요."

그중 몇 톨씩만 덜어내 종자를 얻어온 봉재 씨는 3년 동안 먹지 않고 다시 씨를 받아 불려 나갔다. 수비초, 붕어초 등 25년째 씨를 받는 토종고추 종자 옆에는 지구 반대편 열대에서 온 외래종고추가 함께 자라고 있다. 외래종도 해마다 우리 땅에서 적응해 먹을 수 있으면 토종 씨앗이지 옛날부터 이 땅에서 자란 씨앗만 토종이 아니라는 것이 봉재 씨 설명이다.

우리 땅에 뿌리를 내린 토종 씨앗은 다양한 영양, 다양한 맛. 다양한 생물의 생산성을 높여 풍성한 밥상을 만들어 낸다. 봉재 씨의 생명농업은 건강한 먹거리에만 있지 않다. 건강을 살리고 밥상을 살리고 땅을 살리는 일이다. 씨앗은 식량주권, 식량자급의 기본이다. 내 손에 씨앗이 없으면 지속가능한 농업도, 생명농업도, 식량 자급도, 식량 주권도 보장받을 수 없다.

땅을 갈아엎는 경운을 하지 않는 봉재의 정원에는 민들레, 당귀, 방풍, 취나물 등 다년생 식물들이 하염없이 피고 진다.

"제가 하는 일은 별로 없어요. 하늘이 내려주신 열매와 잎, 약재와 꽃을 필요한 만큼 거둬 먹고, 다시 밭으로 되돌릴 뿐이지요."

매일 아침 지리산 어드메에서 날아와 아침을 알리는 새소리에 눈을 뜨면 "하느님 감사합니다. 오늘도 이토록 아름다운 하루를 주셔서"라는 기도가 절로 터져 나온다. 향기에 이끌려 나온 봉재의 정원에는 이미 새들이며, 햇살이며, 지렁이며, 뿌리며, 꽃이며, 열매들이 제 할 일에 바쁘다.

봉재 씨도 한 손 거들러 텃밭에 나선다. 지리산에서 불어오는 바람 한 자락이 마리아상을 한 바퀴 돌아 봉재 씨를 감싸 안는다.

여기는 '봉재의 정원'이다.

장순자 김제

1970년대 후반 유신정권 말기에 가톨릭농민회와 인연을 맺으면서 운동을 시작했고, '자연을 거스르지 않고 땅과 사람이 더불어 사는' 생명운동에 큰 관심을 가지고 실천하며 살았다. 1981년 '가톨릭농민회 전국부녀분과위원회' 초대 위원장을 시작으로 가톨릭 여성농민운동을 이끌었으며, 1989년 전북여농준비위원회 위원장으로 전북지역 여성농민의 대중력을 높여냈다.

서면 뛰고
누우면
호랑이를 꿈꾸다

"순자 언니를 만나러 순자궁으로 가다! 어때요?"

인터뷰 제목까지 붙여준 덕분에 호칭은 자연스럽게 '순자 언니'
가 되었다. 순자 언니 집은 초기 전북 여농 모임의 '궁'이었다. 순
자궁은 '장마 때 비가 새지 않고, 벽이 반듯하며, 허리를 구부리
지 않아도 문설주에 이마를 찧지 않는 집, 손님이 오면 내 작은
방을 내주고 어머니 방으로 쫓겨가지 않아도 되는, 조금은 큰 방
이 있어서 여성들 몇 명이 작은 모임도 할 수 있는 그런 집[5]'이다.

"1988년쯤 전북 여농준비위 할 때 1박 2일 회의를 하려면 회
의 장소가 없어서 박복실 노동자의 집에 가거나 신혼부부 사는
쬐깐한 아파트로 가서 그 집 남편을 밖으로 쫓아내고 회의를 하
고 그랬어요. 그때 마음 놓고 회의할 수 있는 장소 하나 있었으
면 좋겠다는 게 유일한 꿈이었죠."

---

5 이소라, 《이 땅의 딸로 태어나 : 서면 뛰고 누우면 호랑이를 꿈꾸는 여성들의 이야기》,
죽산, 1988, p.126, pp.85~pp.128.

순자 언니는 땅 저당 설정을 하고 집을 지었다. 초기 전북 모임 할 때 회의 한번 하려면 다들 아이들 하나둘은 걸리고, 뒤에는 큰 가방을 메고 먼 길을 어렵게 참석하던 때라, 아이들이 이리저리 뛰어도 눈치 보지 않고 회의에 집중할 수 있었던 순자 언니의 집은 작았지만 '순자궁'으로 통했다. 자리가 좁을 때는 문을 활짝 열어 방 안팎에서도 서로 얼굴을 볼 수 있게 애초에 집을 다시 지을 때 미닫이문으로 했다. 부안 엄영애 선생님 집에서 만날 때는 엄 선생님이 회를 떠 주곤 해서 영애 횟집이라 했다. 순자궁과 영애 횟집은 초기 전북 여성농민운동의 역사가 있는 곳이다.

"갑자기 혹 하고 들어 오면 할 얘기가 없어지잖여. 술시가 돼야 술술 얘기가 편해질 텐데. 허허."

일행이 순자궁을 찾은 이유가 사전에 충분히 전달되지 않은 상황이었지만 순자 언니는 불편한 내색 없이 가벼운 입담으로 분위기를 이끌었다.

싸우면 기어코 이겨야 했던 별종

"원래 전남 승주군, 지금으로 치자면 순천이 내 고향이에요. 엄마가 열일곱에 전실 자식이 둘이 있는 장씨 집으로 시집을 온 거여요. 외할머니 할아버지가 전남 곡성 태안사 절 자락에서 움막치고 숯을 구워서 팔 정도로 너무 가난하게 살았는데, 엄마를 승주 장씨 집성촌에서 아들 둘이 있는 상처한 아버지한테로 시집을 보낸 거지. 엄마가 시집와서 내리 딸만 다섯을 낳아서, 위로 오빠가 둘, 언니 둘에 동생 둘이 있고, 내가 그 가운데, 일곱 남매 중 다섯째지요. 엄마가 나까지 딸을 내리 셋을 낳았을 때 할아버지가 툭하면 엄마한테 '딸이 셋이면 기둥뿌리도 안 남는다는데 너는 워쩔래!' 소리를 했대요. 그런데 할아버지가 더 살아계셨으면 기절 안 하셨을래나 몰라. 그 뒤로 엄마가 딸 둘을 더 낳았으니."

순자 언니의 고향은 구례에서 순천으로 내려가는 기찻길 중간쯤에서 서쪽으로 빠지는 월등면 장씨 마을이다. 마을 한복판에 냇물이 흐르고, 마을 뒤로는 높은 산들이 병풍처럼 둘러싼 평화로운 산골 마을이었지만 뒷산에서 총소리가 들리던 다음 날 아침이면 '산에서 누가 내려오다가 총을 맞아서 죽었다'라느니 하는 뒤숭숭한 소문이 돌기도 했다. 어린 순자에게는 그저 무섭기만 하던 이야기가 빨치산 이야기라는 건 나중에 알게 됐다.

집 앞 냇물 건너 강변마을에 막내 고모가 살았는데, 아들 형제만 내리 넷이 있는 고모 집에 참새 방앗간 드나들 듯 아침밥만 먹고 나면 그곳으로 달려갔다. 그 동네는 유독 남자애들이 많았는데, 그 틈에서 자치기, 제기차기, 비석 치기 놀이를 했다.

"내가 생각해도 내가 어려서 맹랑하고, 별종으로 큰 것 같아. 싸워서 진 적이 없어. 동네에서 집안 형편이 좀 어려웠던 남자애들이 기가 죽어 있던 건지, 내가 세서 그랬는지 암튼 두세 살 더 먹은 남자애들도 귀싸다구, 귓방망이를 때리고, 발로 걷어차고 다녔어요."

5~6킬로미터 되는 학교길을 오가면서 다른 동네 머슴애들이 욕하고 도망가면 집까지 끝까지 쫓아가서 '숨은 놈 내놓으라'고 했다. 그렇게 싸우면서도 순자 언니는 남자애들이랑 노는 게 더 편했다.

"나중에 국민학교 들어가니까 여자애들은 여자애들끼리 놀더라고요. 그러면서 나더러 남자애들이랑만 논다고 뭐라 허네. 걸음걸이도 껑충껑충 남자같이 걷는다고 흉을 많이 잽혔어요. 장날이면 키도 크고 잘생긴 외삼촌이 꼭 오셨는데, 망태에 뭐라도 잔뜩 담아다 갖다주기도 하고, 아버지는 무서운데 외삼촌은 나를 엄청 예뻐하니까 외삼촌 뒤를 따라다니면서 걸음걸이 흉내를 냈어요. 그게 내 걸음걸이가 되대. 좋아하는 사람을 닮아간다는 말이지. 좀 바쁘면 더 껑충거려지고."

유일하게 무서웠던 존재, 아버지

"어느 해 겨울에 동네에서 '아버지가 어디를 갔다 오시더니 느닷없이 이사 간다고 했다'고 소문이 났어요. 식구들은 그 사실을 아무도 모르고 있었는데, 엄마가 마실 갔다가 동네 사람한테 그 소문을 듣고 안 거지. 그때는 이미 아버지가 전답도 팔고 난 뒤였어요. 그만큼 우리 집에서는 아버지가 결정하면 아무도 거역을 못 했어요.”

　눈이 펑펑 내리던 날, 순자네는 하루아침에 아버지 따라 지금 사는 전북 김제 황산면 남양리 마을로 이사를 왔다. 그때 어린 순자는 산골이 아니라 여느 도시겠거니 싶어 설렜지만, 막상 도착한 곳은 빨간 황토 땅에 돌도 하나 없는 야산 지대였고, 황토를 다져 지은 움막 같은 토담집이 드문드문 보일 뿐이었다. ‘각시 없이는 살아도 장화 없이는 못 산다’ 할 정도로 땅이 푹푹 빠지던 그곳에서 순자 언니네도 토담집을 짓고 정착했다. 행정 구역상 지명은 남양인데, 사람들이 ‘개전지’(개간지)라 했다. 원래는 마을이 아니었는데, 여순 사건 때 피난 온 사람들이 먼저 터를 잡고 있었고, 그 이후에 증산도 신자들이 이사를 오면서 마을이 됐다.

　학교 가던 첫날, 순자를 놀려대고 도망가던 아이들이 있었는데 그중 한 명이 “개전지 땅 좃 먹고 알밴 놈들아, 그전에 땅 좃 보고 여기 왔느냐?”며 놀렸다. 개간지에 산다는 걸 놀리는 말에 기어코 그 친구를 잡아 코피를 터트렸다.

　국민학교 3년 때 이 동네로 이사를 와서 다시 학교에 다니고 싶었지만, 아버지는 유독 딸 순자는 학교에 보낼 생각이 애초부터 없으셨다. 아버지는 순자를 증산도 신자로 만들 요량으로 이사를 오면서 먼저 학교에서 전학장 서류를 아예 떼어오지 않았다. 학교 보내 달라고 어머니만 들들 볶았지만, 아버지가 결정한 것을 어머니도 어쩌지 못했다. 이사 오고 이듬해 겨울부터 아버지는 순자를 학교에 보내지 않고 천자문을 시작으로 사자소학, 명심보감 같은 걸 혹독하게 가르쳤다. 하루에 글자 수를 정해놓고 그걸 다 못 외우면 한 자에 회초리 한 대씩 맞았다.

"맨날 종아리에 회초리 자국이 났어요. 아버지는 무궁화 가지가 삐죽삐죽 해갖고 나끈나끈하니까 그놈을 꺾어다가 하수구 물 내려가는 축축한 데다 꼽아 놔 그걸. 그래놓고 뭐 잘못허면 '너 몇 대 맞아야 돼? 회초리 가져와' 하면, 그놈 가져다가 이렇게 바치고, 한 대 때리면 '하나' 하고 외치다가 아프면 울다가 몇 대 셌는지 잊어버리잖아. 그럼 처음부터 또다시 세는 거여."

아버지는 자식에게 욕을 하거나 거친 말로 대하지는 않았지만 어린 마음에 학교에도 보내지 않고 엄하기만 하던 아버지를 원망했다. 고집이 세서 좀처럼 남의 말에 넘어가지 않았지만, 아버지 존재는 달랐다. 왕초 노릇을 하며 놀다가도 아버지 기척이 나면 주눅이 들었고, 아버지 말에 토를 다는 것은 상상할 수도 없었다.

"한번은 열한 살 땐가에 옛날 한옥에 마루가 있잖아요. 거기에 놉 두 사람, 세 사람 걸터 앉아서 밥을 먹고 있을 때였는데, 뭣 허고 내가 들어오니까 아버지가 나한테 뭔가가 거슬렸는지, '회초리 갖고 와!' 하시는 거예요. 내 생각에 뭐 잘못헌 것 같지는 않은데… 그래 두리번 두리번 하니까 아랫깐에 지게 받쳐놓은 큰 바작이 있더라고. 열한 살 때니까 그 큰 것을 질질 끌어다가 갖다 주고는 토방 위에 바지를 걷고 섰더니 밥 먹던 사람들도 깜짝 놀란 거지. 나도 회초리 맞을 생각에 눈앞이 캄캄했는데 아버지가 '허허허, 참' 하고 말더라고. 긍께 열한 살 먹은 애를 그 바작 작대기로 어떻게 때리겄어. 못 때리지. 지금도 그날 기억이 생생해요. 암튼 열한 살 그때 종아리가 성할 날이 없었던 거 같아."

아버지한테는 '거친 자식'이었던 딸을 학교 교육까지 받게 하면 세상 위아래도 모르고 살 거라고 생각했던 걸까. 순자 언니는 철이 들고나서야 그런 아버지가 조금은 이해가 됐다.

"내가 워낙 버겁고 거친 자식이기도 허고 하니까 당신이 생각할 때 그런 훈육 방식이 필요하다고 느낀 게 아닐까 싶어요. 그래서 내가 사람이 된 거지, 그러지 않고 아버지가 내가 하고 싶은 대로 학교 보내고 했으면 아마 안하무인에 오만방자하게 살았을 텐데… 내가 스무 살쯤 되었을 땐가 아버지가 그러시더라고요. '니가 하고 싶은 공부를 시켰어야 하는데 내가 미안하고 잘못했다'라고. 그 이후로는 딸이 하는 일에 일절 관여를 안 하셨어요."

이사를 하고 그렇게 한 해 동안 집에서 한자 공부만 하고 지내다가 초등학교 4학년 나이 되던 해 봄에 아버지가 증산도 수련 공부를 하러 어딘가로 가셨다. 그때 머릿속에 온통 '학교에 가고 싶다'라는 생각밖에 없었던 순자에게 다시 학교에 갈 기회가 온 것이다. 몇 날 며칠을 쉬지 않고 십오 리나 되는 길을 걸어서 황산초등학교 교무실로 갔다. 교실에는 들어가지 못하고 교무실 구석에 서서 창으로 아이들이 노는 모습을 보면서 마냥 부러워했다. 그렇게 몇 날이 지나고 어느 날, 한 선생님이 4학년으로 편입할 수 있는 서류를 해 주셨고, 어머니한테 졸라서 책값을 받아 아버지 몰래 학교를 다닐 수 있었다.

5학년 겨울방학을 며칠 앞두고 아버지가 집으로 돌아오던 날 순자의 책 보따리는 불살라지고, 그의 제도권 교육은 거기서 끝났다. 그때부터 순자는 아버지 뜻에 따라 뜻도 모르는 증산도 주문을 되풀이하면서 외우고 또 외웠다. 아버지는 당신의 뜻에 따라 딸이 강증산교 전수자가 되길 원했다. 매를 들고 엄하게 훈육했던 아버지가 무서워 증산도에 입도까지는 했지만 결국 아버지의 뜻을 잇지는 않았다.

여자라는 이름의 어머니

순자 언니네는 김제로 이사 올 때 승주에서 살림을 그대로 가지고 왔고, 놉을 얻어서 농사를 지을 만큼 살림이 어렵지는 않았지만, 아들들만 순천 시내로 유학을 보내고 딸들은 원하는 학교 교육을 못 받게 했다.

"나는 아버지가 서당 공부시켜서 그나마 한문은 꽤 알았는데, 언니들은 서당조차 안 보냈어요. 여자는 다소곳해야 한다고 강요하는 아버지의 여성상이 너무 싫었죠. 어렸을 때 특별하게 어떤 교육을 받은 것도 아니고, 뭔 깊은 책을 본 것도 아닌데 그런 아버지를 보면서 자연스럽게 남녀차별에 대한 인식을 하게 된 거 같아요."

아버지는 김제로 이사 오기 전에도 그랬고, 이사를 온 이후에도 증산도 일로 절이나 수련장으로 길게 다녀오는 일이 많았다. 농사일과 길쌈은 모두 어머니랑 딸들 몫이었다. 어머니 손발은 늘 짓물러 있었지만, 불평 한번 하는 걸 보지 못했다. 어머니는 가난한 집 딸로 태어나서 어렵게 살다가 열일곱에 시집을 왔다. 가난한 친정에 기가 죽고 아들을 낳지 못했다는 것 때문에 자신을 죄인으로 생각하며 숨죽여 살았다. 전실 자식이 속을 썩여도, 당신이 낳은 자식들이 말썽을 피워도 여느 엄마들처럼 큰 소리로 나무라는 일이 없었다.

"왜 엄마는 저렇게 헐 소리도 못 하고 죽어 사나 싶어서 답답한 적이 많았어요. 어머니가 가난한 친정에 뭔가 퍼다가 빼돌리나 싶어 할머니는 툭하면 물동이에서 김치 냄새가 난다고 하셨대요. 그렇게 맵디매운 시집살이에다가 동네가 다 아는 남편의 외도도 쉽지는 않았을 텐데 말여요."

어머니는 당신 어머니와 시어머니의 제삿날이 한날인데, 한번도 당신의 친정어머니를 위해 제사상을 차리지 못했다. 오히려 시어머니 제사상 앞에서 남들 다 낳는 아들 하나 못 낳은 죄인이라며 울었다. 잘못한 일도 없이 차별에 순응하고, 자기 생각은 아예 없는 듯이 사는 어머니가 무능해 보였다. 딸들이 학교에 가고 싶어 하는 것을 알면서도 아버지한테 목소리 한번 내지 못했던 어머니가 원망스럽기조차 했다.

"그런데 지금도 우리 어머니 성향을 이해를 잘 못하겠는 거가 속으로는 무지 애를 태웠을 텐데도 만사태평이셨어요. 흥도 엄청 많고. 친구들이 우리 집에 오면 친구들이 맨날 그랬어요. 도대체 어머니가 어쩜 그렇게 유머가 풍부하냐고. 그러니까 내가 참 이해가 안 가는 것이 순간순간 톡톡 이야기도 잘 허고 잘 받아넘기면서 왜 당신은 그렇게 답답하게 살았나 싶은 거죠. 자식들한테도 그렇고. 그게 뭔 억압된 감정이 있었능가."

어머니는 정식으로 장구를 배운 것도 아닌데 하루종일 장구를 쳐도 지치지도 않고 신명 나게 놀았다. 마을에서 막걸리 한잔 잡수고 어머니가 장구를 치면 재미없게 앉아 있던 사람도 다들 일어나서 덩실덩실 춤을 췄다. 고향 가는 완행열차를 기다리다가 시간이 남아 잠시 들른 공원에서 생면부지의 사람들 틈에 끼어 엉덩이춤을 추며 장구로 흥을 돋우면 사람들이 가지 말고 같이 놀자며 붙잡았다.

어머니는 69세에 뇌경색이 왔다. 처음엔 지팡이를 짚고 동네를 왔다 갔다 할 정도로 경미했기 때문에 치료를 받으면 좋아졌을 수도 있었다. 하지만 의료보험이 없어 어머니를 모시고 병원에 갈 엄두를 내지 못했다.

당시 농민회에서 국민통합의료보험 주장을 하면서 국민의료보험 거부 투쟁을 할 때라 끝까지 거부한 순자 언니는 어머니를 제대로 병원 치료를 받게 해드리지 못했다. 그때는 의료보험 거부운동에 참여했던 대부분의 집들이 같은 처지였다. 한참 세월이 지나고 순자 언니가 자궁 근종으로 병원에 가야 했을 때 형제들이 순자 언니 몰래 밀린 보험료 백 얼마를 대납해줘서 대학병원에서 수술했다.

결과적으로 나 좋자고 의료보험 거부 투쟁하느라 어머니는 오랫동안 고생만 하다가 돌아가신 희생자였고, 정작 자신은 그 혜택을 받았다는 것이 두고두고 죄스럽다.

서면 뛰고 누우면 호랑이를 꿈꾸다

농촌에서 나이가 차면 당연히 선을 보라고 할 법도 한데 순자 언니는 맞선을 본 일이 없고, 집에서도 결혼하라고 강요하지는 않았다. 특별한 사연이 있는 것도 아닌데, '왜 혼자냐?'라고 묻는 사람들이 있다.

"원래 조상 대대로 농촌에서 살고, 농민이었고, 그렇게 살았고, 농민이어서 농민운동을 한 것이 자연스러운 일인 거죠. 비혼으로 사는 것도 나한테는 그냥 자연스러운 거여요."

"내가 남자에 대해 흥미가 없는 건 절대적으로 아버지, 오빠들 영향이 많았어요. 남자에게 좋은 관심을 가질 환경이 안 되었고, 주변에 있는 남성 중에 동경할만한 뭐가 있어야지."

어머니는 늘 혼자였다. 여름이면 아버지는 파자마 바람으로 부채 들고 장터에 나갔다가 다음 날 아침까지도 집에 안 들어오는 날이 많았다.

"다른 여자 집에서 지내시는 거죠. 그러면 어머니가 나더러 '아버지 진지 잡수시러 오시라고 그래라'라고 심부름을 시키셨어요. 아버지 만나러 장에 가면 아버지 여자가 철 따라 과일도 주고 사탕도 집어 주고 하니까 어린 나이에 나는 그 맛에 그걸 얻어먹을 재미로 '어머니, 아버지 오시라고 할까?' 하고 엄마한테 내가 먼저 심부름가겠다고도 했어요. 철없이⋯."

철이 들면서 다른 여자들과 같이 있는 아버지 모습과 아무 말도 못 하고 그런 아버지를 기다리는 어머니 모습이 싫었다. 어머니에게 해악질 해대는 오빠들 존재에도 거부감이 들었다. 이성에 대해 좋은 감정을 가질 기회는 좀처럼 없었다.

여자라는 이유로 부당하게 대우받는 것은 어렸을 때부터 익숙하게 봐 왔다. 여성운동을 전혀 모를 때였는데도 그런 것이 다 부당하게 보였다.

"남자고 여자고 똑같은 사람인데 왜 차별을 받아야 하는지 의혹이 많았어요. 왜 같은 일을 하고도 남자 놈은 더 높다고 생각허고 대접을 받아야 되고, 여자 놈은 밥을 먹어도 아무렇게나 앉아서 먹어도 된다고 생각하는지 어린 마음에도 이해가 안 갔어요. 거부감이 많았죠."

순자 언니는 여자라고 해서 못 할 일이 없다 싶어 거친 일도 똑같이 했고, 고구마 수확할 때는 온종일 지게질을 했다. '여자는 선천적으로 체력이 약하다'라는 고정관념은 힘을 쓰는 여자

143

에게 '억척스러운', '남성스러운'이라는 불편한 수식어를 붙여댔지만 순자 언니는 그런 말을 개의치 않았다.

"나도 지게질이랑 소 쟁기질을 하고 싶은데 왜 남자들만 하냐 싶었지요. 그래서 소가 잠시 쉬는 틈에 쟁기질을 해봤는데 내가 잘한 거여. 그 당시에 이 근방에서 여자가 쟁기질하는 건 나밖에 없었을 거여. 어렸을 때부터 내 몸이 건강허고 허니까 지게질, 쟁기질도 당연하다고 생각하면서 했죠. 생각해보면 내가 그런 일에 호기심도 참 많았던 거 같아요. 워낙 건강 체질로 태어나서 오늘까지도 건강하게 살지, 그러지 않았으면 아마 골병들었을 거여요. 그래서 그랬능가 몰라도 동네에서는 나를 함부로 안 했던 것 같아요."

순자 언니는 혼자 살아간다는 것은 자기 자유의지에 따라 하면 되지만, 둘이 산다는 것은 상대의 생각을 존중해야 하고, 조정의 시간이 필요하기 때문에 무리하지 않으면서 맞춰 살아간다는 것이 어려울 거라고 생각한다. '개(순자)는 서면 뛰고 누우면 호랑이를 꿈꾼다'라는 어머니의 말처럼 자신의 의지대로, 열정대로, 자신의 철학대로 원하는 일을 하면서 사는 삶이 예나 지금이나 좋다. 그런 순자 언니가 딱 한 번 어머니 덕분에 잠시 결혼식은 한번 해보고 싶다는 생각을 했다.

"가농 실무자였던 유재동이 결혼식 때 어머니를 모시고 갔었는데 성당에서 결혼식 뒤풀이로 성당 마당에서 어머니가 신나게 풍물도 치고, 가마솥 걸어놓고 국수 끓여서 먹고 그랬는데 그게

그렇게 좋더라고요. 그래서 결혼식 뒤풀이하면서 모두 신명 나
게 놀아보는 그것은 한번 해볼 만하겠다는 생각을 처음으로 해
봤어요."

농민운동의 첫걸음, 가톨릭농민회

들판의 푸릇함, 풀냄새를 좋아했고, 논밭에서 쑥쑥 크는 농작
물을 보는 일도 좋아했지만 위 언니 둘이 결혼을 하고 난 뒤에
순자 언니는 본격적으로 농사일에 더 집중할 수밖에 없었다. 국
민학교를 졸업하고 가발공장으로, 옷이나 신발공장 노동자로 일
하러 떠나는 친구들이 많았고, 점점 농사로는 살기가 어려워진데
다가 농촌에 남아 무능력한 사람 취급받는 것도 싫었던 젊은이
들이 하나둘씩 마을을 빠져나가면서 한창 농사철에는 동네 일손
을 얻는 것이 쉽지 않았다. 1970년대 초중반, 박정희 정권 시절
'새마을운동' 바람이 불어 마을 길 넓히는 일 등 부역도 나가야
하면서 순자 언니는 다른 생각할 겨를 없이 농사에 전념했다.

당시 정부는 누에치기를 장려하면서 마을에는 고구마, 호밀
대신 뽕나무를 심는 집들이 많아졌다. 고구마, 호밀보다는 수익
이 괜찮아서 점점 누에고치를 치는 집들이 많아졌지만, 그것도
오래가지 못했다. 정부의 쌀 증산정책으로 쌀 농가들은 다수확
신품종으로 바꿔야 했고, 면과 농촌지도소에서 나온 직원들이
신품종으로 바꾸지 않은 농가들에 행패를 부려 신품종으로 다

시 못자리해야 했다. 다수확 정책에 따라 점점 농약 성분도 독해지고, 농약 사용량이 증가하면서 누에를 키우는 농가들에도 자연스럽게 피해가 갔다.

순자 언니네는 주로 고구마 농사와 호밀 농사를 지었다. 가을에 고구마를 캐낸 자리에 또 호밀을 심어 다음 해 고구마를 심을 때까지 키웠다. 추위에 약한 고구마를 잘 저장해두지 않으면 썩기 때문에 서리 내리기 전에 수확해서 땅을 파고 저장해두기 위해 부지런히 지게질해야 했다. 그렇게 수확한 것을 농협과 장사꾼들이 사 가는데, 그들의 농간으로 농민들은 해마다 골탕을 먹었다. 농협이 고구마를 모두 수매하겠다던 약속만 믿고, 밭에 그냥 두었다가 애써 키운 고구마가 얼거나 썩으면 농협과 중간 상인들이 헐값에 고구마를 사 갔다.

이런 배경으로 1976년부터 78년 사이 농민운동사의 한 획을 그었다고 평가되는 전남 '함평고구마 피해 보상 투쟁'이 일어났다.

점점 일손을 구하기가 어려워지는 상황에서 호밀과 고구마를 심던 밭을 논으로 개답을 하고 "션찮은 남자보다 낫다."라는 소리 들어가면서 부지런히 논농사를 지었지만 늘 생산비 보장이 안 되는 터라 다음 해 봄이면 또 영농 빚을 져야 했다. 수확한 쌀을 몽땅 팔아도 조수익(농업총수익)의 절반도 되지 않는 상황인데 당시 정부에서는 농가소득이 평균 653만 원이라고 떠들어대는 게 기가 막혔다. 최소한의 생산비가 보장되어야 한다는 생

각으로 1981년 가농 '쌀 생산비 조사활동'에 참여한 이후 쌀생산
비 보장 서명운동에도 나섰다.

1983년 농협 조합장 직선제 실시를 위한 서명운동 때도 이 마
을 저 마을 열심히 돌아다녔는데, 경찰의 역공작으로 마을 사람
과 교류하는 게 힘들어졌다.

어떻게 하면 우리의 현실을 좀 더 많은 사람에게 알릴 수 있
을까 고민하던 끝에 잡혀갈 각오를 하고 집 담벼락에 검은색 페
인트로 '정부 잘못 농가 부채 정부가 책임져라', '남양리 농민이
여, 깨어 일어나자'라는 글씨를 쓰고, '농축산물 수입 강요하는
미국은 물러가라'라는 현수막도 내걸었다. 당연히 지서장, 면장
이 찾아와 제발 좀 치워달라고 설득도 하고, 정보과장이라는 사
람이 와서 허가도 받지 않고 벽서를 쓰는 건 불법이라며 협박도
했다. 나중에는 집을 지나는 사람들이 볼 수 있게 그 자리에 벽
보판을 만들어 여러 소식지를 붙여놓기도 했다.

1978년, 함평고구마 투쟁이 마무리되어 갈 즈음 순자 언니는
광주 북동성당에서 열린 2박 3일 '호남 지역 농민대회 및 추수감
사제'에 참여했다. 당시 전남 곡성에서 농사를 지으면서 가톨릭
농민회(이하 가농) 전국본부 부회장이던 큰 형부를 통해서 이미
가농을 알고 있었지만 정식으로 회원가입을 하지는 않았을 때였
다. 이때만 해도 순자 언니는 농민으로 사는 것이 억울하고 고통
스러운 것은 농민들이 힘이 없기 때문이고, 기관의 횡포가 심해
도 어쩔 수 없이 당해야 하는 일로 받아들였다.

"그때가 함평고구마 투쟁할 때여요. 그때 김윤[6]을 만났는데 머리를 짧게 끊고 앞자리에 앉아서 뭔가 필기를 하고 하더라고. 암튼 좀 특이하게 눈에 띄었어요. 근데 끝나고 밖에 나가니까 눈이 엄청 와서 광주 고속버스터미널에서 버스를 몇 시간을 기다려야 했어. 그래서 찻집에 올라갔더니 김윤 일행이 앉아 있더라고. 그때 김윤 씨가 나를 아는 척하더라고. 그러면서 김제에서 농사짓는다고 하니까 그때 딱 달라붙네. 하하. 나한테 흥미가 있다 이거여. 그때 주소를 주고받으면서 내가 김윤한테 낚인 거죠."

당시는 유신정권 말기 긴급조치 9호가 발동되던 때라 유신체제를 비판하는 일체의 집회, 시위, 언론, 출판 등이 금지되어 살벌하던 때였다. 그런 시기에 용기 있게 정부를 비판하던 김윤(2004년 작고)의 모습은 순자 언니의 마음을 끌었고, 세상을 제대로 알아야겠다는 의지를 갖게 했다.

"내가 뭐 하나를 결정허려면 좀 더뎠어요. 뭔가를 쉽게 결정하지 않는 성격이라 가농 회원가입을 안 하고 있다가 오원춘 사건 나고 집중적으로 언론 포화를 받았잖아요. 그걸 보고 농민회 가입도 하고 운동을 해야겠다는 생각을 했어요. 그때가 함평고

---

6 고 김윤은 서강대 영문학과 재학 중이던 1974년 '유신헌법 및 대통령 긴급조치 철폐'를 위한 결의문을 낭독하고 민청학련 사건으로 구속됐다가 지병이 악화해 형집행정지로 풀려났지만, 다시 〈자유서강〉이란 신문을 발행한 이유로 긴급조치 9호 위반 혐의를 받고 1년 동안 옥살이를 했다. 이후 또다시 1980년 5·18 광주민주화운동 배후 조종 혐의로 지명수배를 받고 도피 생활을 하는 와중에도 《타임》지를 번역해 '국민에게 드리는 글' 등 유인물을 제작해 광주의 실상을 알렸다. 그러다가 1981년 전북 순창으로 귀농해서 여성농민운동의 씨를 뿌리고, 1989년에는 전국여성농민회총연합 발족을 위한 준비위원장으로 활동했으며, 1997년 지병이 악화하기 전까지 사람이 살 만한 세상을 위해 뜨겁게 살았다. 2004년 고인이 되었고, 15주기가 되는 2019년 1월 20일 전북여성농민회, 전북연합 주관으로 광주 북구 망월동 민족민주열사묘역(5·18 구묘역)에 이장되었다. 고 김윤은 병원에서 가톨릭 영세를 받길 원했고, 장순자가 그의 대모가 되었다.

구마사건 나고 바로 직후니까 1979년이었을 거여요. 그때 다른 사람들은 회원 탈퇴를 하고 숨어 있고 했는데, 난 거꾸로 가농 회원가입을 한 거죠."

1962년부터 1976년까지 박정희 정권의 '경제 개발 5개년 계획'이 3차까지 추진되는 동안 중공업 중심으로 수출에 유리한 값싼 제품을 만들기 위해서는 값싼 노동력이 필요했다. 당시 평화시장의 봉제노동자 평균 연령은 15세였고, 당시 짜장면 세 그릇 정도 가격인 50원을 받고 하루에 14시간 이상의 고된 노동을 하였고, 이를 유지하기 위해 농산물 가격을 대체로 낮게 유지했다. 순자 언니가 가농 회원이 되던 시기에 천주교정의구현사제단은 함평 고구마피해보상 투쟁을 계기로 가톨릭농민회와 함께 농업 문제를 이슈화하고 농협 조합장 선거제, 강제 농협 출자금 중단, 농협을 농민에게로, 생산비 보장, 정부가 권장한 통일벼 전량수매, 추곡 수매 전액 현금 지불, 농민의 의사를 반영하는 곡가심의위원회 구성 등 농민 권익 실현에 목소리를 냈다.

그런 가농의 분위기는 자연스럽게 순자 언니를 농민운동으로 이끌었다.

농민 문제를 나의 문제로 인식하다

1985년 전국적으로 번진 '소몰이 투쟁'으로 순자 언니는 희미하게 가졌던 문제의식을 좀 더 구체적으로 인식했고, 농촌사회의 가부장적인 위계, 농산물 가격 문제 등 농민의 고통이 사회의 구조적인 모순에서 비롯됐다는 인식이 명확해졌다.

논을 팔아 정부가 권하는 소를 사서 3년 만에 폭삭 망하게 됐다는 어느 농민 집에 가보고 너무나 가슴이 아팠다. 자기들은 여름내 선풍기 하나 없이 지내면서도 축사에는 선풍기를 달아놓고, 방충망도 틈새 없이 쳐주고 하면서 애지중지 키운 소가 수입 소 때문에 사룟값이나 건질까 말까 할 정도로 가격이 폭락했다. 소 입식 자금 대출을 받아 어미 소 한 마리를 150만 원에 사서 키웠지만, 미국의 압력과 정부의 노골적인 수입개방 농정으로 사룟값은 고사하고 소 구입 자금의 절반도 안 되는 가격으로 뚝 떨어지는 상황에서 빚을 지고 자살한 농민들이 하나둘 생겨났다. 이에 분노한 농민들은 '재벌은 돈 밭에, 농민은 똥 밭에'라고 쓴 현수막을 걸었고, '양키 소 몰아내고 한국 소 살아보자' 등의 구호를 외치며 '경운기·소몰이 가두시위'를 전개했다. 이런 기막힌 현실은 소고삐를 쥐고 소몰이 시위에 앞장선 여성농민들 틈으로 순자 언니를 떠밀었다.

1985년 7월 1일 경남 고성을 시작으로 충북 음성, 경북 의성, 다인, 전남 무안, 전북 진안, 임실 등을 거쳐 부안에 이르기까지 전국적으로 확대된 '소몰이 투쟁'은 수입농산물로 점점 피폐해져 가는 농촌과 농민들의 현실뿐만 아니라 농업의 구조적인 문제까지 알리면서 농민운동이 대중운동으로 확장되는 기회가 됐다.

시위가 있기 전날 "내일 아침에 민방위를 동원해서 아침부터 농약을 쳐라", "내일 반상회를 나와라"라며 시위 참여를 방해하는 면 직원들을 따돌리기 위해 여성농민들은 손전등을 켜고 밤새 소를 몰고 20리가 넘는 길을 걸었다. 집으로 찾아와 자고 간다며 방해하는 면 직원들, 마을 입구부터 막아선 읍장이며 직원들을 집으로 불러다가 밥을 해먹이며 그동안에라도 동네 사람들이 떠날 수 있도록 했고, 경찰이 길을 막아서며 "아주머니, 참으시오, 우리 같은 아들도 없소?"하며 감정을 자극했지만 "나도 자식이 있응께 잘 좀 키워 볼라고 이러네.", "우리는 몇 번이나 속았고 더 기다릴 수도 없응께 길 비키시오."라고 하고는 소고삐를 당겨 막아선 길을 조금씩 뚫고 나갔던 것은 여성농민들이었다. 밥을 해서 등짐을 지고, 머리엔 '소값 피해보상'이라 쓴 띠를 둘러맨 몸뻬 차림의 여성농민들은 무장한 전경과 대치할 때는 길바닥에 앉아 연좌 농성을 하면서 "송아지, 송아지, 값이 좋던 송아지, 수입 소에 밀려서 똥값 되었네."라고 개사곡을 부르면서 춤을 췄다.[7]

그동안 여성농민의 역할이 남편이 하는 일에 협조하기 위한 것이거나 찢어진 현수막을 꿰매고 김치를 담그고 인원수를 채우기 위한 보조 정도로 치부되었다면 소몰이 시위에서 보여준 모습은 주체적이고 지혜로우며 용기 있는 어머니의 모습이었다.

1985년 8월 24일 오전 9시, 부안 하서면 등룡리 천주교 공소 앞동산. '소값피해보상 궐기대회', 일명 '부안 소몰이 투쟁'에 참여

7 민주화운동기념사업회 기록물, 1985년 8월 17일 자, 전국민족민주운동협의회 여성분과에서 소몰이 시위에 참여한 고산, 진안, 임실 지역 여성농민들의 이야기 참조.

151

하기 위해 150여 명의 농민이 모였다.

순자 언니는 이때 공권력의 무자비한 폭력을 겪으면서 "이 땅에서 내가 무엇을 어떻게 하면서 살아야 하는지를 깨달았다."라고 했다. 당일 결의대회를 마치고 소를 앞세워 중장비로 바리케이드가 쳐진 공소 앞까지 가서 대치했는데, 점심으로 삶아 놓은 국수 소쿠리들을 군청과 소방서 직원들이 발로 뒤엎어 버렸고, 무장한 전경이 돌과 방망이, 방패로 폭력을 행사하면서 사람들을 연행해갔다. 순자 언니는 장정 넷한테 들려 기동대 차에 던져졌고, 연행되어 온 사람들은 남녀노소 할 것 없이 부안경찰서로 가는 차 안에서 계속 발길질과 폭언을 당했다.

어린 중학생이 연행됐고, 앞니 두 개가 부러지고 피투성이가 된 여학생, 눈을 맞아서 앞이 보이지 않는다던 학생, 임산부였던 여성, 노인 등 여러 명이 크게 다쳤고, 당시 가농 전북연합 회장이었던 허완은 다리가 짓이겨져 힘줄이 끊어졌다.

부안 산내면에 사는 농민회원 이준희에게는 "돌 던진 사람이 누군지 대라."며 정보과 형사가 목에 낫을 걸고 겁박했다. 항의한다고, 쳐다본다고 "눈깔을 빼버리겠다."라며 순자 언니의 두 눈을 찍어 누르고, 시멘트벽에 머리를 치면서, "x를 찢어 죽일 년"이라는 욕설도 서슴지 않았다.

"고창, 진안, 임실, 부안 소몰이 시위하는 데마다 쫓아다니면서 맨날 두들겨 맞고 맨날 데모하고 그랬죠. 근데 결정적으로 부안에 가서 무지하니 두들겨 맞았는데, 그때 대표로 허완 가농 전북연합회 회장하고 노동길 금강서적 주인, 이준희, 그리고 내가 구치소에 들어갔어요. 이준희하고 나는 각각 5일 구류를 받고 한방에 있었는데 부안경찰서장이 오더니 나더러 훈시를 선창을 하라고 하는 거여."

순자 언니는 '도둑질하지 말라' 등 쭉쭉 말하다가 네 번째인가에서 '여자를 가까이 하지 말자, 병든 후에 후회한다' 대목을 '남자를 가까이하지 말라, 병든 후에 후회한다'라고 바꿔 말했다.

"그랬더니 여기저기서 킥킥거리며 웃는 소리는 나지, 내가 서장 훈시는 더는 못하겠다고 허니까 대번에 나를 독방에 넣네. 그래 5일간 독방살이를 했지."

집을 나설 때마다 앞장서지 말라며 신신당부를 하던 어머니가 걱정하실까 싶어 농민회원을 통해 '어디 며칠 다녀온다더라'라고 전했는데, 유치장에 들어가고 이틀 후, 눈이 퍼렇게 멍들어 있을 때 속옷을 싸 들고 어머니가 면회를 오셨다. 얼굴이 잘 보이지 않는 어두운 면회실 유리창 너머로 어디 다친 데는 없냐며, 조심하라고 하고는 돌아서는 허리 굽은 어머니의 등을 보는데 죄송하고 마음이 아팠다. 평생 땅의 사람으로 우직하게 살았고, 아내로, 며느리로, 어머니로 살면서 당신에게 부여된 기본적인 권리조차 제대로 누려보지 못한 어머니였다. 국가가 지켜주지 않는 생존권을 스스로 지키겠다는 농민들의 몸부림을 폭도로 매도하고, 무자비한 공권력으로 짓밟는 것을 직접 겪으면서 그동안 농민 문제를 나의 문제로 인식하지 못했던 것이 부끄러웠다. 그동

153

안 희미했던 문제의식이 확고해지면서 순자 언니에게 농민운동은 생존이 걸린 자신의 문제를 해결하는 당연한 권리이자 책임으로 다가왔다.

소몰이 투쟁 이후로 순자 언니는 기막힌 농촌 현실에 분노하고, 농민들이 겪는 고통에 가슴 태우며 함께 하고자 어디든 달려갔다.

1987년, 전국에서 활동하던 가톨릭 여성확대간사 훈련. 앞줄 오른쪽 첫 번째가 장순자. ©전국여성농민회총연합

1986년 부천 성고문 사건이 났을 때 규탄 집회에 참석했다가 경찰이 던진 주먹만 한 돌멩이에 왼손 등을 맞아 지금도 흉터가 남아 있다. 순자 언니는 농민 문제만이 아니라 지지와 연대가 필요한 곳이면 어디든 쫓아다니면서 분단 체제 군부정권 아래에서 농민, 노동자, 여성, 이 땅의 소수자가 겪는 문제가 같은 맥락의 문제라는 걸 깨달았다. 정부 정책을 비판하거나 이 땅 민중의 생

존권과 국민의 인권, 민주화를 외치는 목소리는 안보 논리와 경제 개발 논리를 앞세워 차단하고 폭도로 몰아세우며 공권력을 휘두르는 현실이 농민이 겪는 고통을 외면하고 수입개방에 앞장서는 이치와 맥락이 같았다.

그즈음 보고 듣고 겪은 사회의 현실은 순자 언니를 눈물 헤픈 사람으로 만들었고, 농민운동 하면서 열심히 뛰어다니다 죽고 싶다는 의지를 갖게 했다. '호헌철폐', '민주 쟁취'를 외치며 온 국민이 함께 힘을 내던 1987년 6월 민주화 항쟁 때는 논일을 끝내고, 저녁이면 전주로 달려가 오토바이 뒤에 스피커를 달고 가두방송을 했다. 6월 26일 전주에서 열린 '국민평화대행진' 때는 농민대표로 단상에 올라가 민주화 쟁취를 위해 이 땅의 노동자, 농민, 교사, 학생 등 양심적인 사람들의 연대를 강조하며 연설을 했다.

"250만 애국 도민 여러분, 저는 김제에서 농사짓고 사는 농민입니다. 오전까지 논을 매다가 국민의 한 사람으로서 이 땅의 민주화 대열에 동참하고자 이 자리에 달려왔습니다. 농민은 맘 놓고 제값 받는 농사를 짓고, 노동자는 사람대접받는 조건에서 일하고, 선생님은 양심적인 인간교육을 할 수 있으며, 학생들은 열심히 공부할 수 있는 민주 사회를 쟁취하기 위해 우리 모두 힘을 합칩시다. 이제 우리 농민도 외롭지 않습니다."[8]

순자 언니는 1987년 여름, 전북 고창군 삼양사 소작농들의 토지 투쟁에서 다시 한번 여성농민의 잠재력이 투쟁력으로 발휘되

---

8 장순자, 〈부끄럽지 않은 손마디〉, 《이 땅의 딸로 태어나 : 서면 뛰고 누우면 호랑이를 꿈꾸는 여성들의 이야기》, 이소라 엮음, 죽산, 1988, p117.

는 걸 목격했다. 일제시대부터 농민들이 꼬박꼬박 소작료를 내며 부쳐 온 땅이건만 농간을 부려 차지했던 삼양사를 상대로 땅을 돌려받기 위한 투쟁을 벌였다. 이 과정에서 순자 언니는 종로 5가 농성장에 합류하면서 고창 여성농민들의 투쟁력에 놀라고, 남자들은 책상이나 의자에서 잠을 자는데 여자들은 차가운 맨바닥에서 잠을 자고, 밥이나 청소까지 도맡아 하는 모습에 놀랐다. 삼양사 구사대 깡패들의 위협에 불안한 상황에서도 왜곡 보도를 한 동아일보사에 쳐들어가 똥물을 끼얹으며 항의를 하던 이들도 대부분 여성농민이었다.

치열한 대중조직화 논쟁

1980년대 후반부터 1990년대 초는 농민운동, 여성농민운동 내부의 조직 논의가 치열하게 진행되던 때다. 방향성의 차이로 갈등도 많았지만, 소몰이 투쟁에 이은 수세 투쟁, 의료보험통합 투쟁, 고추 제값받기 등 생산비 보장 투쟁 과정에서 보여진 대중력을 어떻게 모으고 성장시켜 나갈 것인가를 고민하고 토론하면서 자주적인 대중조직화의 가능성을 열어가던 시기다.

가농여성부, 기농여성위원회, 가톨릭여성농민회, 교회여성연합회, 농촌선교위원회, 기독교사회문제연구원 농촌분과위원회, 기독교농촌개발원 등 각기 다른 종교와 조직체계 안에 있던 여성농민활동가들 사이에서도 '자주적 여성농민운동론'에 대한 토론을 이어갔다. 하지만 전국농민운동연합은 '진정한 통일, 단결을 위해서는 사소한 차이를 극대화하여 종파성을 유지, 온존시키는 작풍을 일소해야 한다'라며 '1군 1조직' 원칙을 내세웠다.

이런 분위기에서 전국의 여성농민운동 활동가들은 1985년 6월 1~7일 작은자리 교육원에서 '여성농민운동 실무자 훈련' 모임이 있었다. 일명 '작은자리' 모임인 이날 여성농민운동의 개념, 방향, 과제를 통일적으로 수행해 나가기 위한 연대와 실천내용을 갖자고 결의하고, 이후 수차례의 토론회, 간담회 등을 통해 1989년 12월 18일 독립적인 전국여성농민위원회를 결성했다.

전북에서도 1988년 6월부터 가농여성위, 가여농, 기농여성위 등 여성농민운동활동가 모임이 시작되어 1~2개월마다 '자주적 여성농운동론'에 대한 토론을 이어갔다. 그러다가 전북 고백교회에서 진행된 제6차 전북여성농민활동가 간담회에 정읍, 전주, 순창, 고창, 부안, 김제, 임실 활동가 11명[9]이 모여 '전북여성농민회' 결성을 결의했다. 그리고 1989년 3월 1일 대전 가톨릭농민회관에서 1박으로 진행된 '제1차 전국여성농민활동가간담회'에서 한 차례 더 논의를 거친 후 3월 10일 '전북여성농민회 준비위원회'를 띄워 순자 언니는 위원장, 총무는 박성자가 맡았다.

여성농민운동은 사회운동과 일상적인 삶을 구분하지 않는 변화와 성장을 경험한 여성운동의 대표적인 사례다. 특히 1980~90년대 엄혹한 시기에 봉건적 가부장제에 대한 문제의식과 농민으

---

9 김윤, 박상희, 박성자, 박찬숙, 황호숙, 박찬희, 장순자, 엄영애, 전명순, 권명희, 최옥순.

로서의 계급의식이라는 두 가지 지향을 분명히 하면서 한국의 여성운동을 이끈 핵심 동력이었다.

목적 의식적으로 농촌 현장으로 들어간 활동가들도 적지 않았지만, 그 중심에는 군 단위 여성농민들의 저력이 있었다. 마을로부터, 아래로부터 대중의 힘을 통해 조직의 뿌리를 튼튼하게 내려야한다는 것이 순자 언니의 생각이었다.

"그 무렵에 부안, 임실, 완주, 고창, 순창, 정읍에서 여성농민회가 생겼어요. 김제 출신인 내가 전북 여농준비위원장을 했지만, 김제여농은 독립적인 조직 자체가 안됐어요. 그것이 참 힘들었어요. 농민회 안에서 함께 하면 되지 여성농민회가 따로 필요하지 않다는 거였죠. 위원장인 내가 사는 김제 지역에서는 죽자 살자 반대를 하니 내 입장이 참 묘했죠. 그때 내 지역에 회원이 없었다는 거가 나의 아픔이었어요. 그래서 마음으로 갈등이 좀 심했죠."

김제군에는 기존의 가톨릭농민회 외에도 1987년에 김제동학농민회, 김제농민협회가 결성되었고, 서로 다른 방향성을 갖고 활동을 하다가 1989년 1월 23일 김제군농민회로 통합하여 이후 전북농민운동연합에 참가했다. 그러나 김제의 경우 독자적인 조직이 아닌 김제군농민회 내 여성농민특별위원회(위원장 김윤숙)로 출범했다. 한창 자주적 여성농민운동론 대두로 독자적인 조직 논의가 진행될 때 전북여농준비위 위원장이었던 순자 언니의 마음은 편치 못했다. 위원장이라는 위치가 그랬다. 자주적인 운동조직이 필요하다고 앞장서서 설득해야 하면서도 명분보다는 지역의 논의를 간과할 수 없는 현실이 늘 무거운 숙제처럼 따라다녔다.

더디가도 대중과 함께

1990년은 전북여농위를 중심으로 각 군 단위 여성농민운동이 활발하게 진행되고, 대중력이 확장되던 시기였다. 11개 군 500여 명을 대상으로 여성농민 건강 및 의료보험 실태조사를 실시해 9월 7일에 보고대회를 가졌고, 전북여농준비위 소식지 〈전북여성농민소식〉을 발행해 우루과이라운드 협상, 의료보험 문제를 선전하고 각 지역 활동 소식을 전했다.

여름 농활 때는 그동안 도를 중심으로 하던 마을 교육을 전북여농위에서는 농활지침서, 강사교육안, 강의자료를 만들어 각 군으로 배포해 지역에서 스스로 강사훈련 교육을 하고, 여성농민반을 운영하도록 했다. 고창, 부안, 정읍, 순창, 임실, 김제 6개 군에서 강사훈련을 받은 여성농민들은 69개 마을에서 2절 전지에 이해하기 쉽게 일일이 손글씨로 노래 가사를 쓰고 농촌현실에 관한 강의자료를 만들어 마을교육을 실시했다.

농민회원이 없는 마을에서는 엄마들 관심사인 자녀교육이나 농사법, 건강에 관한 이야기와 노래 개사곡을 배우는 시간도 가졌다. 말주변이 없다며 쑥스러워하던 마을 어머니들이 〈여성농민단결가〉를 부르면서 마을 교육에 열심히 참여했다. 올곧이 자신을 위한 시간을 가져본 일이 없었을 여성농민들에게 농활은 마치 잔치 같았다.

정부의 농어촌발전대책, 우루과이라운드 협상의 문제점을 알리고, 의료보험 문제, 농산물 제값 받기, 농촌의 성차별 문제를 해결하기 위해 여성농민들이 뭉쳐서 자신의 힘으로 자신의 문제를 해결해 나가자고 설득했다. 다른 지역 여성농민들의 활동 사례를 전하기도 했다. 낮에는 농사일하고 저녁에는 분반 활동을 해야 하는 상황이라 교통편이 여의치 않아 마을에서 농민회원들이나 남편들이 오토바이로 마을 강사들을 태우고 마을을 돌았다. 여성농민 스스로 마을 교육을 하면서 '우리도 할 수 있다'라는 자신감이 커졌고, 지역에서 여성농민이 농민운동의 당당한 주체로 인정받는 변화가 생겼다.

농활 초기 어느 마을이나 농활을 곱게 보지 않았던 면에서 이장과 부녀회장을 통해 마을 사람들이 학생들에게 일거리를 주지 않도록 방해했다. 순자 언니네 마을에서도 상황은 마찬가지였지만 하루 이틀 지나자 농사 일손이 부족한 사람들이 학생 좀 보내 달라고 하는 통에 한바탕 전쟁을 치렀다.

순자 언니는 농사일을 끝내고 박찬희, 김윤숙과 함께 4개 마을을 돌면서 주민들 만나랴 강의하랴 밤마다 학생들과 평가회 하랴 시간을 쪼개며 새벽녘에야 잠자리에 들었다. 학생들 역시 농사 일손 거들고, 저녁으로는 여성농민반·장년반·청년반·아동반으로 나누어 분반 활동을 했다. 학생들이 마을회관 벽에다 농축산물 수입개방을 비판하는 대자보를 써서 붙였는데 그것 때문에 마을 사람들 간에 실랑이가 벌어지는 일도 있었다.

순자 언니는 학생들이 나름대로 열심히 했지만, 농민들의 이야기를 먼저 들으면서 배우려는 자세가 먼저임을 강조했다. 학생운동의 경험을 가지고 지역에 투신해서 농민으로, 운동가로 살려는 사람은 먼저 농민으로서의 절실한 자기화가 없으면 안 된다는 것이 순자 언니의 생각이었다.

"전북에서만 해도 몇 명 빼고 거의 다 떠났어요. 그럴 때마다 그럴만한 이유가 있었겠지 생각하다가도 슬펐죠. 안타까운 마음도 크고… 학생 출신들이 농민운동, 노동운동한다고 현장에 들어갔으면 이론적으로 좀 맞지 않고 더뎌 보여도 농민, 노동자 의사를 존중하고 옹호하면서 휩싸여서 함께 해야 되는데 실상은 그렇지 못했다고 생각해요. 대중운동은 대중과 함께 가는 게 제일로 중요한 거지요."

당시 농민운동 내에 조직을 세우는 일에 있어서 방향과 방식이 조금 달랐고, 여성농민운동 조직을 세우는 것 역시 생각의 차이가 존재했다. 하지만 순자 언니는 대중운동에서 핵심은 조직 논의보다는 현장 활동 속에서 대중을 중심에 세우고, 대중들의 저력이 어떻게 성장하는가를 봐야 한다고 생각했다.

"한번은 조직 논의를 위해 가톨릭센터에서 회의를 했어요. 다들 한두 가지씩 반찬을 싸 와서 먹어가면서 회의를 했는데, 열기가 엄청 뜨거웠어요. 엄영애 선생님은 지금 여성농민회로 따로

161

조직을 해야 한다는 의견이었고, 나는 그 반대 입장에서 설득을 시키려고 했지요. 왜냐하면, 당시에 남원이나 김제가 여농 조직이 따로 있지는 않았지만, 대중조직으로는 아주 훌륭했어요. 한번은 남원에 임봉재 언니가 강사로 초청받아서 우리 집에서 하루 자고 같이 남원 춘향 어디로 갔는데, 시간이 되니까 70~80명이 모였더라고. 열기가 대단했죠. 김제에서도 김윤숙하고 오토바이 타고 농활 지역 돌아다니면서 교육을 하고 대중성이 아주 강했어요. 김제 여성위원회에서 〈김제 여농 소식〉을 종이에다 일일이 손으로 써서 펴내기도 했어요. 내가 말하고 싶은 건 그런 대중성이 중요하다는 거였어요. 지금 당장 결정하지 말고 천천히 가더라도 대중과 함께 가자는 거죠."

지역의 여농 활동가들과 조직 논의를 하는 과정에서 갈등을 겪기도 했고, 때로는 실망도 했다. 순자 언니 역시 독자적인 여성농민 조직이 필요하다고 생각했지만, 농민회나 여성회원들이 그런 생각에 동의할 때까지 천천히 설득하고 이해하는 과정이 필요하다고 생각했다.

학생 출신 활동가들이 교과서적으로 배운 운동관으로 무리하게 끌어가려고 한다 싶어 속상했다.

"내가 그랬죠. 대중운동이라고 말하면서 이렇게 하는 게 대중운동이냐고 비판했죠. 하다 하다 막판에 내가 이런 비유를 했어요. '서울을 가는데 고속도로로 쭉 두세 시간 만에 갈 수도 있다. 그런데 대중조직이라면 대중과 함께 완행버스를 타고 사나흘이 걸려서라도 함께 가야 한다고 생각합니다'라고 했죠. 그때 다른 사람들은 아무 말도 안 하고 있고. 그랬더니 누가 그걸 표결로 결정하자는 거예요. 나는 더디더라도 표결보다 설득을 시키는 게 먼저라고 생각을 했어요. 근데 어쨌든 표결로 가서 한 표 차이로 독자적인 여농을 결성해야 한다는 쪽으로 결론이 나버렸어요. 그때 나는 중요한 문제를 그렇게 투표로 결정하는 모습을 보고 그 자리를 뛰쳐나와 버렸어요."

그때 실망감도 컸지만, 그 무렵 어머니 병세가 짙어지게 되면서 자연스럽게 외부 활동에 열심히 참여하지 못했다.

"전북 여농 창립총회 때 김제랑 남원은 참여를 안 했어요. 밖에서는 어떤 오해가 있었는가는 몰라도 투표 사건 이후로 바깥 활동은 안 했지만 2002년 어머니 돌아가시기 전까지는 김제에서 회원의 의무는 다했어요. 그러다가 어머니 돌아가시고 나서 지역에 활동가가 많이 없기도 했고, 김제 후배들이 참 많이 애쓴다 싶어 자연스럽게 전국 행사에 다시 참여하게 됐죠."

생명농업

순자 언니는 가농과 인연을 맺은 후 얼마 지나지 않은 1981년에 '가톨릭농민회 전국부녀분과위원회' 1기 위원장으로 선출됐다. 그때는 여성농민의 역할이 남성 중심의 농민운동을 이해하는 협조자 정도로 인식되던 때라 여성들의 독자적인 모임을 수용하려고 하지 않았다. 그때 가농 부녀부장이던 임봉재 선생님이 크고 작은 일로 눈물을 흘릴 때마다, 약한 몸을 이끌고 전국을 다니며 헌신하던 모습을 볼 때마다 순자 언니는 미안했다. 순자 언니는 가농 회원이었지만 가톨릭 영세를 안 받고 있다가 1985년도에 소싸움으로 구류를 받고 난 이후에야 세례를 받았다. 임봉재 선생님은 순자 언니가 영세받을 때 대모가 되어 주었다. 순자 언니는 '자기 밥그릇 좀 찾아 먹소'라며 충고와 격려로 올바른 농민운동의 지표가 되어 준 임봉재 선생님처럼 '나도 누군가에게 그런 사람이 되리라'는 다짐을 했다. 그 이후로 순자 언니는 가농 전국 대의원, 감사직을 맡으면서 가농과 오랜 인연을 이어갔다.

1990년 이후 가톨릭농민회에서는 몇 명이 일본 야마기시 운동 현장에 견학을 다녀온 것을 계기로 생명공동체 운동으로 전환을 했다. 그때 순자 언니는 생명농업 관련 책들을 읽으면서 '자연을 거스르지 않고 땅과 사람이 더불어 사는 생명농업'에 큰 관심을 갖게 됐다.

"처음 가농에서 생명 운동할 때 일본 사람이 쓴 《짚 한오라기의 혁명》같은 책이 연거푸 세 권 나와서 다 읽었어요. 그 사람 주장이 삼무농법인데, 땅을 갈지 않는 무경운, 비료나 농약 안 주는 무농약, 또 하나가 뭐죠? 암튼 삼무농법 해가지고 농사를 짓는데도 나중에 다 수확이 되더라 이런 말이더라고요."

순자 언니는 이렇게 생활 속에서부터 삶을 성찰하고 바꾸어

가려는 가농의 방향 전환이 반가웠다. 하지만 생명농업이 쉬운
것은 아니었다. 순자 언니는 농약중독 진단을 받은 이후 1984년
쯤 효소 퇴비를 만들어 무공해 쌀농사를 지었다가 포기한 경험
이 있다. 수확은 떨어지고 가격은 보장이 되지 않는 현실 때문에
자연과 함께 살아야 한다는 의지가 강하거나 수익이 적어도 거
뜬히 살아낼 수 있는 어떤 게 필요하다고 생각했다.

"내가 관행농을 안 허고 자연농법으로 논 2,700평 그리고 밭
500평 농사를 짓는데 1년 조수익이 천만 원이 안 돼요. 만약 나
한테 가족이 있다면 그렇게 하는 게 쉽지는 않죠. 나 혼자 사니
까 하는 거여요. 사람이 먹는다는 건 살기 위해서고 건강하게
살기 위해서는 건강한 먹거리가 필요하죠. 만약에 먹거리를 생
산하는 사람, 그리고 그걸 소비하는 소비자가 이런 생각에 동의
하면 유기농을 해야 하는 이유는 아주 단순한 거죠. 나는 운동
초기에 가농을 하면서 자연스럽게 생명농업을 선택했기 때문에
별 고민이 없었어요. 그리고 내가 다급하게 돈이 필요한 생활을
하지 않았기 때문에 자급자족한다는 생각으로 농약을 안 치고
농사짓는 게 가능한 거였죠. 부양가족이 있는 사람들이 생명농
업을 한다는 건 아주 훌륭한 거라고 생각해요."

1980년대 말, 1990년대 초 농민운동 내부에서는 자연농, 친환
경 농업 이야기는 운동적 관점이 없는 것, 혹은 낭만적인 것으로
치부되기도 했다. 그만큼 농촌 현실이 먹고 사는 문제가 힘들었
기 때문이기도 했다.

생수공장 반대 투쟁, 그리고 승리의 경험

　순자 언니는 가톨릭농민회가 종교 정신에 맞게 생명운동, 환경운동 방향으로 가는 것에 공감했고, 그 연장선상에서 지역의 생수 공장 반대 싸움, 골프장 건설 반대 싸움을 했다. 1995년 '먹는물관리법'이 시행되던 당시 1.8리터 생수 한 병 가격이 석윳 값의 두 배 이상 되면서 누군가에게는 지하수가 황금알을 낳는 거위였다. 하지만 지하수를 농업용수로, 식수로 사용하고 있는 농민들에게는 생수 공장이 들어서는 것이 지역의 환경을 훼손하고 농민들의 생존권을 위협하는 것이었다.

　"우리 집 바로 옆 여기가 행정구역상 봉남면, 황산면, 금구면, 3개가 면이 걸쳐 있어요. 근데 바로 여기 봉남면하고 황산면 걸친 데에다가 생수 공장이 들어온다는 거예요. 여기가 땅만 파면 물이 나왔거든요. 그때가 몇 년도인가는 기억이 잘 안 나는데, 암튼 한참 생수가 붐 탈 때였어요. 큰일 났다 싶었죠. 여기가 전부 지하수로 농사를 짓는데, 생수 공장이 들어오면 안 되잖아요. 이걸 어떻게 해야 하나 걱정됐지만 내가 앞에 나설 수도 없고…이 지역 정서가 여자들이 아무리 옳은 일을 해도 나서면 건방지게 보는 게 있거든. 그렇게 걱정만 하고 있는데 그 생수 공장 인접한 지역 이장 둘이 나를 찾아왔어. 찾아와서 여차여차한데 어떻게 했으면 좋겠냐 같이 일을 좀 하자 하더라고요. 3개 면에 6개 리가 있고, 그걸 또 마을로 분리해 보면 또 엄청 많은 마을이 있죠. 그래서 내가 그랬어요. '반대 운동을 하려면은 절대 똑똑한 사람 몇 사람으로 안 됩니다. 지역 주민이 다 함께 해야 합니다' 그랬죠. 마을 이장님들은 지역 주민들을 다 설득시키고, 생수 공장 반대 대책위원회도 꾸려야 한다고 하면서 당시 시의원을 위원장으로 책임감 있게 세우고, 이장들도 다 대책위원 하라고 했죠. 대책위원회 회의하면 의견을 먼저 다 듣고 나서 이건 이렇게 하면 어떨까요 하고 의견을 냈죠."

1995년에 충북 보은, 청원, 제천을 시작으로 그 이후 다른 지역으로 확대하면서 지역의 환경단체와 농민단체들이 생수공장 개발을 반대하고 법 개정을 위한 싸움을 벌였고, 공공재로서의 지하수의 중요성을 알려 나가는 싸움으로 확대되었다. 김제에서도 대책위원회를 조직해서 유종근 도지사한테는 행정소송을 하고 생수 공장 상대로 싸움을 했다. 김제에서는 환경운동연합하고 전북여성단체연합 내 '환경을 지키는 여성들 모임'이 연대 차원에서 힘을 실었다. 생수 공장으로 허가가 나려면 환경영향평가에 통과를 해야 하는데, 당시 제조 허가나 먹는물관리법 등 법제도에도 모순이 많았다. 순자 언니는 생수 공장 기준 허가 관련한 법률 공부를 하면서 문제점을 파고들었다.

"환경영향평가를 하는데 모순이 뭐냐면요, 생수 공장을 하려면 공장을 다 지어놓고 지하수까지 파놓고 환경영향평가를 받아. 그럼 이미 다 지어놓고 환경영향평가에서 안 된다고 부결이 나도 이미 환경이 다 훼손되기 때문에 안 되는 거예요. 법 자체에 모순이 많았던 거죠. 그래서 그걸로 싸운 거예요. 또 한 가지 문제는 환경영향평가 받기 전에 평가받을 공장에서 돈으로 전문가를 고용해서 평가서를 미리 만들어요. 그건 시험 볼 사람이 문제를 만들고 시험을 친다는 거예요. 그래서 그런 문제 제기를 엄청했죠."

직접 청원서를 써서 청와대로 보내고, 수도 없이 항의서도 보내고, 주민들 서명도 받았다. 이장들과 대책위 총무와 함께 환경운동연합 고문 변호사인 전봉호 변호사한테 돈도 안 주고 시도 때도 없이 만나러 다녔다. 행정소송 하면서 변호사 선임 없이 주민 대표(고발인)로 직접 법정에 서서 행정소송도 이겼다. 그렇게 3년 동안 싸워서 결국 생수 공장 허가취소가 났다.

"나는 운동은 필요한 사람들이 자발적으로 조직을 해서 해나가야 한다고 생각해요. 당시 나는 앞에 서지 않고 뒤에서 실무 책임자를 했죠. 그 일이 있고 나서 마을 사람들 환경의식이 높아졌어요. 그래서 돼지 축사가 마을에 들어온다 하면 주민들이 나한테 찾아와 서류 뭐뭐를 하라 해서 엄청 쫓아다녔죠. 그랬더니 지역 주민들이 '장순자는 데모만 하러 다니는 줄 알았더니 마을을 위해 좋은 일도 많이 하는구나!' 하더라고요. 그래 그런 일로 제가 인정도 받고 면민이 주는 상도 받았고, 남 3리 6개 부락을 합쳐서 보건진료소를 지었는데 그때도 마을에서 공로패를 주더라고요. 운동가가 면민이 주는 상을 받았다고 하면 이상하죠? 하하."

그 과정은 순자 언니에게는 대중조직에서 주민들과 연대하는 것이 얼마나 중요한지를 다시 확인하는 계기가 되었고, 농민운동가로서 승리를 경험하는 시간이었다.

"내가 그때 배운 것도 많고 보람도 많이 느꼈어요. 그동안 내가 내 지역에서 조직을 못 만들어서 늘 그걸 아픔으로 여겼는데, 아, 굳이 조직을 하지 않아도 주민들이 다 나서서 하니까 되더라는 거죠. 그게 대중조직인 거죠. 그때 농민운동을 하면서 또 어떤 보람이 있었냐면 어느 분야에 어떤 사람이 필요하다고 판단해서 연결하기도 하고, 또 내가 콕콕 찍은 사람들이 나서주고 하더라고요."

당시 환경영향평가 위원으로 주민 대표가 추천한 학자 2명을 두게 되어 있는데, 그때 순자 언니가 환경운동연합 고문이었던 전북대 오창환 교수와 이명우 교수를 추천했고 모두 흔쾌히 찬성했다. 순자 언니는 그런 경험을 통해 농민운동가로서 자부심을 느꼈다.

양성평등의 염원을 품다

'수없이 교차하는 희망과 좌절 속에서도 여성 인권 향상과 양성평등의 염원을 온전히 품어 안았던 당신이 바로 새천년의 주인공입니다. 당신의 노력이 전북 여성발전의 밑거름이 되었기에 전북 여성들의 사랑과 존경의 마음을 모아 이 패를 드립니다'

1999년 전북여성단체연합은 제2대 전북여성운동상의 주인공으로 순자 언니를 선정했다.

전북에서 초창기 여성운동은 전북여성단체연합(이하 전북여연)의 전신인 '전북민주여성회'로 출범했고, 농민운동은 전국농민운동회총연맹 출범 이전인 '전국농민운동연합[10]'으로 있었다. 당시 농민운동연합에서 총무를 보던 소영호 씨하고 순자 언니는 같이 가농 대표로 참여를 했고, 박상희 목사가 이끌었던 민주여성회에 김윤, 박복실이 초창기 멤버로 참여했다. 순자 언니는 가농 회원으로 민주여성회 창립 멤버들과 함께 하면서 자연스럽게 전북여연 활동을 하게 됐다.

"그때 농민분과 활동하고 '환경을지키는여성회' 모임에 주로 참여했죠. 한창 생수 공장 반대 운동하면서 엄청난 시련을 겪었을 때 전북여연이 든든한 지원군이 됐어요. 말하자면 순자 언니 하나가 아니고 곳곳에 있던 운동 세력들이 막강하게 힘을 더했죠."

전북여연에서 어느 날 여성운동 1세대한테 상을 준다고 오라고 했지만, 순자 언니는 "무슨 상을 받느냐."며 손사래를 쳤다. 나중에 전북대 정애자 교수가 전북여성운동가에게 주는 상이라며 대리 수상해서 가져다 주었다. 순자 언니 집 여기저기에 여러 종류의 상패들이 눈에 띄었다.

전북민주여성회는 1988년 민주화운동 시기에 농민, 노동자,

---

10 당시 농민운동연합에는 가톨릭농민회(가농), 기독교농민회(기농), 자생적 농민운동단체(자생농, 이후에 농민협회로 전환) 3개 단체가 있었다.

여성, 환경 등 여러 분야에서 활동하는 여성들이 모여 결성한 단체로 분과별 소모임 활동과 네트워크를 통해 여성의 일상적인 삶의 변혁뿐만 아니라 사회의 구조적인 불평등, 차별, 편견에 대항하는 풀뿌리 지역 운동을 이끌어갔다. 전북민주여성회와의 실천적인 연대 속에서 전북여성농민운동은 농민으로서의 계급의식을 분명히 하면서도 가부장적 억압문화 속에서 여성농민이 겪는 성차별에 대한 문제의식을 확고히 가지고 전개되었다. 그 과정에서 순자 언니는 지역적 토대에 뿌리를 두고 농민, 여성, 환경 문제를 해결하는 실천 현장에 늘 함께했다. 이론과 말이 먼저가 아니라 문제가 있는 곳에 몸과 마음이 이미 가 있었다. 순자 언니에게 운동은 공적인 행적으로 인해 겉으로 드러나는 것보다는 자신의 문제를 자신의 주체적인 힘으로 풀어가고 성장하는 삶 그 자체였다.

"나는 김제에서 계속 뒤에서 일했는데, 어느 날 김제여농한마당 할 때 공로패를 하나 주더라고요. 근데 거기에 나를 김제여성농민회 회장으로 썼더라고. 나는 뒤에서 보조만 했지. 감투를 쓴 적이 없다고. 그래서 이런 건 자료로 남으니까 확인을 하고 하라고 했지."

아마도 초기 전북여농조직을 만들어가던 시기 순자 언니의 대중 활동, 그리고 전북여농위 위원장 이후 감투는 쓰지 않았지만, 지역을 지키며, 지역에서, 지역 사람들과 함께해 왔던 지도자로서의 위치를 후배들은 '회장'이라는 것으로 기억했을 터.

제대로 산다는 것

"저기 장수에 송남수 회장님(전농 감사)이 있는데, 하루는 그 양반이 나한테 그런 얘기를 하더라고. '경운기에 짐을 실을 때 둘이 하면 한쪽에서 묶고 줄을 던지면 저쪽에 선 사람이 줄을 묶고 하면 1시간이면 될 것을 나 혼자 하려면 하루가 걸린다'라고. 그래서 내 생각을 했대요. 장순자는 어떻게 혼자 일을 하고 사는가 하고."

장순자의 삶에는 익살과 유머가 녹아있다. 30여 년 만에 만난 오랜 지기들과의 유쾌한 농담이 내내 이어졌다. 뒷줄부터 권미영(왼쪽), 박성자, 이종옥, 장순자, 박남식(오른쪽).

순자 언니가 혼자 사는 건 아니다. 순자궁에는 깜돌이, 순돌이, 똘이 세 마리 반려견이 함께 산다. 저마다 사연이 있다. 그중 깜돌이는 처음엔 그냥 지나쳤다가 계속 생각이 나서 마음에 걸려 데리고 온 떠돌이 개다.

어느 날 차를 몰고 어딘가로 가던 길에 허리가 꼬부라지고 뼈다귀만 남은 데다 몸은 한쪽으로 비뚤어져 있는 개 한 마리를 봤다. 그 뒤 이틀 지나고 아침에 마을회관 청소를 하러 간 순자 언니는 이틀 전에 봤던 그 개가 회관 앞에 쓰레기 주워 먹으러 온 걸 봤다.

"그래서 '네가 왔구나 내 그라지 않아도 마음에 걸렸는데' 싶었지. 처음엔 무서워서 피하더니 '가자 우리 집 가자' 했더니 쪼르르 따라 들어오네. 추운 겨울에 털이 짧은 애라 귀때기는 다 얼어 터졌고, 피부병도 있고 허리는 이렇게 기울어진 데다 삐쩍 말라서 불쌍하더라고요."

혹시 주인이 있는 게 아닌가 싶어 동네 미장원에 부탁해서 주인을 찾긴 했다. 피부병 고쳐서 약이랑 보내겠다고 했더니 그냥 키우라고 해서 식구가 됐다. 생명을 거두는 일이니, 마음을 내는 게 순자 언니한테는 당연했다.

순자 언니는 외롭지는 않지만 아주 가끔은 영화를 함께 보러 갈 친구가 가까이에 있으면 좋겠다고 생각한다.

"얼마 전에 배종옥이 나오는 〈결백〉이라는 영화를 보러 갔어요. 내용보다도 도시스럽게 생긴 배종옥이 치매 걸린 할머니 역할을 어찌할까 궁금했죠. 영화가 시작될 때부터 끝날 때까지 영화관 안에 나 혼자밖에 없었어요. 그럴 땐 같이 볼 친구가 있으면 좋겠다는 생각도 하죠."

소주도 좋아한다. 힘든 노동을 할 때는 술이 생각난다. 2017년에 건강검진 하러 갔다가 하루에 소주 한 병을 마신다고 했더니 의사가 어떻게 견디냐며 깜짝 놀랐다. 일흔 중반의 나이지만 평소에 술을 좋아하던 어머니와 아버지 체질을 이어받았는지 술 때문에 힘들거나 하지는 않는다.

순자 언니와 인터뷰를 하고 2년이 지났다. 그 사이 순자 언니에게는 몇 가지 변화가 있었다. 2021년 9월에 시신경에 문제가 생겨서 수술한 이후로 좋아하던 술도 아예 끊고, 책을 보는 일도 쉽지 않다. 그동안 생명농업으로 이어오던 농사도 체력이 안 돼서 이웃 면에 사는 사람들에게 관행농으로 경작을 맡겼다.

"논 2,400평 12마지기를 관행농으로 바꾸면서 자존심이 상하고 갈등이 심했어요. 하지만 그렇게 관행농으로라도 하자 싶었지요. 나는 논두렁 깎는 일과 물꼬 관리, 제초작업만 하고 있는데 이것도 힘에 부쳐서 얼마나 갈래나 모르겠네요."

40년 가까이 생명농업을 유지해 오던 순자 언니가 관행농으로 경작을 맡기는 일을 결정하기까지 얼마나 갈등이 심했을까 싶었다. 순자 언니는 꼭 할 말이 있다며 말을 좀 더 이어갔다.

"우리 현실에 맞는 농사는 3천 평 정도의 가족농이 가장 이상적이라고 생각해요. 하지만 그 정도로는 생활이 어려울 뿐만 아니라 점점 농사지을 사람들이 부족해서 농사를 유지하는 것 자체가 어려워요."

순자 언니는 먹고 사는 현실문제와 농민운동의 거리감을 메울 수 있는 방안에 대해 고민이 필요하다고 하였다. 뾰족한 수가 있는 것은 아니었지만 '각자의 처지에 맞게 살되 신심을 내려놓지 않는 농민운동의 대안'을 만들어야 한다고 했다.

"변화된 상황에 맞게 농민운동도 여러 방법을 찾아야 한다고 생각하는 거죠."

순자 언니는 농사가 아니어도 다양한 방식으로 농민운동을 할 수 있어야 한다고 했다.

"예전에 농민운동을 하러 들어와서 고생만 하다가 떠난 활동가들 생각하면 마음이 아려요. 농사가 아니어도 다른 일을 찾아서 농민운동에 기여할 수 있는 방법이 있지 않을까 생각해요. 농민도 마찬가지로 나이 들고 병들면 여러 가지 대안이 필요한 것처럼요."

첫 인터뷰를 갔을 때도 순자 언니는 비슷한 이야기를 했었다. 박성자로부터 몇 명이 집으로 찾아온다는 사전 연락을 받고는 '이 사람들이 그냥 오는 건 아닐 거고, 혹시 운동에 대한 고민을 함께 해보자는 건가?' 하는 기대 말이다.

80년대 치열한 현장의 중심에 섰던 순자 언니가 생각하는 이후의 삶의 방식은 뭔가를 특별히 이루고자 하는 게 아니다. 몇 년 전 전여농 30주년 기념식에서 했던 말처럼 '제대로' 살고 싶을 뿐이다. 자기 자신이 생각했던 신념대로 사는 것, 그것이 순자 언니가 생각하는 제대로 사는 것이다. 이제는 술을 못 드신다니 술잔 대신 찻물을 내려 제대로 산다는 것에 대해 다시 한번 함께 이야기 나누고 싶다.

누군가의 삶을 들여다보면 가끔 심장에 확 달라붙는 것들이 있다. 그런 것들이 차곡차곡 쌓여 불의에 저항할 힘이 되고, 때론 삶의 고비에서 나침반 같은 지침이 되기도 한다. 시몬 베유와 닮은 순자 언니의 삶이 그렇다. 자연이나 생명에 대한 존중과 사랑이 그렇고, 신을 추앙하면서도 교회 안과 밖의 사람들이 분리되는 것을 거부하고, 현장에서 자신이 믿었던 사상과 철학을 고집스럽게 실천하는 모습이 그렇다. 그것이 순자 언니가 제대로 사는 방식이다.

이종옥 광주

어려서부터 진보적인 부모의 영향을 받으며 자연스럽게 사회변혁
운동의 길로 들어섰다. 남양만에서 공동체 활동의 일환으로 어린
이집을 조직해 활동하다가 1970년대 중반 크리스찬아카데미 농
민교육을 계기로 여성농민운동의 길로 들어섰다. 전남지역을 중
심으로 여성농민 대중조직화를 위해 여성농민교육 활동가로 살
아왔으며, 전국여성농민위원회 설립에 중추적인 역할을 했다.

한 방울의
단비였다면
족하제

겨울이지만 따뜻했던 2021년 1월, 이종옥 선생의 농민운동 투신기를 듣기 위해 광주에 갔을 때, 선생님은 요양 차 광주시 동구 광주 집을 떠나 담양군 창평면 야산 자락에 아담하게 자리 잡은 황토집에 계셨다.

인터뷰를 핑계로 이종옥 선생이 요양중인 담양에서 동지들이 오랜만에 모였다. 왼쪽부터 김영숙, 박성자, 박남식, 이종옥, 나상기, 강희진(필자).

　당시 선생님뿐 아니라 남편인 나상기 선생도 건강이 좋지 않아 찾는 이의 맘이 아련했지만, 우리의 인터뷰는 계속됐다. 그것은 아마 선생의 열정이 아직은 남아 있다는 뜻이기도 했다. 마무리 인터뷰를 하기 위해 이듬해인 2022년 1월에 다시 찾았을 때도 필자의 무능을 탓하기보다는 선생의 여성농민운동에 대한 애정이 병에 대한 고통과 아픔을 덮고도 남았다.

　이 기록을 남기기 전에 두어 가지 염두에 두어야 할 것은 일단 선생의 병이 깊어 세세하고 자세한 것은 기억할 수 없다는 것과 그렇다 보니 필자나 주변의 전언에 오류가 있을 수 있다는 것이다.

　선생은 영주시 장수면 성곡리의 가난한 농가의 기독교 가정에서 1948년 여름 태어났다. 모태신앙의 시작은 아버지로부터 받아들였다. 아버지는 만주로 이주하여 용정에서 교회를 다니면서 기독교와 인연을 맺었다 한다. 아버지는 교회를 통해 많은 지인과 소통하며 나라 잃은 아픔을 새기셨다고 한다. 틈만 나면 아버지는 늘 어린 막내딸을 데리고 만주 이야기를 들려주셨으며, 문익환 선생 부친과의 인연을 옛날이야기처럼 들려주었다. 이 이야기는 인터뷰 내내 늘 선생의 삶에 꿈틀대는 방향키가 된 듯했다. 아버지의 만주 생활과 민족인사들과의 교류는 집안 분위기를 형성시켰다. 아버지가 보시던 《사상계》와 같은 당시 진보 잡지는 선생의 의식 속에 살아 움직였다.

　영주에 있는 동부초등학교에 입학했으나, 선행 학습과 학습

흡수력이 뛰어났는지 흥미를 잃었고 중학교에 진학하지 않았다. 그러나 교회에 있는 피아노를 접하면서 이종옥은 독학을 통해 음악적 문리가 일찍 트였다. 음악은 때때로 생계를 비롯한 삶의 활명수가 되기에 충분했다.

이렇게 자란 선생이 운동이란 사회변혁 운동에 발을 딛는 인연을 맞게 된다. 신학 공부를 위해 서울에 올라와 공장 생활을 하다가 다시 낙향, 여름 성경학교와 주일학교 교사 활동을 했다. 이때 전도사의 소개로 강원도 태백에 있는 황지유치원 교사로 가면서 사회변혁 운동과 인연을 맺게 된다. 그곳에서 6개월 정도 근무할 무렵 우연인지 아니면 운명인지 청계천 철거민들이 모여 사는 서울 송파구 오금동에 있는 선교원에 음악 교사로 추천받는다. 여기에서 선생은 개인이 사회현상에 어떻게 대해야 하는지 깊은 고민에 빠진다.

활빈교회

그런 와중에 개인 간의 대처가 합쳐져 조직으로 승화하는 아름다운 과정을 보게 된다. 당시 청계천 철거 사건, 동아투위(동아자유언론수호투쟁위원회) 활동 등 사회 분위기도 한몫했다. 그렇지만 선생을 신선한 충격에 빠트린 사건은 기독교 정신에 맞게 활동하는 남양만[11] 일대 김진홍 목사의 농민선교 활동이었다. 당

---

11 경기도 화성시 우정읍과 평택시 포승읍을 연결한 남양방조제로 만들어진 인공저수지 주변으로 간척지가 형성됨.

시 도시 빈민을 모아 남양만으로 집단이주하여 새로운 삶을 산
다는 소식을 듣게 된다. 선생은 이때 사회를 변화시키기 위한 활
발한 움직임, 그런 것이 있다는 것을 처음으로 접하게 된다.

다급히 김진홍 목사에게 만나보고 싶다고 편지를 썼다.

"운동이란 말을 처음 듣고 난 후 그렇게 설렐 수가 없었지. 아
마 내 속에 꿈틀대는 변화의식이 용솟음쳤을까? 사회를 변혁할
방법이 있다는 데 대해 놀랐지. 이 변혁이란 커다란 움직임에 대
하는 자세는 마치 소명처럼 다가왔어. 그리고 평생을 그 소명에
서 벗어난 적은 없어. 비록 운동을 떠나있어도 말이지. 사람들은
운동판을 떠나면 그냥 끝나버린 것으로 생각해. 그러나 그 소명
은 떠나보면 다 알아… 벗어날 수 없다는 것을."

그 당시에는 인연이 닿지 않았던지 김진홍 목사가 약속 장소
에 나오지 않으면서 만남은 이뤄지지 못해 다시 낙향할 수밖에
없었다. 그러나 '새로운 삶에 대한 희망'이 공동체의 소명 의식에
있다는 생각까지 버리지는 못했다. 고향에서 음악 활동을 하면
서 지내기를 원하는 가족의 만류에도 선생은 김진홍 목사가 있
는 남양만으로 찾아갈 수밖에 없었다.

그곳 남양만에서 선생은 2년 정도 생활했다. 여기서 만난 박
남식은 고비마다 위로하고 기쁨을 같이하는 평생 동지로 지내게
된다. 선생은 정말 열심히 활동했다. 그러나 활동에 집중하면 할
수록 뭔지 모를 갈증에 시달렸고, 채워지지 않는 허함이 오히려
선생의 정신을 맑게 했다. 책을 읽고 토론을 하면 할수록 길이

아니라는 생각이 들었다.

한때 활빈교회를 중심으로 2개 군 3개 면 어린이집을 조직하여 소명 의식을 다하고자 했지만, 선생의 빈 마음을 채우기에는 부족했다. 활빈교회가 기독교 정신에 맞게 옳은 길을 가고 있다고 생각을 하면서도 사회모순을 해결하기 위해 또 다른 길이 있을지 모른다는 생각이 들 무렵이었다. 아마 이때의 또 다른 길에 관한 화두에 대한 고민과 갈등은 운동하는 내내 새로운 전진을 위한 토대가 됐을지도 모른다.

그때 김진홍 목사의 추천으로 '크리스찬아카데미'에서 농민교육을 받게 된다. 무조건 갔다. 같은 화두를 가지고 있던 박남식 선생과 함께였다. 김진홍 목사가 그들의 갈등을 눈치챘는지, 아니면 정체돼 가는 공동체 운동의 새로운 길에 대한 모색의 선발대였는지는 알 수 없으나 아이러니하게도 결과적으로 그곳을 나오는 계기가 됐으니 삶의 계기란 엉뚱한 데서 찾아오게 된다. 김진홍 목사는 이명박 정부 때 뉴라이트의 선봉장이 되어 역사를 왜곡하는 데 앞장섰으니 알 수 없는 것이 열 길 사람 속이다.

이 농민교육은 선생이 자신도 농사꾼의 딸이자 농민이라는 자각과 함께 평생 여성농민운동을 하게 된 계기가 되기도 했고, 자신을 정립할 수 있었던 계기이기도 했다. 오직 기독교적 삶이나 음악만이 중요한 삶의 방향이 아니라는 자기성찰 때문이었다. 당시 선생은 27세였다.

크리스찬아카데미 교육은 강원룡 목사가 독일의 인성계발교

육 프로그램을 한국에 맞게 개발한 것으로 사회적으로 명성 있
는 강사진들의 강의는 열정적이었고, 매우 역동적이었다. 이 역동
성은 교육생들의 움직임을 이끌어냈고, 무엇인가 해야 한다는 역
사의식을 갖게 했다. 비로소 소명 의식에서 자주적 역사의식을 가
질 수 있는 계기를 만들어 준 교육이 바로 이 크리스찬아카데미
교육이었다.

"땅 쪼가리도 없는 빈농이었잖아. 출신 토대도 그랬고, 그래서
그런지 땅에 대한 로망이 있었지. 농민운동에 대한 관심은 자연
스러웠어. 왜 있잖아. 가지 않으면 안 될 것 같은 그런 흐름. 물 같
은 거지. 아래가 생겼으니 흐르는 거지. 농민은 늘 밑이었잖아."

선생은 이때 아주 생경한 경험을 하게 되는데, 바로 '조직'이었
다. 조직이 왜 필요한지, 조직의 역할은 무엇인지, 어떤 힘을 발
휘하는지, 조직이 주는 역동성은 또 무엇인지, 비록 그 개념에서
주는 무거움이 있었지만 선생은 거침없이 밀착했다.

이 교육을 받은 사람들 중심으로 작은 소모임이 만들어졌다.
허훈순, 김경자, 박남식 선생 등이 함께했다. 처음에는 학습 위
주로 모였다. 학습을 하면 할수록 사명 의식이 생겼고, 점차 조
직적 위상을 갖기 시작했다.

조직적 위상은 결의의 수준을 벗어나 결정의 수준까지 가기
도 했다. 이것은 누가 의도하지도 않았지만 당연한 듯 저절로
흘러갔다.

"그냥 누가 하자는 결의가 아니라 그냥 그래야 한다는 생각을

했지. 다들 그랬어."

어쩌면 이게 정답일지 모른다. 시대가 그랬으니까.

군부는 조직을 하지 못하게 했고, 사람들이 모이지 못하면 군사독재의 횡포에 대항하여 싸울 수 없었으니까.

'농민가'는 나의 길잡이

선생의 조직적 삶은 1976년 창립한 수원 소재의 가톨릭농촌여성회에서 시작된다.

선생의 기억으로는 엄영애, 임봉재, 김영자, 이종옥, 김경자, 임순분, 박남식 동지가 중심이 됐다. 이는 후에 '가톨릭여성농민회'로 개칭하는데 이때도 참여했다.

이때부터 선생은 비공식 조직과 공식적 조직을 오가며 본격적인 여성농민운동의 삶을 시작한다. 학습을 통한 의식의 강화, 실천을 통한 삶의 방향을 다잡기 시작한 것이다.

모든 중심에는 늘 여성농민이 있었다. 사고의 중심도 여성농민, 삶의 발걸음도 여성농민, 심지어 결혼조차 여성농민이 중심이었다. 아주 빠르게 여성농민운동의 삶으로 빨려 들어갔다. 평생 반려자인 나상기 선생을 만난 것도 이 무렵인 1978년이었다.

크리스찬아카데미 교육 동지들과 만든 소모임에서 자연스럽게 농촌 현장에 투신하자는 논의가 이뤄졌다. 아니 농민운동을 하려면 투신해야 한다는 당연한 결론을 내렸고, 그때 결혼도 함께 논의됐다. 내세울 만한 로맨스는 없었지만, 믿음과 신뢰가 결혼으로 이끌었다. 나상기 선생도 농민운동에 투신해 있을 때였다.

당시 농민운동의 커다란 전환점, 폭발적 대중조직으로 이끈 사건이 있었는데, 바로 1976년부터 18개월 동안 이어진 함평 고구마 피해보상 운동이었다. 전라남도 함평은 고구마 주산지였는데, 주로 농협이 수매하여 안정적인 농사를 지을 수 있었다. 그런데 어찌 된 일인지 수매가 지연되어 고구마가 썩어들어 가 농민들의 피해가 불덩이처럼 커졌다. 나중에 밝혀졌지만, 일부 단위 농협이 중간 상인들과 결탁해 위장 수매로 돈을 빼돌리는 수법을 통해 이익을 챙기려고 수매를 계속 지연시켰다. 이에 가톨릭농민회를 중심으로 농민들이 피해보상 대책위원회를 구성하고 고구마 피해보상을 요구하는 투쟁에 돌입한 농민운동이다.

이에 농협은 농민의 보상 요구를 계속 무시했고, 정부는 농민들을 '불순 세력'으로 규정하고 탄압하기 시작했다. 그러나 농민들은 탄압에 굴하지 않고 결연하게 투쟁으로 맞서 결국에는 피해보상을 받아 승리한 농민운동에 있어 한 획을 그은 사건이었다.

선생이 참여한 첫 번째 대규모 농민집회였다. 농민들은 결연했고, 농민들의 의식은 생각한 것보다 높았다. 선생의 가슴 속에는 바다를 처음 봤을 때처럼 즐거운 충격이 뭉실뭉실 꿈틀댔다. 그들의 투쟁은 농민운동의 방향을 제시했다. 그 집회에서 선생은 농민 세상에 대한 희망을 보았다. 그리고 자신감이 생겼다. 그리고 해야할 일이 분명해졌다. 더불어 나가야 할 길이 정해진 집회였다.

스스로 집회에 참여하고자 하는 투쟁 의식이 솟아났다. 그러나 할 수 있는 일이 없었다. 용솟음치는 울분을 함께 하고자 하는 일에 작으나마 할 수 있는 일이라도 하고 싶었다. 선생은 스스로 무대에 올랐다. 이 집회에서 선생은 〈농민가〉에 맞춰 피아노를 연주했다.

"삼천만 잠들었을 때, 우리는 깨어 ~"

모든 농민이 피아노 반주에 맞춰 따라 불렀다. 가슴이 벅차올랐다. 뭉실거리던 가슴 속의 충격이 밖으로 튕겨 나왔다. 선생의 농민운동 시작을 알리는 음악 같았다. 잊을 수 없는 무대였다.

선생은 〈농민가〉를 평생 부르며 살았던 것 같다고 했다. 바다는 넓고 평평하다. 그러나 숲처럼 바다에서 길을 잃기 쉽다. 농민운동도 마찬가지였다. 이 〈농민가〉는 길을 잃었을 때 항상 훌륭한 길잡이이자 조언자 역할을 해주었다.

집회가 끝나자 소모임 동지였던 김경자 선생이 나상기 선생을 결혼할 상대로 소개했고, 곧이어 결혼했다. 김상근 목사가 주례를 담당해주기로 했으나 연금되는 바람에 김용복 박사의 주례로 식을 올렸다. 농민운동가 부부가 탄생했다.

남편인 나상기 선생은 농민운동 조직가로 활동하면서 농민교육 프로그램 강사로 다니던 시기였다. 대부분 사람이 남편을 꼬장꼬장한 성격의 나상기로 기억하고 있다. 그러나 선생이 보기에는 결연한 농민운동가 나상기였다. 그의 아내로, 또 아이들 엄마로, 농민운동가로서 선생의 주체적 삶이 시작되었다.

결혼 초기 서울 오금동에서 살다가 남편 나상기 선생이 전북 완주군 소재의 기독교농촌개발원으로 내려가면서 전주로 이주했다가 다시 상경한 것은 1983년이었다. 부천으로 올라오게 된 동기도 당시 나상기 선생이 기독교농민회 사무국장의 역할을 맡고 있었기 때문이었다.

1983년은 기독교농민회(이하 기농)가 창립된 시기다. 여기에서 선생은 기독교 농민운동에 대해 설명이 필요했는지 많은 시간을 내었다. 아마 그것은 농민운동사에서 기독교 농민운동은 종교운동이라는 오해와 편견이 그들을 항상 따라다녔기 때문일 게다.

당시 기독교농민회나 가톨릭농민회는 농민운동에 있어 보호막이었다. 당시 상황이 군사독재 시절로 함부로 집회를 하거나 조직을 한다는 것, 더구나 사회운동을 한다는 것은 용납되지 않던 매우 힘든 시기였다. 그러나 종교에 대해서는 그나마 너그러운 편이었다. 그래서 선택한 것이 종교의 외피를 쓰고 농민운동을 하고자 하는 일종의 수단이었다는 게 선생의 견해였다.

서울에 올라오자 크리스찬아카데미 교육 후 만난 동지들과의 소그룹 활동은 더욱 적극적으로 이어졌다. 그때 떠오른 화두가 바로 농촌 탁아운동이었다. 농촌문제 중에 시급하고 중요한 것 중 하나가 육아 문제였다. 육아 문제는 여성농민들에게 포기할 수도 그렇다고 붙잡고 집에 있을 수도 없는 게 현실이었다. 이 화두는 곧 여성농민운동을 하려는 농민들의 문제를 해결하는 동시에 여성농민운동과의 접근성을 수월하게 만들 수 있는 좋은 방안으로 떠올랐다. 여성이 현장에 접근하기에는 아주 적절한 운동이었다. 마찬가지로 여성 활동가들의 육아 문제도 심각하게 다가왔다. 육아 때문에 활동에 제약받거나 운동을 포기하는 사례가 나왔기 때문이다.

선생은 남양만에서의 경험도 있어서 쉽게 접근할 수 있었다. 농촌 탁아교사의 소양 교육 훈련이 시작됐다. 이때 농촌 탁아교사 양성 교육에 참여한 분들은 강경애, 고옥희, 옥의랑 등이 함께했다. 농촌 탁아교사 교육프로그램은 한국교회여성연합회 농촌사업부에서 농민 선교 차원에서 진행했다.

아수라 하우스, 여성활동가 육아 공간

이후 김경자가 부천에 '아수라 하우스'라는 공간을 마련하여 여성 활동가들의 육아를 담당해주어 활동의 숨통을 트게 해주었다. 그러자 본격적으로 농촌 탁아운동이 시작됐다. 문제는 초기 출발 자금이 문제였다. '땅의사람들'이 나섰다. '땅의사람들'은 농민운동에 직접 참여하지 못하는 분들이 농민운동을 하는 사람들을 후원해주는 단체였다. 이곳에서 후원금 모집을 담당해주었다. 그리고 박남식이 1984년부터 '한국교회여성연합회' 농촌사업부 담당자로 들어가 공식적인 사업비를 지원함으로써 이 사업은 탄력을 받기 시작했다.

선생이 제일 먼저 나섰다. 선생에게는 당시 네 살, 여섯 살 된

아이가 있었다. 이 두 아이는 김경자가 운영하는 '아수라 하우스'에 맡겼다. 김경자에게는 고맙고 아이들에게는 미안했다. 농민운동을 하기 위해 떠나는 사람의 뒤를 돌보며 안심시켜준 김경자 선생이 고맙고, 아이들에겐 한참 엄마가 필요한 시기에 다른 아이들을 돌보기 위해 내 자식을 두고 갔다는 것이 미안했다. 그러나 농촌 탁아운동의 사례를 만든다는 것이 얼마나 중요한 일인지 알고 있었기 때문에 결단을 내렸다.

고 최종진 기독교농민회 사무국장의 연결로 가게 된 첫 기착지가 청주 문의면 등동리였다. 전형적인 농촌이었다. 폐 교회를 활용해 탁아소를 만들었다. 낯선 땅, 낯선 사람들과의 대면이었다. 그리고 낯선 문화와의 대면이었다. 그것은 그곳 농민들도 마찬가지였다. 낯선 여인, 낯선 일을 마주한 마을 분들도 낯설기는 매양 같았다. 서로 접근하기 어려운 낯섦이었다. 더구나 의심스럽게 바라보던 기관의 시선은 애써 헤쳐나가야 했다. 그러나 이 낯섦을 깨지 않고는 어떤 일도 할 수 없었다. 선생은 빈농 출신으로 최소한 누구보다도 농촌문화에 대해서는 잘 이해한다고 자신했다. 그러나 결코 쉬운 것만은 아니었다. 다행히 빠르게 그들의 문화에 녹아들었던 것은 선생의 타고난 친밀감과 성실성이었다. 그리고 소그룹에서 이 운동을 화두로 택한 이유였다. 농민들의 탁아 필요성이 잘 맞아떨어진 것이다.

탁아소는 빠르게 정착되어 갔다. 힘들고 어려웠지만, 아이들은 행복했고, 농민들은 안심했다. 그 안심의 대가는 바로 선생

을 인정해주는 것이었고, 지나는 길에 웃음 한 번 지어주는 것
이었다. 감자를 캐는 시기에는 감자를, 고구마를 캘 때는 고구
마를 슬쩍 문 앞에 놔두고 가는 것이 이웃으로 인정해주는 표
시였다. 농민 문제를 이야기할 때 그것을 인식했고, 함께 하고
자 할 때는 함께 하는 것이 보람이었다. 그렇게 1년을 보냈다.
어느 정도 안정이 되어갈 무렵 후임으로 고지형 후배가 중임을
맡았다. 이 농촌 탁아운동 사례는 곧바로 여성농민위원회의 농
촌탁아대책위원회에서 농촌탁아 설립운동으로 이어졌고, 정부
의 시책 사항으로 이어졌다.

때맞추어 기농 내에 여성농민을 대상으로 한 교육을 1984년
10월 영등포 소재의 성문밖교회에서 시작했다. 이는 여성농민운
동이 하나의 부문 운동으로 인식, 확산하는 계기를 가져온다. 또
기독교농민회 안에서 여성조직의 필요성이 인정되면서 박성자,
박남식, 그리고 이종옥 선생이 주도적으로 조직화 작업을 해나가
며 한 발을 더 내딛게 된다. '여성농민운동'의 첫발을 내딛는 현
장에 선생이 함께한 것이다.

1983년 12월, 영등포에 있는 성문밖교회에서 여성농민을 위한
첫 활동가 교육이 조직되었다. 기독교농민회 소속 농촌교회 사모
들과 교인들이 참여했다. 충남 부여 반포교회, 부여 내곡교회, 서
천 관포교회, 전남 무안, 해남 등에서 여성농민들이 모였다. 싹이
었다. 몇 년 후엔 대들보 역할을 할 동지들이었다. 감개무량했다.
속속 올라오는 활동가들도 때마침 이런 교육을 기다렸는지 모두

상기된 얼굴이었다. 기대 또한 대단했다. 교육을 마무리할 무렵
에는 모두 간이 부어 있었다. 담은 단단하고 강해졌다. 부어 있
는 간과 단단하게 굳은 담은 여성농민운동의 밝은 미래였다.

이런 활동 중에 여성농민운동사의 중요한 핵심 용어가 정리
된다. '여성농민'이라는 주체성과 여성농민운동이라는 운동의
주체로 우뚝 서게 되는 출발점에 함께한다. 당시에는 여성이
농민운동 안에 포함되어 있을 뿐이었다. 이는 주로 남성들의
농민운동 안에 종속되어 있다는 것으로 인식되기 쉬웠다. 이
관계는 가부장적 관계가 운동권의 내부에서도 그대로 작동되
고 있다는 것을 의미했다. 또한 '농촌에 사는 여성'이라는 지역
적 개념이 도입되어 있기도 했다.

1984년 1월, 서대문 소재의 기독교사회문제연구원(이하 기사
연)에서 선생을 비롯한 이우재, 나상기, 민인기, 박남식, 이종
옥, 허훈순, 박성자, 소정열 등이 모였다. 토론 주제는 '여성농민'
개념을 정립하는 것이었다. 문제의식은 모두 같았다. 대부분 운
동하는 분들은 남녀 성에 대한 평등의식은 바로잡혀 있었다. 다
만 여성농민이라는 계급적 용어가 전체 농민운동에 어떤 영향을
가져올 것인가에 대한 토론일 뿐이었다. 이미 같은 문제의식에서
출발했기 때문에 결론은 다음 날 아침이 밝기 전에 끝났다. 모
두 후련해했다. '농촌여성'이라는 지역적 개념의 용어를 '여성농
민'이라는 계급적 개념이 더해진 용어로 탄생시킨 것이다.

이로써 '여성농민운동'이라는 당연하지만 실천하지 못했던 숙

제가 풀린 것이다. 여성으로서 주체성, 운동주체로서의 여성을 정립하는데 선생도 기여했다는 자부심을 갖고 있었다.

그 뒤에 할 일은 자명해졌다. 교육이수자 중심으로 매달 여성농민을 위한 마을 단위 학습모임을 조직했다. 이는 곧 여성농민 조직으로 이어졌다. 그들의 활동은 순식간에 들불을 닮아 버렸다. 모두 교육의 힘이었다.

선생은 이때부터 초기 조직단계에서 교육의 힘이 얼마나 중요한지 깨닫게 된다.

필자가 인터뷰 중간에 "선생님은 나중에 어떤 운동가로 기록되고 싶어요?"라고 물었다. 선생이 주저 없이 "나? 여성농민 교육운동가 정도면 족할 거네."라고 답했다.

선생이 택한 길이었다.

선생이 서 있는 위치에서 무엇을 할 수 있는지에 대한 최선의 선택이었다. 왜 현장이 아니었느냐고 비난도 받았다. 그러나 그것은 중요하지 않았다. 선생은 그 시절 가장 중요한 일이 또한 선생이 할 수 있는 일의 최선이라 생각했다.

"지금 하고는 상황이 달랐응께. 지금 시절을 그때랑 맞대면 안 되쟈?"

거기서 끝나지 않고 교육을 받고, 교육을 했다. 뒤이어 1985년 1월 경기도 부천 소재 '작은자리'에서 1차 교육이수자 마을 단위 학습모임 참석자 대상으로 3박 4일 심화 교육을 진행했다. 교육이 진행되는 과정 중에 기농 내 여성농민 조직의 방향에 대해 토론을 벌였다. 당시 기독교농민회 간부들과 박남식, 이종옥, 박성자, 이정옥 등이 모였다. 이 자리에서 매우 중요한 결론을 내렸다.

여성 독자적인 자주조직을 건설해야 한다. 그러기 전에 '기농 내에 독립적인 의결구조를 갖춘 최소 단위 위원회로 조직한다. 이 조직을 위해 초대 위원장에 전남 무안의 이정옥, 총무는 박성자로 한다'라는 정도였다. 어찌 보면 당연한 결론이었지만, 대단한 출발임에는 틀림없었다.

뒤이어 1987년 기독교여성농민위원회(이하 기여농위)에서는 지역 간사제를 도입하게 되는데 충남, 충북, 전남, 전북, 서울 등에 간사들이 정해지면서 활기를 띠기 시작한다.

이후 선생은 개인적으로 한국교회여성연합회 소속 교회들의 강의 요청으로 마을 교회 단위로 강의를 다니며 활동을 이어갔다. 그뿐만 아니라 농민운동가 양성 교육에도 투입됐다. 이때 교육을 통해 이정옥, 고송자, 김종분, 오미란, 마은아, 남임 등 중심 활동가들이 배출된다. 선생은 이때부터 농민운동 교육운동가의 길로 접어든 셈이었다.

그러다가 첫 현장 교육 강사로 초청받게 된다. YMCA 농촌부의 보조 스태프로 참여하면서 YMCA 간사 출신 농민운동가 조희부 선생의 부탁으로 음성의 농민교육을 맡았다. 농민 현장 교육의 첫발이었다. 그동안이 활동가 교육 중심이었다면 이번에는 달랐다. 현장 농민을 직접 만나는 것이었다. 그들의 숨소리를 들어야 했고, 눈빛의 움직임을 알아야 했다. 현장은 솔직했다. 그동안 교육의 중요성을 강조했던 선생으로서는 그것을 고스란히 감당해야 하는 첫 교육이었기 때문에 떨렸다. 그러나 그 떨림이 설렘인지 긴장인지 분간이 안 되었다. 오래가지 않았다. 그 떨림의 정체가 곧 판명이 났다. 그리고 첫입이 떨어졌다.

첫인사를 하자 그분들이 보낸 환대의 박수와 집중은 그 떨림이 영락없이 설렘임을 말하고 있었다. 아니면 긴장에서 설렘으로 바뀌었는지도 모르지만, 어쨌든 선생이 느낀 것은 설렘이었다. 그 설렘 덕분에 준비해 간 모든 것을 쏟아낼 수 있었다.

여성농민 교육운동가의 길

그렇게 활동 해오던 선생은 1986년, 광주로 거처를 옮겨가게 된다. 여러 농민운동 활동가들과 협력해 개설한 전남 광주에 소재한 농민문제연구소를 중심으로 본격적인 지역 여성농민의 조직화를 위한 활동이 시작된다.

농민문제연구소에서 여성농민 조직에 관해 관심을 두기 시작했다. 이미 기농에 여성위원회가 설치되었기 때문에 당면 과제였기도 했다. 긴 논의 속에서 여성농민 조직의 방법에 대해서 한 가지 빠른 방법이 제안되었다. 바로 관변 조직으로 만들어진 부녀회가 마을마다 있는데, 이 부녀회를 여성농민운동 조직으로 전환시키자는 것이었다. 요원하기는 했지만, 그렇게만 된다면 획기적인 대중조직이 될 것이었다. 획기적인 방안이었지만, 아니 당연한 방안이었지만, 누구도 쉽게 동의하지 못했다. 구체적인 방안을 제시하기에는 현실적으로 너무 어려운 일이라는 걸 잘 알기 때문이었다.

그럼에도 불구하고 농민운동연구소의 고민이 시작되었다. 당시 연구소의 여성문제 화두는 어떻게 하면 부녀회 조직을 여성농민 조직으로 전환할 것인가였다. 새로운 여성농민 조직을 하는 것보다 이미 조직화 되어 있는 부녀회를 여성농민운동 조직으로 전환만 할 수 있다면 조직의 활성화가 폭발적이고 급진전할 것이 분명했다. 방법만 찾으면 여성농민운동의 한 획이 될 만한 일이었다.

부녀회는 마을마다 조직되어 있었고, 그 결속력이 매우 강해 여성농민운동으로의 방향만 정해지면 가히 폭풍을 닮을 것이었다. 조금만 농민교육을 하면 부녀회의 결속력과 그 효과가 배가 된다. 마을의 특성상 입에서 입으로, 이웃에서 이웃으로, 형님에게서 아우로 전해지며 더욱 공고해지고 단단해지기 때문이다. 이는 실제 이후 여러 집회 현장에서 투쟁력으로 확인되었다.

그러나 마음만 있고 답만 정해져 있지 풀이 과정에 대한 고민은 계속됐다. '어떻게 하지? 어떻게 하지?' 되풀이되는 퍼즐을 놓고 며칠간의 고민이 이어졌다. 그 고민은 선생도 마찬가지였다. 처음부터 급하게 가지 말자는 생각에 이르자 방법이 생각났다.

선생이 제안했다. 책상에서 방법을 찾기 전에 우선 그들의 의식 상태를 파악하다 보면 방법이 나올 것이다. 그들 속에 무슨 분노가 있는지, 그들의 분노는 또 어떻게 표출시키는지 알아야 그 방법이 나오기 때문이었다. 연구소에서 즉각 이 제안을 받아들여 '부녀회 의식조사'라는 이름으로 작업을 치밀하게 준비해나갔다. 이 의식조사 작업은 선생의 제안으로 시작된 일이니만큼 농민문제연구소 소속은 아니었지만, 제안했던 사람으로 논의에 참여하기로 했다.

조사 방법은 어떻게 할 것인가. 조사 문안은 또 어떻게 할 것인가. 이 조사를 통해 여성농민들의 의식을 알아내야 했고, 꿈틀거리는 변화의 욕구를 찾아내야 했다. 문안과 방법이 정해지자 각 지역 활동가들의 참여로 쉽고 빠르게 진행됐다. 조사를 빌미로 현장의 여성농민을 만나고, 조사 문구를 통해 농촌여성 문제를 끌어내고, 그들이 표출한 분노를 통해 해결방안인 조직을 제안하자는 프로세스를 제시했다. 곧바로 받아들여졌고, 선생의 제안이 구체화되기 시작했다.

부녀회 의식조사를 마치면 이를 토대로 농민조직으로 전환할 수 있는지를 타진하게 된다. 가능성이 조금이라도 보이면 의식조사를 바탕으로 마을 부녀회 단위의 교육이 이뤄진다. 이 교육에는 교육안이 만들어져야 했다. 많은 강사가 마을로 들어가 교육해야 하는데, 일정한 교육안이 없이 개인적인 생각이나 경험을 가지고 교육한다면 혼란을 가중할 수 있었기 때문이다. 그래서 선생을 중심으로 교육안을 작성하기 시작했다. 활동가들이 모였다. 여성농민은 누구인가. 어떤 지위를 가지고 있는가. 여성농민

의 본질은 무엇이며, 여성농민운동의 방향은 어떻게 나가야 하
는지 등에 대해 밤새워 토론하며 하나씩 교안을 만들어냈다.

조사된 그 의식 수준에 맞는 교육과 실천이 필요했다. 그중에
승주, 강진, 해남 등 의식이 높은 지역 부녀회의 여성농민회로의
조직 전환 가능성을 타진했다. 가능성 타진이 끝나면 제일 먼저
만들어진 교안을 가지고 농민교육을 진행했다. 그리고 차근차근
부녀회를 농민운동 조직으로 전환시켜 나갔다.

그러는 동안 전국적인 활동도 멈추지 않았다. 바로 '한뭇회' 활
동이었다. 지역 여성농민의 조직화를 어떻게 하면 효과적이고 효
율적으로 할 것인가에 대한 논의가 주였다. 막상 현장 교육에 들
어가려면 마땅한 자료가 없었고, 체계화된 교재도 없었다. 그래
서 한뭇회를 통해서 그동안의 여성농민 자료집을 모아 준비에 들
어갔다. 활동가에게는 좀 더 쉽게 대중적인 접근을 통해 군 조직
에 활용하자는 게 목표였고, 지역 여성들에게는 여성농민운동이
무엇인가, 어떻게 해야 하는가에 대해 쉽게 설명한 자료집을 내
기 위해 많은 자료를 모았다. 여기서 선생은 이 한뭇회의 역할과
조직의 의미를 매우 중요하게 여겼다.

한뭇회는 1988년 2월 1일 박남식에 의해 첫 모임이 광주에서
소집되었다. 한국교회여성연합회 농촌사업부의 여성농민 교육에
참여했던 여성농민활동가(고옥희, 김경자, 김금순, 김시원, 박남
식, 박찬숙, 오소연, 이승요, 이종옥)가 참여했다. 서독의 아동 구
호 기관인 테레데솜(terre des hommes=인간의 대지)으로부터 여

성농민 교육을 위해 받게 될 지원금 운용이 주제였다. 여성농민
운동이 외국 원조에 의존하는 것은 바람직하지 않으나 독자적
여성농민운동이 진행되는 현장을 중심으로 사용하는 것이 좋다
는 결론을 내렸다.

　운용 원칙은 '독자적 여성농민조직 건설을 위해 재정확대도
조직적으로 진행한다', '통일된 여성농민운동이 건설될 때까지 존
재한다' 등이다. 1989년 3월 2일, '전국여성농민조직 활성화를 위
한 위원회(이하 조활위)'가 결성되면서 여성농민의 총합조직에 결
합하는 것이 더 큰 사명이라는 판단으로 한몫회는 1989년 4월
12일 발전적 해소를 선언한다.

《여성농민, 위대한 어머니》의 발행과 아쉬움

　'한몫회'의 이름으로 진행되었던 여성농민교재 발간사업은 '조
활위' 조직·교육분과와 결합했다. 1990년 1월 《여성농민, 위대한
어머니》가 형성사에서 출판되었다. '땅의사람들'에 의한 지속적
인 작업 덕분이었다. 사례집부터 이론까지, 그렇게 《여성농민, 위
대한 어머니》는 차근차근 준비해 갔다. 모든 것이 완벽하게 끝났
을 무렵, 지금도 이유를 모르지만 그 책이 조직에서 활용도를 제
대로 찾지 못하고 사장돼버렸다. 선생이 아쉬워하는 대목이다.
"분명 여성농민운동에 기여한 바가 컸을 텐데… 아무도 알아주지
않음에도 다들 그런 순수한 힘으로 살았지라!"라고 덧붙이는 선

생의 말이 쓸쓸하게 비침은 필자만의 생각일까?

이러한 아쉬움을 달래준 것은 부녀회에서 전환된 여성조직을 중심으로 다양한 운동이 전개되기 시작한 것이다. 놀라운 변화가 감지되기 시작했다. 승주군 주암면 여성농민들의 골프장 투쟁이 대표적인 사례였다. 뜬금없이 조용한 농촌에 골프장이 들어선다는 것이었다. 지역민이 분노했고, 그들 스스로 일어났다. 오로지 홀로 그들이 맞선 투쟁이었다. 마침 농민문제연구소의 부녀회 의식조사를 통한 성과로 부녀회 조직이 여성농민회조직으로 전환하기 직전이었다.

그들은 외부의 누구에게도 도움을 요청하지 않았다. 현장이 갖고 있는 잠재력이었다. 그들은 매우 훌륭하게 투쟁을 이어갔다. 지도부가 꾸려졌고, 투쟁력을 키우는 방법도 스스로 찾아냈다. 때로는 강하게 밀어붙였고, 때로는 자제해가며 스스로 자립성을 갖추기 시작했다. 아주 세련된 투쟁이었다.

부녀회 의식조사 기간 동안 이뤄낸 첫 투쟁사례였다. 이 투쟁을 바탕으로 주암면 부녀회 조직을 여성농민 조직으로 전환하기 위한 겨울 농한기 활동이 절실했던 바 여성농민 마을 연극단을 만들어보자고 제안하여 집행위에서 결의해 주었고, 이미 이런 과정에서 지역 활동가들 중심으로 전남여성농민회 준비위원회가 결성됐다. 당시 준비위원회 총무를 선생이 맡고 있었다.

선생은 극단 '토박이' 박효선 대표를 만나 그 필요성을 설명하고 장시간의 질문과 답변으로 마을 연극단 활동을 지원하겠다는 약속을 받아낸다. 이후 승주군 주암면, 해남, 강진 등 여성 농민 조직이 활발하게 진행되는 지역에서 마을 연극단 활동을 하게 된다. 시나리오는 여성농민들이 공동으로 썼다. 자연스럽게 여성농민들의 이야기가 생생하게 담겼다. 여기에 극단 토박이는 대표의 원칙과 토박이 배우들의 열성적인 지도로 드디어 연극을 올리게 된다.

이때 박효선이 이끄는 극단 토박이가 마을에 들어가 부녀회 회원들과 마을 극단 공연을 함께하면서 조직화 작업도 함께 했다. 이는 대중적 접근에 아주 큰 도움을 주었다. 이 성과로 전남도 여성농민회 창립 때 깃발까지 대동하고 여러 개의 마을이 연극 공연을 했다. 몇 개 마을 팀이었는지 기억에서 사라졌다. 비디오테이프도 있었던 것 같은데 지금은 온데간데없다. 여하튼 부녀회 의식조사의 성과는 실로 엄청났다. 이를 계기로 전남의 많은 지역에서 부녀회가 여성농민회로 전환하게 된다.

이러는 과정에 1990년 4월 전국농민회총연맹이 출범되면서 동시에 'UR(우루과이라운드) 협상 거부 농어촌발전 종합대책 분쇄 및 제값 받기' 싸움이 전국적으로 진행되었다. 우루과이라운드는 1986년에 열렸던 관세무역일반협정(GATT)의 문제점을 해결하려는 새로운 다자간 무역협정이다. 이 우루과이 협상에서 주요하게 다뤄진 것이 농산물개방문제였다. 1994년 국회에서 비준되기까지 가열찬 투쟁이 있었지만, 결국 우루과이라운드는 심각하게 농촌에 타격을 주었다. 그중에 농민운동에 가장 큰 타격을 준 것은 바로 이농이었다. 이농은 농민 해체를 통한 농민조직의 근간을 흔들 정도로 심각했고, 이로 인해 부녀회 단위의 조직력이 와해되기도 했다. 이런 소용돌이 속에서도 현장의 활동가를 중심으로 활동 폭을 넓혀나갔다. 이때 승주군 낙안면 여성농민 조직을 재건한 남임은 여러모로 모범이 되었다.

1989년 전남여성농민회준비위가 결성되는 과정에서 우루과이 협상 반대 운동이 불같이 일어나기 시작했다. 우루과이라운드 반대 투쟁은 결국에는 쌀을 수입하자는 데 동의한 정부에 항의하는 투쟁이었고, 이 당시는 근본적으로는 농민, 농업의 모순이 극에 달할 때였다. 개인의 모순이 대중의 모순으로 발전하고 대중의 모순은 계기만 있으면 폭발한다. 농민들의 분노는 극에 달했다. 농민 조직을 만들 절호의 기회였다.

1989년 6월 목포에서 열린 전남여성농민활동가 교육은 젊음과 현장의 열기로 뜨거웠다. 첫 줄 왼쪽이 이종옥.

그러나 그들의 분노는 자칫 감정적으로 폭발할 수 있다. 조직력의 힘과 조직을 뒷받침할 수 있는 이론적 무장이 필요했다. 선생이 나섰다. 어차피 선생의 위치가 현장 조직을 할 수 있는 곳에 있지 않았고, 농민교육운동으로 이바지하고자 결심한 터였다.

우선 마을 교육에서 모든 활동가가 활용할 마을 교육용 우루과이라운드 자료집 그림 궤도를 만들기 위해 나주 임연화와 다방면의 재능꾼인 박철환이 뜻을 같이했다. 변변한 사무실이 없었으니 농민문제연구소 구석방을 빌렸다. 교육의 내용을 정리했다. 의견이 다른 부분을 조정해나가거나 토론을 통해 하나의 길을 찾았다. 그것은 그리 어려운 일이 아니었다. 모두 같은 방향을 보고 있었기 때문이다. 이 내용을 어떻게 여성농민들에게 전달하고 이론적으로 무장할 것인가를 논의했다. 도안을 궤도에 걸어 그림으로 설명하는 게 좋다는 의견이 나왔다. 마침 그림을 잘 그리는 박철환 님이 궤도를 완성했고, 이것을 마을 교육에 활용하기로 했다.

우루과이라운드 반대 투쟁 속에서의 선생의 활동에 관한 기억의 편린은 많았지만, 더는 엮어낼 수가 없었다. 많은 분을 통해 인터뷰하고자 했으나 그 또한 마찬가지로 기억이 하나로 모아지지는 않았다

"다 그랬으야!"

활동이 많아서 그런지 세월이 오래돼서 그런지 누가 무엇을 했는지 특정 지을 수 없는 게 너무 많아 필자로서는 안타까움

만 남았다.

자주적 여성농민 조직화를 위한 본격적인 활동

조직화 논의를 위한 준비가 조금씩, 그리고 차곡차곡 쌓여갔다. 부녀회를 여성농민회 조직으로 전환하는 일이 진행되고, 승주군 등 조직화 사례와 현장 지도력이 발굴되었다. 지역 조직력이 탄탄하게 구성되면서 전남여성농민회 조직 논의가 자연스럽게 진행되었다.

조직은 뭉치면 뭉칠수록 커지고, 합치면 합칠수록 투쟁력은 배가되었다. 누구의 제안이라고 할 것도 없이 전남지역 여성농민회 결성 준비 작업에 들어갔다.

각 지역 활동가들이 모였다. 지역별로 조직화 과정과 활동 보고를 해나갔다. 선생은 준비위원회 총무로서 총괄 보고를 하고 전남여농 조직의 당위성을 설명했다. 모든 활동가가 전남 여농의 출발을 지지했고, 동의했다. 곧이어 지도부가 구성됐고, 회장은 광산구의 한한순이 맡았고, 활동력이 왕성한 선생의 역할은 총무였다. 총무로서 군조직의 자생력을 도왔다. 지역별로 교육이 가능한 지역을 타진하고, 선별하여 교육활동가를 투입했다. 당연히 선생도 교육 현장에 투입됐다. 모두 신이 났다. 이렇게 지역 여성농민회의 마을 교육이 시작됐다.

부녀회 교육은 부녀회 의식조사 덕분에 매우 손쉽게 진행됐다. 비록 관변이라지만 이미 조직화가 되어 있어 새로운 조직 구성은 필요 없었다. 이미 부녀회 의식조사가 이뤄지면서 현장의 여성농민들은 팔 벌려 맘껏 자신들의 기대를 내보였다. 그들에게 농민교육은 또 다른 새로운 경험이었고, 특히 농민들이 처한 현실이 그들을 분노케 했다. 교육은 그들의 분노의 방향을 잡아 주는 역할만 하면 됐다.

그렇게 잘 진행되는 가운데 어느 날 뜻밖의 일이 일어났다. 승주군 주암면 부녀회의 한 회원이 다급하게 시아버지가 마을교육을 하던 선생 일행을 부른다는 것이었다. 마을 사람들은 그녀의 시아버지 성정을 너무 잘 알고 있었다. 완고하고 권위적인 분이었다. 혼날 것이 뻔했다. 그래도 겁을 내면 감당할 수 없는 역효과가 날 것이 뻔했다. 농민교육을 하러 가거나 조직을 할 때 가끔 가족이란 이름으로 훼방을 놓으면 아주 난감한 상황이 될 때가 많았다. 그때 잘못 처리하면 그동안의 노고가 물거품이 되기 때문에 긴장 속에 시아버지를 만나기로 했다.

선생 일행은 의연하게 대했다. 시아버지를 설득하지 못하면 여성농민들에게 어떻게 사회를 변혁시키자고 할 것인가? 시아버지의 설득 여하에 따라 이 마을의 부녀회 조직의 성패가 달렸다고 생각하며 다부지게 맘먹고 그녀의 집에 갔다.

그런데 마루에 앉아 있던 시아버지는 뜻밖에도 온화한 표정을 지으며 선생과 함께 간 일행을 맞이했다. 일행은 어안이 벙벙했다. 또 무슨 말로 우리를 혼내시려고 연막을 치시나 하고 생각하면서 미리 준비한 그분의 간식을 내밀었다. 고구마였다. 드린 고구마는 아랑곳하지 않고 본체만체하시더니 그분이 선생의 손을 덥석 움켜잡았다.

"내 부탁하오. 우리 며늘아기 교육을 제대로 시켜주시오."

뜻밖의 환대를 받으면서 그의 사연을 들었다. 시아버지는 맘속으로 억눌림이 많으신 분이었다. 하고 싶은 말은 많은데 아는 게 없어 하고 싶은 말을 하지 못하고 살았다. 혹여 용기를 내어 말을 꺼내도 그 말이 조리 없고 더듬대다 보니 화만 솟구쳐 답답했다고 했다. 그런데 혹시 며느리도 그렇다면 이게 망신이 아니냐. 그러니 교육을 단단히 시켜 며느리가 똑 부러지게 말을 할 수 있게 잘 지도해달라는 것이었다.

"그거 아나 몰라. 이거 때문에 10년은 버텼어!"

교육은 아주 순조롭게 진행됐고, 군 단위 조직도 무난하게 진행됐다.

선생에게 당시 기억나는 일이 있거나 에피소드 같은 것이 있으면 말해달라고 부탁했다. 기억 속에는 열정의 힘으로 남아 있었으나, 선생의 아픔이 그 기억을 이미 산산조각 내어 기억소자들이 흩어져 있어 필자로서는 스토리로 엮을 재간이 없었다. 간신히 건져낸 일화 하나 더 소개한다.

한번은 승주군에서 이런 일도 있었다. 선생은 우루과이라운드 반대 투쟁을 위하여 마을 정자에서 교육을 하고 있었다. 마을 교육은 여성농민에 한정하지 않아서 남녀노소의 마을 주민들이 모두 참여했다. 농번기라도 이장이 마을 방송만 하면 모두 마을 한복판의 정자에 빽빽하게 모여 앉았다.

그때는 군부독재의 서슬이 시퍼럴 때였기에 농민운동을 한다면 요주의 인물이었고, 여성농민교육을 한다면 강사들은 감시받기 일쑤였다. 선생은 마을마다 돌아다니며 농민교육을 하며 투쟁 의식을 고취할 때였다. 대부분 마을에서 교육을 요청했고, 호응이 뜨거웠다. 마을의 환호는 대단했다.

그날은 농번기였다. 어김없이 경찰들의 감시는 계속됐다. 그러나 감시 속에서도 교육에 목말라했던 농민들의 반응은 뜨거웠다. 바쁜 농번기에도 주민들은 모여들었고, 강사보다 더 분노했다. 아무리 감시가 강하고 그들의 방해가 컸다고 해도 교육은 계속됐다. 훼방꾼들은 함부로 교육장에 들어오지 못하고 교육장 1킬로미터 밖 자동차 안에서 대기하고 있었다.

경찰의 연행 시도를 막아준 마을 사람들

문제는 교육이 끝난 뒤였다. 강의가 끝날 무렵 선생을 비롯한 일행들을 연행하기 위해 경찰은 교육이 끝나기만 기다렸다. 교육을 끝내고 나오는 강사들을 연행하려고 했다. 그때였다. 마을 사람들이 두 줄로 빈틈없이 늘어서서 강사가 걸어 나가게 했다. 선생과 동행자 남임은 전혀 예상하지 못한 주민들의 행동이었다. 놀랍게도 그곳에는 택시가 기다리고 있었다. 이미 그들은 경찰의 움직임까지 파악하고 있었다. 마을 사람들이 두 줄로 진을 치고 있는 동안 일행은 택시를 타고 유유히 마을을 빠져나올 수 있었다.

그 사건은 선생에게 크나큰 희망이었다. 희망이 생기자 생동감이 넘쳤고, 하나의 씨앗이 움트기 시작했다. 선생의 여성농민 조직 건설을 위한 지역 방문은 더욱 분주할 수밖에 없었다.

이건 뭐 하도 많고 많아서 기억에 저장되어 있지 않다고는 했지만, 더듬어 본 것을 기록해 보면 나름대로 선도 모델 지역으로 내심 작정한 무안, 해남, 강진, 승주를 자주 방문했고 보성(박말영), 장성(이성호), 영광(이태옥·홍경희), 나주(주향득·임연화), 화순(노종진·박순남·설영자) 춘양면 여성농민회가 있었는데 회장이 설영자, 총무는 박순남이었을 거라 했다. 진도(최순옥·정미정·정성숙), 곡성(박종채), 함평(노금노·박시영), 광산(이갑성·오은숙) 등등 참으로 많은 지역, 많은 사람을 만나고 돌아다녔다. 괄호 안은 지역 여농 조직은 없으나 연결고리가 된 인물들이라 소개했다.

"머리를 뒤집으니 뭔가 나오긴 나오네. 글로 쓰고 본께 각 군마다 허벌나게 헤집고 다녔구먼. 그래서 '전남여성농민회 대모'라고 후배 활동가들이 이름 지어줬나 보네. 이 활동이 씨가 되었으까? 나주여성농민회와 진도여성농민회 후발 조직으로 각 지역 여성농민회가 탄생했지. 터덜거리는 버스 타고 걸어 다니느라 고생도 많이 했다만 고생했단 생각이 별로 안 드네. 기양 즐겁기만 했응께. 뭐이 그리 신명이 났을까나?"

사실은 이 한마디로 선생의 활동을 전부 말할 수 있을 것이다. 현장에서 여성농민들과 직접 부딪히며 활동하는 활동가와 매일 똑같은 일을 반복하며 하는 중간조직 활동가나 교육운동 활동가들의 이야기는 다를 수밖에 없었다. 또한, 그 기록도 다를 수밖에 없다는 것을 필자는 느꼈다. 현장활동가들이 늘 바쁜 것은 아니더라도 많은 현장 여성농민들을 만나다 보니 기록할 만한 것이 많지만, 중간조직 활동가들은 현장 농민들을 고작 집회나 행사 때나 만나볼 수 있었고, 주로 지역 활동가를 만났기 때문이다. 그나마 선생은 교육 활동을 주로 하다 보니 겨울철이면 현장의 목소리를 직접 들을 수 있었다.

"뭐? 댕겼다니께. 죽자 살자 댕겼지. 그게 일이었응께. 댕겼응께 댕겼다고 하제. 거그서 누굴 만나고 뭘 했냐고 증거를 대라면 내가 뭐를 대겠소?"

재촉하던 필자를 부끄럽게 한 말이다. 생각해보면 당시 농민운동 활동가들이 무엇을 남기려고 의도했던가? 무엇을 했는지를 알리려고 운동했을까? 또한, 무엇을 기록하려고 남겼다면 그것은 곧 군사독재 시절에 동지를 팔아넘기는 자료가 됐을지도 모를 일이었다. 선생은 한 알의 밀알이라기보다는 차라리 한 방울의 빗방울이었다. 이들 빗방울이 모여 내를 이루고, 지금은 여성농민회로 우뚝 설 수 있었던 게 아닐까?

1991년도에 이르러 마을 부녀회를 근간으로 해남, 강진, 무안, 승주 등 4개 군이 조직되면서 전남여성농민회를 결성하는 성과를 이룬다. 이는 후에 전남여성농민회연합으로 개칭된다.

이는 어쩌면 당연한 귀결일지도 모른다. 선생은 한사코 이는 운동의 역동성이라고 말했지만, 이 과정에서 선생의 역할이 지대했던 것은 분명했다.

때맞추어 전국단위의 자주적 여성농민운동 조직의 필요성이 제기되기 시작했다. 이때는 이미 기독교농민회 안에 여성농민 간사를 두어 전국적인 여성 조직에 대한 논의와 교육이 진행되고 있었다. 지역 교육 등 기농 여성 간사와 긴밀하게 협력하면서 진행됐다. 당시 간사였던 박성자 선생이 고생을 함께 했으니 보람도 함께 했다.

그러는 동안 기독교 여성단체와의 연대도 소홀하지 않았다.

광주 YWCA나 기독교장로회 전국 여신도 연합회(총무 강성혜)와 함께 마을 개별교회 여신도 교육을 담당했다. 몇 군데 했는지 기억에는 없으나 해남읍교회에서 기장여신도회 해남지역 여신도회 교육을 했고, 강진지역 기장여신도회 교육, 영암 금정면에 있는 교회 여신도회 교육을 다녔다. 또한, 연대 활동 및 농민운동에 대한 이해를 넓혀갔다. 그리고 광주민주화운동연합과의 연대도 선생의 몫이었다.

전두환에 이은 노태우의 폭정으로 분신정국[12]이 잇따르고 민주화운동이 절실한 시점에서 전남여성농민회 집행위원회에서 연대해야 한다는 요구에 부응하기 위해 당시 사무국장이었던 선생을 연대 활동에 파견하기로 결의함에 따라 선생은 광주민주

---

12 분신정국은 1991년 4월 26일 경찰의 폭력적 진압으로 명지대생이었던 강경대 열사가 사망한 사건을 시작으로, 같은 해 6월 29일까지 대학생 단체를 중심으로 진행된 노태우 정권에 대한 반정부 항의 시위 및 그로 인한 정치국면을 말한다.

화운동연합 정책위에 파견되기도 했다.

이에 따라 분신정국에 전남여성농민회도 조직적으로 참여하게 된다. 당시 상근자들이 밥을 해서 함께 먹어야 하는 상황이었는데, 선생의 기억으로는 전남여성농민회에서 쌀을 모아 전달했던 것으로 기억한다.

그 외에 대통령직선제 쟁취를 위한 '87년 6월항쟁 참여와 대통령 직선제 쟁취를 위한 활동으로 광주지역 여성 활동가들과 함께 했으며 주로 벽보 작업을 했다.

1989년 3월 1일에서 2일에 걸친 전국지역 여성농민운동 네트워크인 '전국여성농민조직 활성화를 위한 위원회(이하 조활위)'가 출범하면서 선생은 위원장을 맡게 된다. 전남에서의 조직과 교육활동을 인정받은 것이다. 이 조활위는 전국여성농민조직을 염두에 둔 전 단계 조직의 성격이었다.

당시 조활위는 여성농민운동의 활성화를 위해서 자주적 여성농민조직이 필요하다는 인식에 합의하고, 변혁운동 속에서 여성농민운동은 농민운동과 궤를 같이하자는 데 합의했다. 각 도별 위원을 한 사람씩 두기로 하고 실무분과로 재정, 조직교육, 선전, 조사과제를 두기로 합의했다.

조활위 논의는 1984년 초 '농촌여성'이라는 지역적 개념의 용어에서 계급적 개념이 더해진 '여성농민'이라는 용어로 합의된 것에서 시작되었다. 1985년 6월 1일부터 7일까지 6박 7일의 여정으로 부천시 소재의 '작은자리'에서 전국의 '여성농민활동가 연합훈련'

이 치열하게 진행되었던 것을 선생은 기억한다. 이 훈련 프로그램은 전국 여성농민조직 공동주최로 진행되었으며 여성농민활동가의 공감대를 형성하여 운동이론의 바탕을 공고하게 만들었다. 선생은 공동운동 과제 도출에 매우 큰 의의를 두었다.

그러다가 같은 해 8월 7~8일 '제2차 여성농민활동가 간담회'에서 조활위를 발전적으로 해체하고, 9월 8일 '전국여성농민위원회 준비위'(위원장 김윤)로 전환되었다. 이종옥 선생 개인에게는 조활위 활동이 소중했기에 서운함이 없지 않았으나, 조활위와 전국여성농민위원회 준비위의 활동 성과를 토대로 1989년 12월 18일 전국여성농민위원회가 결성된 것에 감회가 새로웠다. 선생이 1976년 농민운동에 인연을 맺은 지 13년 활동의 결실이고, 그토록 갈망하던 자주적 여성농민 조직이었기에 개인의 서운함, 아픔은 접어두었다.

그러나 조활위 활동의 퇴진으로 그동안 선생의 주머니에 숨었던 송곳이 삐져나오기 시작한다. 두 내외가 온통 농민운동에 투신하고 있었으니 그럴 만도 했다. 결국 조활위 퇴진이 가족의 생계와 자식들 문제에 불쏘시개 역할을 하면서 결국 현장을 떠날 수밖에 없게 만든다.

이후 전남여성농민회가 결성되고 선생은 부회장직을 맡았지만, 더는 활동을 예전으로 돌릴 수는 없었다. 선생은 전남여성농민회 부회장을 끝으로 1992년 여성농민조직에서 나와 생계에 전념한다. 워낙 남편이 농민운동에 전념하느라 생계를 책임질 수

213

없었고, 아이들의 교육 문제로 운동을 떠날 수밖에 없었다.

인터뷰를 마치고

그렇게 그만두는 게 서운하지 않았냐는 말에 할 말을 정리하려는 듯 선생은 한참 동안 하늘을 봤다.

"어쩔 수 없는 선택이었지. 현장이 없었으니까. 차라리 농사를 지으면서 농민운동을 했으면 좋았을걸. 그러면 농사지으면서 지지고 볶고 하면서 살 수 있었을 텐데… 그러나 누군가 말려주길 바랐던 것도 사실이지. 잡아 주면 그 핑계로 애들한테 설명이라도 하고 그 판에 남지 않았을까? 그런데 아무도 잡지 않았어. 모두 내 사정을 알고 있었기에 이해해준 것이 내겐 더 큰 아픔이었지."

그리고 어렵게 말문을 떼었다. 물론 기록하지 말라는 당부가 있었지만, 나는 그 약속을 지키지 못하고 기록으로 남기기로 했다.

어렵게 출범한 전국여성농민위원회는 1992년 총회에서 전국여성농민회총연합(전여농)으로 개칭했다. 전여농의 출범은 여성들의 자주적 조직과 활동을 도모하는 자리였다. 모두 고생했다. 또 그 결과였다. 환호성이 터졌다. 의지를 다지는 자리였다.

그리고 잊지 못할 그 날의 사족 같은 이벤트 하나. 그동안 조직화를 위해 애쓴 사람들에게 전국여성농민회총연합 이름으로 표창장을 주었다. 전여농의 표창장은 형식적으로 주는 관변단체

의 일반적 표창장과는 그 무게감이 다르다. 일종의 활동을 알아
주는 징표였다. 그러나 끝내 선생의 이름은 불리지 않았다. 순간
그동안의 수고로움이 가볍게 흔들렸다.

표창장이 뭐라고… 지금껏 상을 탐해본 적도, 상을 위해 일
을 해본 적도 없었다. 그런 생각으로 마음을 추스리고 있는데,
한 후배가 다가왔다.

"언니, 죄송해요. 언니 표창장을 깜빡하고 두고 왔네요. 나중
에 갖다 드릴게요."

한참의 시간이 흐른 뒤 뒤늦게 상을 받았지만 선생이 그날 느
꼈을 감정이 어땠을지 짐작할 수 있었다.

"내가 한 방울의 단비였다면 족하제."

서운하지 않았냐는 질문에 선생은 감정을 빼고 말했다. 누구
에게나 인정욕구가 있다. 더구나 어려웠던 시절 함께 기뻐하고
함께 부둥켜 안았던 동지들로부터의 인정은 남다르다.

굳건한 여성농민운동 조직이 세워지기까지 곳곳에 뿌려진 한
방울 한 방울의 단비가 흔적없이 뿌리를 적시고, 지금은 어디에
있든 수많은 활동가들이 흘렸을 땀과 애정은 훌륭한 밑거름이
됐을 것이다. 이종옥 선생에게 여성농민교육활동가로서의 삶이
그랬다.

소중한 기억을 일일이 소환해내지 못한 것이 못내 아쉬웠지만
선생의 삶이 여성농민운동사에 이렇게라도 남겨질 수 있어서 다
행이다. 그리고 그 삶에 감사하다.

임순분 성주

1977년 가톨릭농촌여성회 교육을 계기로 '내 이름은 임순분이다'
라고 당당하게 말하고 싶었고, 배우고 싶다는 열망으로 소성리 팔
부녀회를 조직했다. 1992~1994년 전국여성농민회총연합 회장,
1996년 한국여성농민연구소 2기 이사장을 맡았고, 2017년부터
현재까지 소성리 사드반대 투쟁의 선봉에 서서 평화운동을 하며
살고 있다.

내 이름은
임순분

　1년 전 4월, 벚꽃잎이 흐드러지게 날리던 날 우리 일행이 찾아간 그곳은 그때도 그랬고, 지금도 전쟁 중이다. "사드 가고 평화 오라"며 칠팔십 넘은 할매들이 목청 갈라지게 외치는 이곳 경북 성주 소성리는 평화가 별처럼 내리던 마을이었다. 2018년에 개봉된 박배일 감독의 영화 〈소성리〉의 주인공 도금연, 김의선, 임순분이 사는 마을이다.

　예전에 나물 뜯으러 다니던 소래길은 마을에 골프장이 들어오면서 넓은 아스팔트 길로 바뀌었다. 마을회관에서 3킬로미터가량 떨어진 그 골프장이 다시 미군이 주둔하는 사드 기지가 되면서 미군의 유류 차량과 장비가 드나든 지 7년이 지났다. 끝이 보이지 않을 정도로 현수막이 즐비한 길 위로 눈 쌓이듯 소복하게 꽃잎들이 켜켜이 내렸다. 그 광경은 참으로 비현실적이었다.

　경북 성주는 농촌이라는 지역 특성과 뿌리 깊은 가부장적 문화가 보수적인 정치 성향과 맞물린 곳이다. 한국전쟁을 직접 겪으면서 내 배가 곯아도 국가안보를 최우선으로 생각하고, 국가가 결정하는 일에 침묵하던 할매들이 매일 아침 6시면 삼삼오오 모여 '사드 뽑고 평화 심자'라며 맨몸으로 미군 차를 막아선다. 태극기와 성조기를 앞세운 무리에겐 '촛불 선동 종북 좌파'라는 말을 듣는다.

"경상도 성주라고 하는 곳은 굉장히 좀 뭐랄까, 지역적으로 보수적이기도 해서 국가에서 사드 배치가 저렇게 필요하다고 명확하게 이야기를 하면 이렇게 찬성하는 분들도 있을 수 있잖아요. 그런데 몇 년이 지나도록 이 마을 분들은 흐트러짐이 없어요."(2021. 4. 1. 김선명 교무[13])

예전 같으면 미군과 최첨단 무기가 평화를 지켜줄 거라며 생각했을 터인데, 이제 소성리 할매들은 "살던 대로 사는 게 평화다."라며 첨단 무기도 필요 없단다.

"고생들 하셨습니다. 어제는 정말 긴 밤이었습니다. 정말로 참담한 밤이었습니다. 저는 여러분들에게 묻고 싶습니다. 소성리 주민들이 무엇을 해야 할까요? 등이 굽어서 휘어진 허리를 잡고 지팡이에 의지해서 매일 이 앞 도로를 지켰습니다."

2017년 9월 7일, 사드 장비 4기가 추가로 반입되던 전쟁 같은 하루가 지나고 마이크를 잡은 소성리 임순분 부녀회장의 손과 목소리는 힘겹게 떨고 있었다. 2016년 9월 30일 박근혜 정부가

---

13 '원불교시민사회네트워크'교당 초대 교무로 2017년 3월 11일부터 2022년 1월까지 사드 임시기지 길목에 천막으로 세운 '진밭평화교당'에서 매일 기도하고, 투쟁했다. 소성리 할매들에게 큰아들 같은 교무였다.

환경영향평가도 없이 사드 배치 제3 부지를 소성리로 확정한 후, 2017년 4월 26일 사드 포대 핵심장비인 X-밴드 레이더와 발사대 2기가 기습 반입되었다.

그날 소성리 할매들은 골프장으로 올라가는 길을 온몸으로 막아섰지만 마을 주민의 100배가 넘는 8천 명의 경찰이 투입되었고, 임순분 부녀회장은 경찰 팔꿈치에 맞아 실신까지 하고, 앞니가 다 나갔다. 그 이후로 할매들은 꿈에서도 사드 악몽을 꾸었고, 서로 얼굴을 보면 말보다 눈물이 먼저 났다. 9월 7일엔 전쟁처럼 탱크 같은 장비를 앞세워 4기 사드 장비가 추가 반입되었다. 그때 할매들 중 한 분이 "문재인은 사드 못 뺀다. 우리가 뺀다."라고 했다.

경찰들 군화발에 손가락, 발가락이 휘어지고, 갈비뼈에 금이 가고, 여기저기에서 "사람이 다쳤다."라는 외침이 난무하는 동안 사드 장비를 싣고 유유히 기지 안으로 들어가는 차 안에서는 한미군 병사가 웃으며 휴대폰 촬영을 하고 있었다. 극과 극의 장면이 동시에 같은 곳에서 일어나고 있는 광경 또한 비현실적이었다.

2022년 5월, 한미 두 정상이 만나 '사드 기지 정상화'를 선언하고 그 길을 기어코 넘어가려는 공사 차량과 막아서는 주민들이 매일이다시피 충돌하며 소성리엔 전쟁 같은 긴장이 흐른다. 처음 성주 성산포대로 사드 배치 부지가 정해졌을 때 성주에 반대 투쟁을 하러 갔던 것 때문에 "너이가 사드 마중 갔던 거 아이가?

너그들 때문에 사드부지가 소성리로 변경되었다."라는 이야기를
들을 때 임순분 부녀회장의 마음은 편치 않았다. 그러면서도 사
드가 성주든 소성리든 어디든 들어오면 안 된다는 신념이 있었
기 때문에 당연히 해야 할 일을 했다고 생각했다.

"처음에 우리의 분노는 왜 하필 여기 소성리냐 이거였어. 그런
데 저 멀리 전자파랑 상관없는 곳에서도 연대를 오는 사람들을
보면서 생각이 바뀐. 거지. 성주든, 김천이든 그게 어디든 다 피해
를 볼 것인데 우리 마을만 아니면 된다는 생각이 잘못된 거라."

이제 소성리 사람들은 전국에서 평화를 염원하며 찾아오는
이들에게 따뜻한 밥 지어 먹이랴, 불법사드 기지 완성과 사드
기지 운용을 위한 군용차량 막아서랴, 틈틈이 농사지으랴 힘에
부쳤다.

"그 중심에 부녀회장님이 계시는 거죠. 할매들을 이렇게 조직
해내는 것이 부녀회장님의 힘이에요. 이렇게 하자 저렇게 하자
그렇게 하지 않고, 분위기나 상황을 딱 봐서 우리 할매들이랑 조
화롭게 잘하시는 것 같더라고요. 그래서 아, 이분은 굉장한 조직
가다. 그런 생각을 많이 했죠."

주민들이 만들었다는 진밭교 초입 '미군 차량 검문초소'에서
만난 김선명 교무의 말이다.

임순분 부녀회장은 사드 반대 투쟁을 하는 데 지치면 안 되겠
기에 할매들과 길게 함께 할 방법들을 찾았다. 지원 나온 활동가
들로부터 노래 부르기 제안을 받았다.

"이 상황에 무슨 노래를 부르고 뭔 정신으로 그림을 그리냐는 핀잔도 들었어요."

그랬던 할매들이 '나의 살던 고향은 꽃피는 산골~~'을 눈물로 불렀고, 개사곡도 만들어 불렀다. 동네 할매들이 처음 노래를 배우면서 모처럼 마을에 평화가 온 듯했다. 노래 가사 틀려서 웃고, 박자 못 맞춰서 웃고, 그러다가 모두 다 울기도 했다. 노래 부르면서 위로가 됐던 마음들이 있었기 때문에 긴 시간을 함께 할 수 있었다.

"처음 원동력은 그거였다고, 함께 있으니까 서로 힘주고 힘 받고…."

옆에 있어 준다는 마음은 끈끈한 동지애가 되었다. 할매들 둘 셋이 불법 사드 기지[14] 앞에 가서 구호를 외치고, 불법 사드 기지 올라가는 길목엔 몇몇이 당번을 선다. 소성리 사드 반대 투쟁은 곧 평화운동이다. 임순분 부녀회장은 "할매들 없으면 하나도 가능한 일이 없었다."라며 할매들의 참여에 큰 의미를 부여했다.

"할매들을 저렇게 만들어놓고 정작 불법 사드 문제 해결 못하고 저분들 돌아가시기라도 하면 난 평생 한이 남을 거 같아."

겨우내 할매들은 수·목·금요일이면 어김없이 사드 임시기지로 올라가는 길을 막고 앉아 지킨다. 누가 시킨 것도 아닌데, 차가 지나가면 할매들이 막아서서 차 트렁크 열고 검문했다.

기지로 올라가는 초입 삼거리엔 임순분 부녀회장네 밭이 있

---

14 미군의 미사일방어체계를 위한 사드(THAAD)는 전략환경영향평가를 통해 사드 배치 여부를 결정해야 함에도 불구하고 미군과 국방부는 지난 2017년 4월 6일, 9월 7일 두 차례에 걸쳐 불법으로 배치했다. 마을 주민들과 소성리를 찾는 평화 시민들은 불법·임시사드라고 부른다.

다. 밭에 가려면 삼거리에서 기지로 올라가는 왼쪽 다리를 건너
가야 한다. 사드 반대 투쟁 초반에는 경찰이 늘 그 입구를 지키
고 '오고 가도' 못하게 했다. 그 길을 뚫고 밭에 가려면 경찰들과
매번 몸싸움을 해야 했다. 밭 주인이 내 밭에 가겠다는데 신분
증을 요구하고, 경찰이 계속 막아섰다.

"못 가게 막으면 다리 난간 아래로 뛰어내려서라도 가려고
했어."

그러면 경찰 대여섯 명이 뒤를 따라붙는 바람에 농사일조차
내 맘대로 할 수 없었다.

초반에는 주민대책위도 뚫지 못했던 이 길 위에서 임순분 부
녀회장은 혼자서 한 달 이상을 싸웠다. 그 모습을 보고 할매들이
합세해서 매일, 몇 걸음씩 그 길 위로 뚫고 올라갔다. 길을 뚫고
검문초소를 만든 것도 결국 임순분 부녀회장과 할매들이었다.

매일 길 위에서 반복되는 실랑이가 잦고, 길어지자 할매들에
게 화장실 가는 문제가 생겼다. 화장실 문제를 해결하기 위해 할
매들이 일일이 맨손으로 돌을 날라 불법 사드 기지 입구 옆에 쌓
고 천을 두른 뒤 풍선을 꽂아 화장실임을 표시했다. '사드 반대'
화장실이 생기고 나니 길 양옆으로 "사드 가고 평화 오라"는 현
수막들이 즐비하게 걸리기 시작했다.

상상도 못 했던 일이다.

"사드 반대 투쟁에서 할매들이 원로그룹이 된 거지. 할매들이
말은 잘하지 못해도 한마디 한마디가 아주 명확해. 상상을 못

할 정도로 지혜로워."

촛불도 들 줄 몰랐던 할매들이 마을회관 앞에서 촛불을 켜고 앉아 '임을 위한 행진곡'을 불렀다. 임순분 부녀회장과 주민대책위에서는 혹시라도 할매들 몸이 상할까 싶어 자체 검문소 옆에 작은 비닐하우스를 하나 지었다.

소성리지킴이들 입장에서는 할매들이 오면 난로도 피워야 되고 일은 더 늘어난다.

"그래도 할매들이 오시면 든든한 거라. 쟤네들도 할매들은 함부로 못한대. 쟤네들 사이에서도 할매들이 지키고 섰는 수·목·금은 힘드니까 그 시간은 피하라고 했다더라고. 그래 할매들 있는 시간을 피한 거지. 그 소리를 들은 할매들이 뭐라 하냐면 오히려 우리가 수·목·금을 피해 다른 날로 작전을 바꾸자는 거야. 월·수·금으로 이렇게. 수·목·금 피해서 갔더니 월요일에도 할매들이 있네. 그렇게 헷갈리게 해야 한다 이거지."

할매들은 몸이 바빠졌다. 임순분 부녀회장도 몸이 열 개라도 모자랄 판이다.

"마을회관 청소도 해야 하고, 내 농사도 지어야 하고, 짬짬이 인터뷰해야지, 대책위 회의 잡히지. 일하다가도 사람들이 오면 하루에 두세 번씩 뛰어 내려와 간담회도 해야 하고…."

사드 반대 투쟁 이후로는 여기저기 인터뷰하는 것도 벅차다. 그래도 잊혀가는 사드 문제를 알려야 한다는 생각으로 인터뷰하는 걸 마다하지 않는다. 인터뷰하다가도 미군 기름차가 진밭교 앞에서 기지로 진입하려고 한다는 전화가 오면 말 끊고 달려나가 유류 차량 앞에 드러눕는다. 사드 임시기지 안으로 들어가는 먹을거리는 통과시키지만 유류 차량과 전력 증강과 관련된 물자를 실은 차량은 막아선다.

소성리는 산에서 멧돼지가 내려올 때나 경찰이 올 만큼 조용한 마을이었다. 지금처럼 경찰이 일상의 풍경이 되리라고는 아무도 상상하지 못했다. 여름이면 동네 할매들이 평상 펴고 누워 총총한 별을 봤다. 밤이면 반딧불이도 날아다녔다. 사드 문제로 평화롭던 마을의 일상은 무너졌지만 별이 내리는 소성리의 평화를 지키기 위한 사람들의 투쟁은 또 다른 새로운 일상이 되었다.

몸빼바지가 편해진 소성리댁

경북 의성이 고향인 임순분은 국민학교 시절, 집에 일하는 머슴이 둘에, 집안 살림해주는 사람을 둘 정도로 유복했다. 옷매무새를 잡아 주는 유모도 있어서 얼굴과 옷이 언제나 말끔했다. 아버지는 당시 부잣집 종손에 외동아들이었고, 명문이었던 의성종고를 나온 동네 엘리트였다. 씨름 선수로 황소를 들이받을 정도였고 힘이 좋기로 소문도 자자했다.

임순분이 국민학교를 다닐 때 부잣집에 《소년동아》 책을 구독해 보던 것을 친구들은 늘 부러워했고, 서로 임순분의 가방을 들어주곤 했다.

"10년 전쯤에 동창회에 갔는데 친구들이 그러더라고. '네가 학교 다닐 때 너는 선망의 대상이었다', '신문을 보고 있는 네 모습이 너무 부러웠다' 그러면서 내가 어떻게 사는지 궁금했다는 거야."

당시 아버지가 마을 이장을 했었는데 마을하고 서울 수도여자중학교가 자매결연을 맺은 인연으로 임순분은 수도여자중학교에 특례입학하기로 예정돼 있었다. 그러다가 아버지가 빚보증을 잘못 서는 바람에 가산이 기울면서 중학교 진학은 포기해야 했다. 배우고 싶다는 생각으로 야간 중학교에 진학했지만, 쌍둥이 오빠 둘은 학교를 계속 다닐 수 있어도, 임순분은 어려운 형편 때문에 공부를 포기해야 했다. 오빠들 뒷바라지와 가족을 위해 대구 비산동 직조공장에 취직했다.

그래도 임순분은 긴 치마에 굽 높은 구두가 익숙했고, 자신을 낮추는 게 쉽지 않았다. 야근으로 공장 생활이 힘들던 차에 소성리 사람인 남편을 만났다. 임순분은 1973년 나이 스물에 공장 생활을 끝낼 수 있다는 생각으로 서둘러 결혼했다. 남편은 가방 만드는 기술자였다,

결혼하고는 대구 비산동에서 아이 낳고 살면서 가끔 농사일 바쁠 때나 소성리 시댁에 가곤 했다. 한번은 어느 해 가을, 시댁 농사일 돕는다고 소성리에 함께 왔다가 흔적 없이 소쿠리를 태운 일도 있었다. 밥상을 차리려면 반찬거리가 있어야 되는데 시장은 멀어 갈 수는 없고, 차도 없었다.

"그래 가만 보니까 손국수는 반찬이 없어도 되겠는 거라. 간장만 있으면 되잖아. 그래 손국수를 해보자 싶어서 반죽을 했어. 폼 잡고 홍두깨를 들고 반죽을 해서 밀어 보니 너무 물러. 그래 밀가루를 또 집어넣고 또 집어넣고 하다 보니 반죽 덩어리가 이만해진 거라. 홍두깨로 다시 밀어 보니 안되네. 그랬는데 저짝에서 시아버지가 지게를 지고 오시네. 그래 이 물증을 빨리 없애야겠다 싶어서 그 반죽을 급한 마음에 장작불이 활활 타는 아궁이에 집어 던져 놓고는 시치미 떼고 밥을 했지."

밤새 아궁이에 던져둔 반죽이 걱정되었다. 다음 날 시어머니가 아침밥을 하다가 볼 텐데 싶어서 나가봤더니 까만 숯덩어리가 돼 있었다. 아예 흔적을 없애자 싶어 그 속이 뜨거운 줄은 생각도 못 하고 서둘러 헛간에 집어 던졌다. 그 바람에 옆에 있던 소쿠리가 둥그렇게 다 타버렸다. 혼날까 봐 안절부절못하고 있는데 남편이 아예 소쿠리를 부숴버려 흔적을 없앤 일이 있었다. 그때 이후로 손국수를 한 번도 만들어보지 않았다. 그런데 할매들은 요즘도 "국수 한 번 묵자, 해봐!"라며 두고두고 놀려댄다. 그래도 국수 만드는 걸 배워볼 요량으로 홍두깨를 사다 두긴 했다.

임순분은 처음엔 시골을 전원생활쯤으로 여겼지만, 재래식 화장실에 화장지도 없고, 아궁이 불 때야 하고, 우물가에 가서 물을 길어다 먹어야 하는 것이 엄두가 나지 않았다. 그래서 아예 소성리로 들어갈 생각은 안 하고 대구 비산동에서 아이 둘을 낳고 살았다. 그러다가 시어머니가 갑자기 돌아가시는 바람에 소성리로 왔지만 상을 치른 후 바로 대구로 다시 돌아갔다. 남편은 혼자 계신 아버지를 돌본다고 3개월을 소성리에서 지냈다.

"그렇다고 소성리에서는 못 살겠더라고. 그래서 아예 이혼을 결심하고 담판을 짓겠다고 소성리로 다시 들어왔지."

소성리의 겨울 저녁은 캄캄했다. 문을 밀고 마당에 들어서자 밥을 하다가 나왔는지 남편은 불쏘시개를 들고 서 있었고, 흙 묻은 바지 한쪽은 말아 올려져 있었다.

"그 모습을 보니까 안 되겠더라고. 그래 그만 모든 결심을 다 내려놨지."

그길로 스물다섯 젊은 새댁은 소성리 사람이 되었다. 동네 사람들은 여느 집 며느리처럼 몸뻬바지 입고 농사일을 척척 해대지도 않고, 굽 높은 구두에 긴 치맛자락을 찰랑거리며 다니는 임순분이 곱게 보이지 않았다. 그런 임순분을 두고 마을 사람들은 '새댁이 마을을 떠난다, 안 떠난다'를 두고 내기를 했다.

조금씩 마을에 적응하던 어느 해 벼수확을 끝낸 다음 날 마을 사람들이 집으로 몰려왔다. 시아버지 노름빚 대신이라며 곳간에 쌓아둔 벼를 먹을 것 하나 남기지 않고 모조리 가져갔다. 그때부터 끝도 보이지 않는 농사일에 정신없이 살았다. 참외나 수박 순 치는 일, 사과 접과 등 일당을 받으면서 남의 집 살림까지 했다. 손이 재빨라 인근 마을에서도 임순분을 일꾼으로 불렀다.

시아버지가 돌아가시고 어느 날, 일 년에 한두 번밖에 취하는 일이 없던 남편이 술을 거나하게 마시고 시비를 걸어왔다. 그러고는 밥 먹으라고 가져온 밥상을 탁 놓는 바람에 반찬 종지가 날아갔다. 형편이 어려운 건 참아도 이런 걸 그냥 넘어가면 안 되겠다 싶어서 다음 날 아이들이 학교 가고 난 뒤에 전기밥솥을 마당으로 내동댕이쳤다. 남편 마음을 헤아리지 못해서가 아니었다. 남편은 착하고 성실한 사람이었다. 남편도 우리 집 농사에 이십여 일은 남의 집 농사일까지 했다. 그렇게 죽자고 일해도 시아버지 빚 갚고 나면, 먹고 사는 일이 버거웠던 터라 쌓였던 감정을 어디 가서 풀지 못했으니 까맣게 탄 속을 임순분도 모르지 않았다. 그래도 그런 식으로 감정을 푸는 것은 아무런 도움이 안 되고, 오히려 삶이 더 고단해지는 것이기에 독하게 마음을 먹고 임순분도 소리쳤다.

"당신은 밥 먹을 자격이 없다고 소리치면서 내가 찬장도 날리고 밥그릇도 던졌지. 그때 남편이 좀 놀란 것 같더라고. 나중에는 남편이 미안하다고 하면서 손을 잡는 거야."

농사일은 시간이 지나고 손에 익을수록 재미있었고, 점점 몸뺴바지가 편해질 즈음 셋째 막내딸을 낳았다.

팔부녀회

당시 성당에 다니던 임순분은 마을에 4H 운동을 하던 사람의 지인으로부터 가톨릭농촌여성회[15] 교육에 가보라는 권유를

---

15 1985년 가톨릭여성농민회로 전환.

받았다.

"1977년인 것 같은데, 남편이 경운기로 버스정류장까지 태워 줘서 당일 교육에 다녀왔어. 난생처음 외부에서 하는 교육에 다녀왔는데, 그게 내 인생을 바꿔 놓을 줄 그때는 몰랐지."

가는 길에 비를 맞고 젖은 몸으로 교육장에 들어가자 낯선 사람이 반갑게 맞으면서 수건을 건넸다. 사람들이 빙 둘러앉아 토론하는데 임순분은 뒤쪽에 가만히 앉아서 다른 사람들이 토론하는 걸 지켜봤다. 어떤 사람이 공책에다 뭔가를 열심히 쓰길래 어깨너머로 슬쩍 봤다. 그 사람은 사회자가 말하는 내용과 다른 토론자들이 말하는 내용을 깨알같이 적었다. 그 모습이 신기하고 부러웠다.

"학교 진학을 못하고 공장일을 하다가 나이 스물에 결혼해서 누구누구 엄마, 누구누구 며느리, 누구누구 마누라라고 불려서 내 이름을 잊고 살았잖아요. 그런데 그 사람들은 누가 말하고 기록자는 누구인지 일일이 이름을 다 쓰더라고. 내 이름은 임순분인데 그때까지 어디 가서 내 이름으로 불린 적이 거의 없었지."

농촌에 살면서 글을 읽고 쓰는 일이 거의 없었고, 자신의 이름보다는 누구의 딸, 엄마, 며느리, 아내라고 불리며 살던 것을 바꾸고 싶었다. '내 이름은 임순분이다'라고 당당하게 말하고 싶었고, 배우고 싶다는 열망이 생겼다.

소성리로 돌아온 임순분은 또래 엄마들 7명을 모았다. 당시 마을 부녀회에는 50~60대 동네 어른들이 주축이었기 때문에 기존의 부녀회에 소속되지 않았던 젊은 엄마들이 모였다. 아이를 두서넛 둔 엄마들도 새댁 취급되어 부녀회 가입이 안 되었다. 시어머니가 돌아가시고 자동으로 부녀회원이 되었을 때 막내딸을 업고 부녀회에 갔지만 말을 거들다가 눈치 보는 일이 많았다.

"내가 사람들 모인 자리에서 그랬어. 거기 가니까 사람들이 나를 임순분 씨라고 부릅디다. 우리도 서로 자기 이름 찾아 부르고 같이 공부도 합시다 그랬지."

임순분은 1979년 7월 8일부터 10일까지 2박 3일로 대구 현풍 천주교회에서 진행된 교육에도 다녀왔다. 그 이후 1981년에 성주군 초전면 소성리에 '팔부녀회'가 본격적으로 시작되었다. 기존 부녀회는 관에서 시키는 일을 주로 했지만 '팔부녀회'는 자발적인 조직이었다.

처음에는 개인일지도 쓰고, 계획도 세우기로 했지만 모임이 잘 되지 않았다. 그래도 어두운 밤길을 고려해서 매월 보름달이 뜨는 음력 15일 저녁 9시로 모임을 정하고 가톨릭여성농민회의 경제활동 지원 대여금 1만 원을 받아 '경제협동 활동'으로 병아리를 공동으로 키우기로 했다. 처음에는 어색했지만 서로 이름을 불러주고, 돌아가면서 회의 진행도 해보고 회의록에 참석자 이름, 시간, 모임 장소, 의견, 결정 사항, 기록자를 적어 넣었다.

임순분이 먼저 회의록을 썼다. 1981년 6월 20일 회의록에는 '닭을 풀어놓고 키우면 다른 집 농작물에 피해를 줄까 싶어 닭장에 가두어서 먹였더니 닭들이 잘 크지 않는 것 같다는 의견들이 있었다'라고 썼다. 9월 11일 회의록에는 '병아리가 어느새 커서 집집마다 몇 마리씩 팔아서 마을금고에 저금했음', 11월 14일 회의록에는 '닭은 전염병이 심해서 다시 사들이자는 데에는 모두 반대. 공동활동자금으로 지원받은 돈을 12월 말로 환불하기로 결정하고 그동안 남은 이익금 중에서 각자 3,000원씩 공동기금으로 세워서 많은 회원이 교육에 참여할 수 있도록 비용에 보태기로 하였다'라고 썼다.[16]

"요번 달에 내가 하면 다음 달에는 딴 사람이 한 번씩 돌아가면서 쓰는 거야. 혼자 글씨를 쓰면 삐뚤빼뚤하니 부끄럽잖아. 그런데 다음에 쓴 사람도 또 그렇게 쓰는 거야. 글씨 쓴 게 다 고만고만한 거라. 그러니까 부끄럽지도 않았어. 내가 그거를 보관해야 되겠다 싶어 어디에 넣었는데 어디로 갔는지 안 보여. 내가 3년 전만 해도 그 회의록을 봤거든."

혼자는 못하는 일을 똑같은 여덟 명의 새댁들이 같이 하니까 무서울 게 없었다.

"결혼하고 처음으로 누군가 자기 이름을 불러주는 게 부끄럽기도 하고 재미있어서 다들 회의하면서 깔깔거리고 웃어댔지. 사드 반대 투쟁할 때 마을에서 제일 먼저 나선 사람들도 팔부녀회 사람들이었어."

회의하느라 밤늦은 시간에 귀가하는 날에는 남편들이 문을 잠가버려서 집에 들어가지도 못하는 회원들이 생겼다. 안 되겠

---

16 엄영애, 《한국여성농민운동사》, 나무와 숲, 2007.

다 싶어서 임순분은 마을에서 그나마 말이 통했던 이석주(현재 소성리 이장) 씨와 남편을 외부교육에 참여하도록 권했다. 농업 문제, 농촌의 가부장적인 문화, 여성농민 인권, 정세 이야기를 듣고 온 남편과 이석주 씨는 '팔부녀회' 지지자가 되었다.

'팔부녀회' 회원 중 몇 명도 외부에서 하는 여성농민교육을 다녀왔다. 활동에 탄력이 생기면서 산나물을 뜯어다가 팔아보기로 했다. 일당 3,300원을 기준으로 인건비를 정하고, 삶는 시간, 말리는 시간 등 노동 시간을 계산해서 적정한 가격표를 붙였다. 성당에 가져다가 팔아 생긴 수익금은 개인 통장으로 나눠주었다. 공동 산나물 경험을 통해 '할 수 있다'라는 자신감이 생기자 임순분은 공동 모내기를 해보자고 제안했다. 당시 소성리 논이 천수답이라 비만 오면 서로 물 대는 문제로 갈등도 있었고, 모내기철에는 일손 구하기가 쉽지 않았기 때문에 한 집씩 돌아가면서 품앗이로 모내기를 하자는 거였다. 그렇게 제안해 놓고 처음엔 "막상 닥쳐봐. 자기집 모내느라 정신없을 거다!"라는 소리를 들었다. 잘 될 리가 없을 거란 소리였다.

그런 의심의 눈초리도 속상했지만, 막상 공동 모내기를 하려니 아이들 돌보는 게 문제였다. 그때 마침 동네에 젊은 처자 한 명이 아이들을 돌봐주겠다고 나섰다. 한 집에 아이들이 평균 둘씩은 되다 보니 위에 한두 살 더 먹은 언니, 오빠들이 동생을 돌봐주는 게 가능했다. 젊은 처자한테 아이들 밥까지 챙겨 먹이게 할 수는 없어서 도시락을 싸서 보냈다. 젊은 처자는 아이들 손잡고 들로 산으로 놀러 갔다.

팔부녀회 공동 모내기 후 동네가 들썩거렸다. 그렇게 조금씩 동네에서 인정을 받기 시작하면서 팔부녀회 활동에 탄력이 붙었다. 외부 강사를 초대해서 마을 교육으로 여성의 지위와 권리, 생산비 보장, 농촌 현실에 대해 조금씩 배우는 시간을 가졌다. 경북 성주는 참외와 수박이 중심 작물이었는데 가을 추수가 끝나자마자 비닐하우스에서 모종을 키우기 시작해서 여름 참외와 수박 농사가 끝날 때까지 여자들의 노동은 쉴 틈이 없었다. 그러면서도 가사 일에 육아까지 끝없는 노동을 하면서도 그것을 당연한 것으로 여기던 젊은 새댁들이 공부하면서 자신의 삶을 돌아볼 수 있었다.

그렇게 소성리 새댁들은 자신의 이름을 찾아가기 시작했다. '팔부녀회'의 활동이 왕성해지면서 가톨릭여성농민회 임원이었던 임봉재 씨 등 여성농민 활동가들이 소성리를 찾아오기도 했다. 혹여 마을 어른들이 언짢아하실까 싶어 '팔부녀회' 회원들은 자세를 낮췄다. 그러면서도 기존의 마을부녀회를 관변조직에서 민주적인 부녀회로 바꾸어가야겠다고 생각하고 1989년쯤 마을 어른들 부곡 온천 여행을 계획했다. 어른들 모시고 다녀오는 관광버스에서 임순분은 조심스럽게 말을 꺼냈다.

"어르신들 그동안 너무 고생하셨으니 이제는 우리가 받아서 열심히 해보겠습니다."

그날 이후 부녀회는 65세 이상 어르신들은 은퇴를 하고 세대

교체가 되었다. 형님들도 동네에서 일만 했지 대접을 받아 본 일이 없던 터라 팔부녀회 회원들이 형님 대접하면서 궂은일 도맡아 하는 게 싫지는 않았다. 마을에서 남자들이 결정하면 여자들은 나이가 많든 적든 앉아서 상을 받아 본 일이 없었다.

당시 마을에 안건이 있으면 마을 개발위원회에서 의결했었는데, 개발위원으로 부녀회원이 들어가는 건 엄두도 못 냈다. 임순분은 개발위원회가 중요하다는 생각으로 사전작업을 했다. 총회 직전에 마을에서 신뢰를 받던 사람들을 통해 부녀회 안을 올렸다. 그 일로 부녀회 회장이 당연직 개발위원으로 참여할 수 있게 됐지만 발언권이 약했다. 고민 끝에 부녀회는 선출직으로 여성이 한 명 더 들어갈 수 있게 설득했다. 그리고 임순분이 선출직 개발위원으로 들어갔다.

"그렇게 하는 게 당연한 건데, 한편으로 생각하면 소성리가 보수적인 곳이니까 그때 개발위원으로 여자들이 들어갔다는 건 밖에서 보기에 획기적인 거지."

마을이 조금씩 달라지기 시작했다. 그전 같으면 군이나 농협에서 부녀회에 샴푸를 팔아라, 잡부금 걷으라고 할 판이었지만 이젠 그런 일을 할 부녀회가 아니었다. 시키는 대로 따르는 관변단체가 아니라 마을 대소사를 남녀가 함께 참석해서 회의를 통해서 민주적으로 처리해 나갔다. 임순분의 남편도 더 열심히 농민운동에 앞장섰고, 이석주 이장의 활약으로 가톨릭농민회 소성리 분회도 창립되었다. 당시 마을 사람 130여 명 중에 농민회 분회 회원이 10명밖에 안 되었지만, 마을 대소사를 농민회 중심으로 이끌어갔다.

"여든 넘은 마을 사람들이 밭일을 하다가도 뛰어와서 도로 가운데 앉아서 누구 마음대로 지나가느냐고 호통을 쳤어. 우리가 풍요롭게 살지는 않아도 서로 먹을 것 나눠 먹고 평화롭게 살았거든. 사드 반대 투쟁도 팔부녀회 때처럼 마을 회의를 통해서 결정한 거라."

그때로부터 30년도 훨씬 더 지난 사드 반대 투쟁이 7년 넘게 이어져 온 것도 마을 사람들의 민주적인 의사결정과 결속력 때문이었다. 지금은 소성리 58가구 중에 70퍼센트 이상이 나이 칠십이 넘었지만, 누구랄 것도 없이 한마음이다. 변화의 원동력은 '나의 권리는 내가 찾아야 한다'라는 의지였다.

누구도 가라 하지 않은 길

여성농민운동은 임순분이 선택한 길이었지만 원하지 않는 삶이었다. 인생을 걸었고, 결혼 후 처음으로 사회적으로 관계를 맺은 것이 여성농민운동이었다.

1980년대는 농민운동 조직이 곳곳으로 확산됐다. 임순분은 팔부녀회 활동을 하면서 성주군농민회 활동에 매진했다. 그러다가 1989년 12월 조직된 '경북여성농민위원회 준비위'[17] 위원장을 맡았고, 같은 해 전국단위 여성농민조직 건설과 여성농민운동의 활성화를 위해 한시적으로 구성된 조활위(전국여성농민조직활성화

---

17 1989~1990년 경북여성농민위원회 준비위, 1991~1992년 경북여성농민위원회, 1993년부터 경북여성농민회, 1997년에는 경북여성농민회연합으로 개칭.

를 위한 위원회)[18]에 경북 위원으로 참여하면서 활동 영역이 도, 전국단위로 확장되었다.

강유순, 박남식과 함께 전국여성농민위원회 2기 부회장을 맡았고, 전국여성농민위원회가 전국여성농민회총연합(이하 전여농)으로 전환되던 1992년부터 1994년까지 전여농 회장을 맡았다. 전여농 회장을 맡았던 첫 해, 임순분의 나이는 38세였다.

지역으로, 전국으로 회의와 교육에 뛰어다니느라 뒤를 돌아볼 겨를이 없었다. 처음엔 회의하고 나서 집으로 내려가는 열차 안에서 회의 때 들었던 말을 수없이 되새겨봐야 이해가 됐다.

1993년 12월 7일 서울역 광장. 쌀 및 기초농산물수입개방저지를 위한 국민대회. 앞줄 가운데가 임순분.

---

18 1989년 3월 1~2일 '제1차 전국활동가간담회'에서 전국의 단일조직 건설을 위한 조활위(위원장, 전남 이종옥) 구성을 결의하고, 1989년 6월 24일까지 운영되었다. 같은 해 8월 7~8일 '제2차 여성농민활동가 간담회'에서 조활위를 발전적으로 해체하고 9월 8일부터 '전국여성농민위원회 준비위(위원장, 김윤)' 활동을 거쳐 1989년 12월 18일 '전국여성농민위원회(위원장, 이정옥)'가 공식적으로 출범했다.

마을에서 하던 활동과는 많이 달랐다.

"팔부녀회 회의를 할 때는 우리 식으로 오늘 누구네 모내기를 했는데 어떤 일이 있었는지 실제 우리가 겪었던 걸 말하니까 어렵지 않았지만, 전국 회의 가면 격식을 따지게 되고, 약식 용어 같은 것도 많아서 그게 어려웠어. 박남식이나 이종옥은 알아듣기 쉽게 설명을 해주었지만 그렇지 않은 사람들이 많았지."

마을에서는 편하게 했던 것들이 도, 전국으로 가면서 책임감이 더 커지면서 중압감으로 다가왔다. 맞지 않는 옷을 입은 것처럼 불편하고 괴리감이 느껴졌지만, 차분히 자신의 삶을 뒤돌아볼 틈이 없었다. 누구와도 그런 감정에 대해 털어놓고 이야기를 나눌 수도 없었다.

"내가 하나를 이해해야 다음 일을 하는데 그게 참 어려웠어. 전국 회장을 하면서 회의 내용을 다 알아야 한다는 책임감이 어렵더라고."

책임감이 개인의 아픔이나 어려움을 무뎌지게 짓눌렀다. 그시기 전여농은 학교급식 완전 실현을 위한 서명운동, 여성농민개혁안 추진, 수입개방저지, 추곡 수매가 수매량 쟁취, 신농정 전면 수정 등 많은 일을 추진했다. 역할의 중압감이 버겁기는 했지만 임순분은 세상을 알면 알수록 해야 할 일이 많았기에 애써 피해 가지 않았다.

이런 활동으로 관의 주목을 받게 되면서 정보과 형사가 따라붙고, 요주의 인물이 되면서 마을에서는 '시끄럽게 하는 사람'으로 취급받았다. 관에서는 마을 사람을 시켜서 임순분의 일상을 감시했다.

"날 감시하던 사람들한테 그때 왜 그랬냐고 물으니까 관에서 시키니까 어쩔 수 없어서 했다고 하더라고. 그 사람들이 지금은 다 같이 사드 반대 투쟁에 열심히 참여해."

전여농 회장으로 있는 동안 우루과이라운드 협상 반대와 우리 쌀 지키기 활동, 통일농업과 여성농민의 삶의 질 향상을 위한 개혁안 발표 등 의미 있는 활동이 많았다. 그러면서도 당시 여성농민의 정치세력화 이야기가 나오면서 활동가들 사이에 묘한 갈등이 보이기도 했다. 임순분은 그런 것들이 다 이해가 되지 않았다. 살아온 것이 다르니 생각이나 표현 방식은 다를 수 있다고 생각했다. 하지만 자신과 활동가들 사이의 거리가 마치 서로 다른 세상에 살고 있는 것만 같았다. 혼란스러웠다.

임순분(왼쪽)은 박남식(오른쪽)과 함께 전국 단위 활동을 하면서 따뜻한 위로를 받을 때가 많았다.

전여농 6기 회장 연임 제안을 받았지만 고사했다. 그리고

1995년부터 2년 동안 경북여성농민회 회장으로 활동[19]하다가 1996년 겨울에 소성리로 돌아왔다. 마을 사람들은 기다렸다는 듯이 다시 부녀회장으로 떠밀었다.

"그렇게 몇 년을 도하고 전국 회장직을 맡는 동안 팔부녀회는 솔직히 신경도 못 썼지. 내려와 보니 팔부녀회가 소강상태더라고. 그게 너무 미안한 거야."

임순분은 곧바로 팔부녀회와 함께 농촌진흥청의 '농촌여성 일감 갖기 사업'으로 된장, 메주 사업을 시작했다. 그런데 생각만큼 이익 창출이 되지 않아 팔부녀회 회원들은 바쁠 때만 결합하는 방식으로 운영했다. 사드 반대 투쟁하면서 성주군청에 사업자등록증을 던져버리고 오기 전까지 근 이십 년 동안 콩 농사를 지어 된장과 메주를 만들어 팔았다.

마을에서 팔부녀회와 함께 일감 갖기 사업을 하면서 1996년 3월 21일에 창립된 (사)한국여성농민연구소의 2기 이사장직을 맡았다. 이사장직은 회의에 참석하는 것 말고는 그다지 힘들지 않았기 때문에 마을 일에 전념할 수 있었다.

"실은 내가 연구소 이사장직을 맡고 있을 때 개인적으로 좀 견디기 힘든 얘기를 듣고 갈등을 많이 했어. 그때 남편이 빚보증선 게 문제가 되면서 가정적으로도 어려운 시기였고."

경제적인 파산에 뒤이어 생각지 못한 유언비어도 돌기 시작했다. 한 활동가로부터 기억하기 싫은 모욕적인 말도 들었다. 젊

---

19 여성농민운동사와 관련된 두 권의 책 《한국여성농민운동사》(엄영애, 나무와 숲, 2007), 전국여성농민회총연합 30년사 《서른 전여농, 세상의 힘, 변화의 중심》(오미란, 한국농정, 2020)에 기록된 임순분에 대한 활동 이력에 차이가 있으며, 그것은 임순분의 기억과 또 다르다. 필자는 구술자인 임순분의 기억을 존중하여 그대로 썼다.

은 시절을 다 바친 활동이 전부 무너져 내리는 듯했다. 임순분은 1998년 모든 외부 활동을 접었다. 사람들도 만나지 않았고 마음 문도 닫았다.

"동네 사람들이 내가 미친 사람 같았다고 하더라고. 아침에 눈 만 뜨면 산으로 가서 약초와 산삼을 아무 생각 없이 캐는 거야. 3년 동안…그렇게 살았지."

몇 년을 대인기피증과 우울증을 겪으면서 마음을 다스려보려 고 캐온 약초와 산삼으로 마시지도 못하는 술을 담았다. 그의 집 거실 한쪽 스무 개 남짓한 술병이 그의 허무함을 짐작게 했다.

남편은 자신 때문에 생긴 일이라고 생각하고 세 차례나 자살 을 시도했다. 그런 남편한테 못할 소리를 했다. 죽을 거면 농민운 동가답게 죽으라고 소리쳤다.

내 이름은 임순분

빚을 갚기 위해 남편과 임순분은 죽어라 쉬지 않고 농사에 매 진했다. 마음을 들춰내는 일에 익숙하지 않았던 터라 어디 가서 말도 못하고 마음을 괴롭히던 생각을 떨쳐내려고 농사일에 더 매달렸다.

감기에 걸린 줄만 알았던 남편 건강이 이상했다. 딸 설득에 검진을 받아 본 결과 폐암 말기였다. 폐암과의 사투는 그리 오래 가지 않았다. 2015년 5월, 남편이 눈을 감기 며칠 전쯤 처음으로 "미안하다."는 말을 했다. 그 말이 참 슬펐다.

"당신은 죽으면 안 된다. 살아서 나한테 속죄를 하고 살아야 한다."라고 쓴소리를 해댔다. 힘을 잃어가는 남편을 그렇게 모진 말로라도 깨우려고 했다.

"임순분. 내가 그 이름은 기억하고 갑니다."

그 말을 끝으로 눈을 감고 며칠 후에 남편은 세상을 먼저 떠났다. 남편의 죽음과 함께 임순분도 없는 듯 살았다. 일흔도 넘기지 못하고 먼저 간 남편에 대한 원망이 아니라 세상일에 일찍 눈을 떠서 내내 바깥일에 집중하며 살았던 자신 때문에 남편에게 병이 온 거라는 생각 때문에 자신이 죽을 만큼 원망스러웠다. 1년 동안 임순분은 세상 사람이 아닌 듯 지냈다.

그러던 그를 다시 바깥으로 나오게 하고 죽음 앞에서 다시 정신을 들게 한 건 아이러니하게도 사드였다. 사드 반대 투쟁 시작됐을 때 마을 이장 이석주 씨가 찾아왔다.

"이대로 있으면 죽는다. 나가자."

임순분은 다시 바깥세상으로 나가고 싶지 않았다.

"이석주 이장이 내가 전화를 받지 않으면 걱정돼서 찾아다니곤 했어. 한번은 병원에 갔다 오는 길에 내가 전화 온 줄을 모르고 있었는데, 이석주 이장이랑 사람들이 온 동네를 다 뒤지고 난리가 난 거야. 그래 내가 딸한테 전화해서 그랬어. 나 같은 사람도 걱정해주는 사람이 있다고."

성주읍으로 모여든 사람들은 "임순분이 왜 없느냐?"며 임순분을 찾았다.

"전국에서 사람이 모이기 시작했지만 별로 나가고 싶지 않았어. 그때는 내가 나갈 수 있는 아무런 그게 없었어. 그러면서도 나는 나타나지 않아도 마을에서 할매들을 나가게 해야겠다는 생각은 드는 거라. 그래 내가 그런 말을 했더니 할매들은 부녀회장이 안 나가는데 뭔 말이고 하시더라고. 몇 번이나 이장이 찾아와서 내 팔을 잡아당기고 해서 내가 그랬지. 그럼 차 출발할 때 전화하면 간다고."

차를 타고 군청 앞에 도착했다. 혹시나 아는 사람들을 만날까 걱정돼서 군청 앞 나무 옆에서 지켜봤다. 그날 임순분은 여성농민운동에 매진했던 기억을 떠올렸다. 자신의 인생을 바꿔 놓은 일이었고, 아픈 기억이기도 하던 일들이 고스란히 떠올랐다.

"예전의 나였다면 사드가 불법으로 들어오고 한 상황에서 맨 앞에 나가서 주민들을 추동했을 거야. 그런데 나는 정작 나무 옆에 숨어서 불빛도 없는 곳에서 집회하는 장면을 지켜봤어. 그런 나 자신이 참 초라하더라고."

여성농민운동을 누가 등 떠밀어서 한 일이 아니었고, 내 권리를 찾는 일이라고 생각해서 스스로 몰입했던 일이었다. 현장 조직 운동부터 시작해서 전여농 회장을 하면서 몸에 익혀 온 것들이 꿈틀거렸다. 집회의 순서며, 발언하는 사람들의 진정성, 자세들이 하나씩 눈에 들어왔다. 그냥 가볍게 보이지 않았다.

"여성농민운동은 내가 지우고 싶어도 지울 수 없는 하나의 역사 아니었을까. 만약 내가 여성농민운동을 하지 않았다면 다른 사람들처럼 편하게 살았겠지. 아마 여기 사드 반대하는 사람들한테 손가락질했을지도 모르지."

임순분은 여성농민운동 아니었으면 아마 소성리 평화운동에 앞장서는 일도 없었을 거라고 했다. 지우고 싶지만 지울 수 없는 건 삶의 DNA가 운동가였기 때문인지도 모른다.

2020년 초, 전여농에서 30주년 기념식에 초대한다는 전화를 한 통 받았다. 가야 하나 말아야 하나 고민이 많았다. 한동안 잊고 지냈던 기억들이 또다시 마음을 흔들었다. 언젠가 활동가 박성자로부터 잘 계시냐는 안부 전화를 받은 날도 꼬박 밤을 새운 일이 있었다. 30주년 기념식에 참석하기로 했다. 보고 싶은 사람들 때문이었다.

"내가 갔었던 거는 나랑 같이 순수하게 했던 사람들이 보고 싶었어. 늘 편하게 대했던 박남식, 이종옥, 가여농 활동하면서 만났던 김영자, 임봉재, 한한순… 다 생각이 나더라고."

기념식에서 역대 회장단들에게 공로패가 하나씩 증정됐다.

"받긴 받았는데 지금까지 그 상을 들여다보지 않았어. 내 속마음이 편하지 않은 것도 있지만 전임 회장으로서 후배들을 지지해주지 못했던 것이 미안한데 내가 이런 걸 받는다는 게 마음이 편치 않았지."

임순분은 본인 입으로 전여농 회장이라는 말을 하지 않는다. 사드 반대 투쟁으로 찾아온 사람들과 이야기할 때나 언론과 인터뷰할 때도 소성리 부녀회장이라고 말한다. '임순분' 석 자도 말하지 않을 때가 많다. 그런데 알음알음 임순분이 '여성농민운동가'였다는 사실이 알려졌다.

"많은 사람이 역시 전여농 회장이다. 전여농 활동가다웠다. 이런 말들을 하는 거야. 어딜 가나 자꾸 연결되니까 아, 내 뿌리는 전여농이었구나 이런 생각을 나도 하게 되는 거지."

사드 반대 투쟁은 한동안 어두운 기억 저편에 묻어두고 있었던 일들을 아프게 돌아보게 했지만, 한편으로는 피하지 않고 그 기억들에 직면하면서 '임순분, 괜찮아'라며 자신을 토닥일 힘을 주었다.

6개월을 뒤에서 지켜만 보다가 2017년 봄에야 본격적으로 사드 반대 투쟁에 결합한 임순분은 보수 쪽 집회에 참석한 사람들로부터 쌍욕도 듣고, 머리 바로 앞에서 오줌을 누던 사람 때문에 몇 개월을 우울증 치료를 받았다. 우울증 약을 먹은 날은 몸이 무기력해져서 몸을 똑바로 세울 수도 없었다. 그러다가 사드 장비 들어오는 날에는 정신을 차리고 집회 나가서 온몸으로 막아서다가 집에 돌아와서야 쓰러졌다.

"딸이 하는 말이 엄마는 엄청나게 강한 사람이고, 경찰한테 소리도 잘 지르면서 왜 힘들면 힘들다고, 아프면 아프다고 말을 하지 않느냐고 하더라고."

전여농 회장을 할 때나 소성리 사드 반대 투쟁을 하면서 임순분은 아프거나 못마땅한 게 있어도 차마 말을 다 하지 않았다.

"나 한 사람 참으면 되는데 다른 사람들이 흔들리는 걸 보는 게 더 힘든 일이지."

마지막까지 소성리를 지키는 사람

임순분은 요즘도 매일 아침 여섯 시면 하루도 빠짐없이 마을 회관 앞으로 간다. 사람들 모으고, 집회에서 발언도 하고, 저녁에는 할매들과 매일 마을회관 마당에 앉아 행여나 야밤에 들어갈지 모를 공사 차량과 유류 차량, 미군 차량을 지킨다.

2021년 6월 소성리 사드 반대 투쟁 선봉에 선 임순분.

국방부가 2016년 9월 30일 애초의 사드 배치 기지로 발표한 성주읍 성산포대에서 성주군의 최북단 소성리를 사드 배치 지역

으로 최종 발표했을 때 정치인, 공무원, 관변단체 대표 등 토착
세력들이 참여하던 성주 사드반대투쟁위원회(1기 대책위)가 이
탈했다. 현재는 소성리와 인근 마을 주민들로 구성된 성주군 사
드반대 주민대책위원회 중심으로 매주 화요일, 목요일 아침 집회
를 한다. 원불교, 기독교, 천주교, 그리고 타지에서 오는 평화 시
민들 40~60명이 모인다. 참가자들이 처음보다는 줄어들었지만
밀도 높은 상호작용과 실천으로 평화운동이 이어지고 있다. '사
드 배치에 최적지란 없기' 때문이다.

"나는 사람들과 어우러져서 한 걸음 한 걸음 같이 걷는 소성
리의 마지막 사람으로 끝까지 남아, 사드 뽑아내는 게 꿈이야.
주민들하고 봄이면 산으로 들로 다니면서 쑥 캐고 고사리 뜯고
산나물 뜯으면서 살고 싶고, 가을이면 도토리 주워 묵 쑤어 먹
고, 송이 채취하면서 살고 싶어."

그의 작은 꿈은 이제 '평화'가 되었다. 자신이 원하는 삶의 방식
대로 일상을 유지하는 것, 그것이 평화로 가는 길이고, 곧 평화다.

몇 년을 함께 사드 반대 투쟁을 하던 사람들은 입을 모아
말한다. 소성리의 임순분은 진정한 운동가고, 겸손함과 지혜
로움으로 소성리 평화운동을 이끄는 사람이라고.

이정옥 무안

무안군 의료보험여성대책위원장으로 시작해 1989년 12월 전국여
성농민위원회 초대위원장으로 선출됐다. 여성농민 조직화에 대해
'분파주의'라고 딴지 거는 남성 동지들을 뚝심 있게 돌파해냈다.
16년 동안 농업법인 '행복한 고구마'를 이끌며 농민운동과 유기농
업인으로 고구마꽃 같은 삶을 살고 있다.

깃발을 들면
지지 않았다

"상자 안 고구마는 씨앗, 상자는 밭 두둑, 상자를 뒤덮은 잎, 상자에 고구마 일생이 담겼네요."

'행복한 고구마' 상자 감상평이 '구슬 서 말 꿰어내듯' 술술 이어진다. 고구마 창고 지으러 들른 디자이너는 상자만 보고도 이정옥 대표의 마음을 꿰뚫는다.

"그러고 보니 상자에 그려진 고구마잎으로 고구마밭이 온전하게 표현된 작품이 되었네요. 상자 속 고구마가 두둑 속 고구마였던 거예요!"

이정옥 대표 머릿속에 와글거리며 떠돌던 단어들이 '고구마 일생' 한 문장으로 정리되니 역시 전문가 안목은 다르구나 싶다.

'행복한 고구마'는 이정옥 대표의 일생이다.

자작 3만 평, 소작 6만 평 등 총 9만 평의 무안 황토 땅에 남편 김용주 씨와 유기농 고구마를 심고, 가꾸고, 캐고, 판매하는 이정

옥 대표는 '여성농민운동사(史)'와 '유기농 고구마사(史)'에 있어서
자타공인 '최초'와 '처음'이다.

전국여성농민운동총연합(이하 전여농) 초대 회장, 무농약 고구
마 1호, 고구마 유기농 인증 1호가 이정옥 대표 이름 앞에 붙는
수식어다. '여성농민운동가이면서 유기농 농사꾼'으로 인정받을
때가 가장 좋다는 '행복한 고구마' 대표 이정옥은 개척자다.

열 남자 부럽지 않은 여자

무안은 양파, 마늘, 고구마, 배추, 무, 고추 등 특용작물을 재
배하는 농가가 많다. 일제강점기 물관리를 위해 만들어진 농지개
량조합이 농민 위에 군림하며 횡포를 부리자 농민들은 조합비를
부당세금으로 부르며 수세를 거부했다. 부당세금은 갑류농지세
인 수세에 그치지 않고 특용작물로 분류된 밭작물에도 을류농
지세를 부과했다.

농경사회에서 논과 밭이 부의 상징이었는지 몰라도 산업화를
거치면서 농촌과 농업은 도시의 그림자에 지나지 않았다. 싼 임
금을 유지하기 위해 값싼 농산물이 필요했고, 땀 흘려 지은 농산
물 가격은 제값 받기 어려웠다. 대량생산을 위한 비료와 농약, 농
기계 사용료를 메꾸기도 어려워 농가 부채로 시름겨운 농민들이
늘어갔다. 게다가 논농사에 절대적으로 필요한 물과 한 푼이라
도 더 벌어보겠다고 심은 밭작물에 갑류, 을류 서열까지 매겨 세

251

금을 붙이니 농민들의 불만이 목전까지 차고 넘쳤다. 수입농산물은 쏟아져 들어오지, 농산물 가격은 폭락하지, 농사를 지을수록 떼어가는 세금은 늘고 빚만 늘어나니 젊은이들은 탈농하여 값싼 임금노동자로 도시 한켠으로 밀려났다.

1983년 전남 무안군 현경면 용정리 1구에 부과된 을류농지세 납부고지서를 받아 든 농민들은 농지세가 과다하게 인상되자 면사무소를 찾아갔다. 담당 공무원이 기간이 지났다며 이의신청을 받지 않자 용정리 주민들은 을류농지세를 내지 않고 버티기로 했다. 시간이 지나면서 관청의 압박을 견디지 못하고 한 사람 한 사람씩 을류농지세를 냈지만, 주민 한 명이 105,000원의 을류농지세를 내지 않고 버텼다. 그랬더니 담당 공무원이 을류농지세를 67,500원으로 깎고 가산세 10퍼센트를 추가하여 74,250원으로 수정한 고지서를 발급했다. 세금이 공무원 마음대로 '줄었다 늘었다' 하는 것을 본 그 주민은 끝까지 세금 납부를 거부했다.

큰딸 은호가 태어난 1979년은 정옥 씨가 농민운동에 관심을 갖게 된 을류농지세 거부 운동이 일어난 해이다. 마늘, 양파, 고추, 담배 등 특용작물에 부과된 을류농지세 납부 거부 운동이 무안에서도 시작됐다. 무안군 현경면 용정리 1구 새터 마을에서도 기독교농민회 청년회 활동을 하던 용정교회 청년회가 을류농지세의 부당성에 대해 교육했다. 마을 사람들은 을류농지세 거부 운동에 참여하고 싶었지만, 한편으론 정부 정책에 반대하는 것이 두려워 눈치만 보고 있었다. 그러는 와중에 "세금을 깎아

주겠다."며 납부를 회유하자 그냥 내자는 사람들이 생겨나고 마지막까지 버틴 사람은 관청의 집중적인 공격 대상이 되었다. 텔레비전에 차압 딱지를 붙이며 겁을 주기도 했고 회유와 협박이 이어졌다. 이런 상황을 끝까지 버틴 사람은 다름 아닌 정옥 씨 친정아버지였다. 농민운동 하는 남편이 조금 못마땅했던 정옥 씨는 친정아버지가 부당농지세의 당사자가 되자 자연스레 농민운동 곁으로 한 발짝 다가갔다.

친정집 텔레비전에 차압 딱지를 붙여 가져갔다가 다시 되돌려주는 헤프닝이 벌어지고 군청 세무계장이 마을에 와서 사과하기에 이르렀다. 그러나 막상 자리가 마련되니 마을 사람들은 인사만 나눌 뿐 중요한 사안에 대해 꿀 먹은 벙어리처럼 입을 다물고 있었다. 지켜보다 답답한 정옥 씨가 한마디 했다.

"부당한 을류농지세로 마을 사람들끼리 서로 이간질하고 일제강점기 때처럼 압류 붙여 물건을 가져가는 행위는 농민을 무시하는 처사가 아니오? 사과하러 오셨으면 얼른 사과하시오!"

사과하러 온 담당자인 세무계장은 다름 아닌 남편 김용주의 사촌 형으로 제수씨의 저돌적인 말에 그만 얼굴이 빨개지고 말았다. 무안군은 친인척 관계인 공무원을 마을로 보냈고, 입장이 곤란해진 마을 사람들을 '꿀 먹은 벙어리'로 만들었지만 정옥 씨의 당당한 사과 요구는 분위기를 반전시키기에 충분했다.

마침 그 자리에 있었던 배종렬 전국기독교농민회장은 공무원들이 돌아가자 "오늘 아무도 말을 못했으면 우세 살 뻔했는데 이정옥 씨가 똑 부러지게 따져서 그나마 다행"이라며 정옥 씨를 '열 남자 안 부러운 여자'라고 추켜세웠다.

'열 남자 안 부러운 정옥 씨'를 발굴한 배종렬 회장의 추천으로 정옥 씨는 아이를 둘러업고 1980년 1월 이화여대에서 열린 여성교육에 참여했다. 이화여대에서의 교육은 정옥 씨 생각을 바꿔 놓았다.

"미국이 준 밀가루는 다람쥐 꽃신이더라니까! 밀가루에 길들여 신발 없이 살 수 없게 만든 것을 알고 나니 화가 나더라고."

유신 교육의 수혜자였던 정옥 씨는 그동안 우방으로만 알고 있었던 미국의 실체를 알아버렸다. 김진주, 김상희[20] 씨 등 교육을 준비하고 참여한 모든 사람의 환대와 존중, 배려 속에 진행된 교육은 정옥 씨에게 '인간 대접이란 이런 것이구나' 하는 느낌을 주었다. 이후 여성농민회 활동을 하면서도 교육 시간만큼은 '여성농민'의 자존감을 높이기 위해 애썼다. 교육을 마치고 서로 준비해 온 밥 한 끼를 나누면 동지애가 절로 생겼다. 1970년대부터 농민운동을 해온 남편을 말리지는 않았지만 무언가를 반대하는 운동 방식이 그다지 맘에 들지 않았던 정옥 씨는 교육을 받고 난 후 적극적인 농민운동가가 되었다.

"내가 본래 말을 잘 들어. 교육을 받았응께 알려야 된다고 생각한 거야. 숙제 안 하면 마음이 불편한 것처럼 농민운동, 여성운동은 꼭 해야 하는 일이 되었지."

---

20 김진주 씨는 노동자 시인으로 알려진 박노해 씨의 부인이었고, 김상희 씨는 21대 후반기 국회부의장을 지낸 현직 여성 정치인이다.

달라진 정옥 씨는 을류농지세의 부당함을 알리기 위해 아이 둘러업고 달력 뒷장 찢어 만든 차트 옆구리에 끼고 마을을 찾아다니며 부지런히 여성농민을 만났다.

아는 것을 나누니 힘은 들어도 신이 났다.

의료보험증 반납할라요

1988년 1월부터 농민에게도 의료보험증이 발급됐다. 의료보험료 고지서를 받고 보니 재벌그룹 회장보다 농민에게 부과된 보험료가 2배 이상 높았다. 의료보험료 액수만 보면 농민들이 재벌 부럽지 않다는 자조 섞인 농담이 떠다녔다.

정부 보조금이 공무원은 50퍼센트, 농민은 25퍼센트로 반 토막인 반면, 땅·집·농기계 등 온갖 재산과 식구 수까지 더하니 농민들에게 부과된 의료보험은 여느 직장인, 여느 재벌보다 높을 수밖에 없었다. 사회보장제도는 부유층에게 더 많은 세금을 거둬 사회적 약자에게 보장이 가 닿도록 하는 소득재분배와 경제적 평등이 목적임에도 오히려 농민들에게는 부당한 세금만 추가된 셈이었다.

정옥 씨는 부당한 농어민 의료보험제도 시행 초기에 문제를 바로잡아야 한다고 생각했다. 제도가 굳어지면 되돌리기 어렵다. 마음이 급하니 기획, 교육, 조직, 홍보, 투쟁까지 여성농민들이 일사천리로 해나갔다.

255

1988년 1월 22일 무안 유월리를 시작으로 용정, 수양촌 등 5개 마을, 2개 교회에서 의료보험 교육을 실시했고, 부녀회 중심으로 마을별로 의료보험거부대책위원회를 구성했다. 마을별 대책위원회는 자체적으로 면사무소와 군 의료보험조합에 '의료보험료납부고지서'를 반납했다. 2월 전남 무안군 몽탄면, 현경면, 운남면, 해제면 등의 여성농민 17명은 무안군 의료보험여성대책위를 조직하고 1988년 2월 10일 무안 시장 공터에서 현행 의료보험제도 개선을 위한 무안 여성농민대회를 개최했다.[21]

A부터 Z까지 여성농민들 스스로 조직하고, 준비하고, 치르는 첫 투쟁이었다. 대회장 주변은 아침 일찍부터 경찰들로 둘러싸였다. 무안 여성농민 200여 명이 참가한 가운데 11시부터 시작한 '무안 여성농민대회'는 대회사, 경과보고, 농어촌의료보험제도의 문제점과 개선방안에 대한 강연, 현장의 소리, 성명서 발표의 순으로 진행되었다. 이날 행사에서 여성농민들은 국가부담금을 늘려 농민실정에 맞는 의료보험료 책정과 의료보험 통합, 진료 기관과 지역의 재설정 등을 요구하며 의료보험료 강제징수에 맞서 끝까지 납부거부 투쟁을 이어갈 것을 선언했다. 행사를 마친 여성농민들이 노래를 부르며 사거리에서 군청까지 행진하자 경찰들이 막아섰다. "그럼 자리에 앉아서 연좌 농성 합시다."라는 정옥 씨 제안에 여성농민들이 '선' 자리에 '앉기' 시작했다.

"앉아서 노래를 부르고 있으니까 경찰 쪽에서 협상이 들어 오

---

21 엄영애, 《한국여성농민운동사》, 나무와숲, 2007, p.380~381.

대. 그래서 사복경찰들까지 물러가면 연좌를 풀겠다고 했더니 싹 빠져 불드만."

정옥 씨와 여성농민들의 사기는 높아졌고 그길로 의료보험조합으로 가서 한 명씩 의료보험을 반납했다. 의료보험증을 반납하고 나오던 마을 여성이 정옥 씨를 붙들고 "의료보험증 줘불고 책상을 '탁' 치고 나오는디 오메 통쾌하던 거."라며 가슴을 활짝 펴 보였다.

무안 여성농민들이 시작한 의료보험 투쟁은 전국으로 확산되었고, 1989년 2월 임시국회에서 '통합의료보험법안'이 통과된다.

고속도로 연좌농성

정옥 씨는 데모하다 경찰에 막히면 "도로에 앉읍시다."라며 여성농민들을 자리에 앉혔다. 그리 격렬해 보이지도, 힘들여 싸우는 것 같지도 않지만 성과가 큰 투쟁이 연좌농성이다. 연세 지긋한 엄마뻘 여성농민들이 "아이고 다리도 아프고 앙거서 지둘릴라요." 하고 앉아버리면 '끌어낼 수도, 그냥 둘 수도 없는' 경찰에게는 고약한 투쟁이다.

한번은 수양촌 여성농민운동가 고송자 씨가 고구마밭에서 일하던 정옥 씨를 급히 호출했다.

"아마도 서울에 농민대회가 있어서 마을 여성들과 함께 가려고 하는데 경찰이 길목을 막고 있었나 봐. 봉고차 한 대 몰고 어디로 오라는 거야."

　정옥 씨 덕에 여성농민운동에 들어선 고송자 씨 호출에 호미 던지고 달려가 경찰에게 발 묶인 여성농민들을 태우고 무안공항을 한 바퀴 돌아 함평천지휴게소까지 냅다 달렸다. 농민대회를 위해 상경하는 차량을 고속도로 입구마다 경찰이 막아서자 정옥 씨는 "내립시다. 연좌합시다."라며 상행선 고속도로 전차선을 막아버렸다. 경찰은 공무집행방해라며 협박했지만 "이것이 농민들 공무고, 공무를 막는 건 당신들이다."라고 외려 호통쳤다.

　여성농민 십여 명이 도로를 막고 앉으니 길이 막혀 성이 날 만도 한 운전자들은 되려 "잘하요.", "기다릴 테니 끝까지 해보씨요."라며 응원을 보냈다. 급기야 경찰 헬기까지 뜨고 늘어선 차량이 길어지니 경찰은 마지못해 길을 터줬다. 정옥 씨의 연좌농성이 또 한 번 빛을 발했다.

이정옥과 고송자

"수양촌에서 고추 싣고 현경농협에 데모하러 갈라는디, 정옥이 니가 사회 좀 봐야 쓰것다."

　1988년 고추값이 800원까지 떨어지자, 고춧대에 매달린 채 말라버린 고추들이 떨어져 밭은 붉게 물들고 농민들 속은 까맣게 탔다. 고추는 겨우내 모종 키워, 봄에 심어, 여름내 따고 말려, 가을에 판매하니 1년 내내 여성농민들이 손타고 애태워가며 키워낸다. 고추 팔아 아이들 학교도 보내고 농약값, 비룟값 내야 하는데 한 해 농사 망치게 되었으니 책임지라고 수양촌 여성농민들이 고추 싣고 처음으로 데모하러 가는 날이었다.

당시 고추 수매가격 한 근에 800원이었다. 고추값이 끝없이 추락한 원인은 정부의 고추 수입이 원인이었다. 고추값이 몇 년 동안 오르락내리락 요동쳐도 대책 하나 내놓지 않던 정부는 농산물 흉작이 되면 '보상'보다 농산물 '수입'에 열을 올렸다.

고추는 집에서 먹을 만큼만 농사짓는 정옥 씨는 그날도 십여 명 놉[22]을 얻어 마늘밭을 매던 참이었다.

"내가 농민운동 하자고 먼저 꼬셨응게 어쩌것어? 농협으로 달려가서 수양촌 고송자 언니랑 마을 여성들의 첫 집회 사회를 봤지."

이날 집회 후 12월 5일부터 한 달여간 벌어진 무안 고추 투쟁은 '전량수매'라는 승리를 거뒀지만, 투쟁 기간 중 교통사고로 사망한 농민회원 농민장례식을 앞두고 경찰이 백골단을 투입했다. 주로 집회 사회를 맡았던 정옥 씨가 주동자로 찍히면서 경찰이 '저년, 이놈'을 지목하고 들이닥쳐 정옥 씨 부부 등 무안 농민회원 22명을 광주 서부경찰서로 연행했다.

"경찰이 부부 있으면 나오라고 하대, 우리 부부가 나서니 유치장 하나를 배정해 주더라고."

서부경찰서의 '배려'로 유치장에서 부부 독방을 배정받았지만,

---

22 '일꾼'을 이르는 전라도 사투리.

같이 연행된 농민회원들이 "아따 여기 넓고 좋구만."이라며 너스레 떨며 들어와 버려서 '부부 독방' 차지는 무산되고 말았다.

'연행자를 석방하라'는 농민회원들의 투쟁으로 연행자들은 다음 날 모두 풀려났다.

1984년 해남읍교회에서 열린 교육에서 강사와 교육생으로 만난 두 사람은 후에 걸출한 여성농민운동가로 성장한다.

"고송자 언니네 마을 사는 청년 농민운동가 박진우 씨가 의식도 좋고 기대되는 사람이 있어 교육에 보내겠다고 하는 거야. 큰 재목이 될 거라면서."

1980년 초부터 기독교농민회 활동을 하고 있던 정옥 씨는 옆 마을에서 해남까지 교육받으러 온 고송자 언니가 반가웠고 고송자 언니는 야무진 말솜씨를 가진 농민운동 선배 정옥 씨가 부러웠다.

'열 남자 부럽지 않은 여자'와 '큰 재목이 될 여자'는 무안이 아닌 해남에서 그렇게 만나 사십여 년이 되어가는 지금도 무안 여성농업인센터를 만들고, 일구며 여성농민으로 살아간다. 마을을 지키는 '고목나무' 같은 '거목'들이다.

여성농민운동은 '분파'가 아니다

1970년대와 1980년대 서슬 퍼렇던 군사독재정권 시절 농민운동의 싹을 틔우고, 자주적 농민운동으로 진화할 수 있었던 바탕은 가톨릭농민회와 기독교농민회였다.

이정옥과 김용주가 만나 사랑을 꽃피웠던 용정교회[23]는 기독교장로회 소속이었고 자연스럽게 기독교농민회 활동가가 되었다. 이정옥은 1984년 을류농지세 투쟁에서 발군의 실력을 발휘하면서 1984년 1월 18일 전남여성농민회준비위원회 위원장을 맡고 기독교농민회 여성농민위원회 위원장에 선출되었다.

1985년 소몰이 투쟁 이후 지역사회에서 인간관계로 얽혀 있던 남성들과 달리 현장에서 비타협적인 투쟁을 경험한 여성농민들은 '여성농민들을 교육하고 조직하는 언어와 방식이 다르고 같은 농민문제라도 여성농민이 겪는 문제가 다르다'라는 젠더감수성[24]에 기반해 여성농민 독자조직의 필요성을 제기하기 시작했다. 여성농민회는 농민운동을 더욱 풍성하고 힘있게 만드는 조직 활동이라고 생각하면서 독자조직을 준비했지만 남성운동가 중심 농민운동 진영의 반대도 만만치 않았다. 기독교농민회는 1984년 12월 여성농민위원회를 만들고 이정옥 씨가 위원장에 선출되자 '분파주의' 논쟁이 확산하는 것을 막기 위해 토론 자리를 마련했다.

기독교농민회 여성농민위원회 회원과 여성농민활동가들을 포함한 12명의 여성농민운동가와 남성농민 지도자 4명은 '기독교여성농민위원회의 위상'을 주제로 1985년 1월 24일 경기도 부천시 소래읍 소재 작은자리 교육원에 모여 열띤 토론을 벌인다.

---

23 용정교회는 후에 용정리와 수양리 마을을 합쳐 양정교회로 명칭을 바꾼다.

24 타고난 생물학적 성과 구별되는 표현으로 사회적으로 형성된 성이 젠더(gender)이고 사회적 성에 대한 이해와 감성을 말한다. 타고난 성으로 인한 차별을 구별하고 설명하기 위해 사용한다.

결연한 의지를 보이기 위해 두루마리 휴지를 풀어 머리에 두른 정옥 씨는 "을류농지세, 부당수세, 수입농산물 반대 투쟁 등을 통해 여성들이 투쟁을 대하는 태도와 생각이 다른 면이 있다는 것을 알게 되었다. 여성 조직은 여성들의 감성과 요구를 끌어내 농민운동 조직을 더 강고하게 만들 수 있다."며 이제는 여성농민이 남성들 투쟁의 뒷바라지가 아닌 투쟁의 주체가 되어야 함을 강조했다.

의료보험 투쟁과 고추 싸움은 여성농민 독자조직 논의의 시작이자 출발이었다. 당시 농민운동을 이끌던 남자들이 외면하던 문제를 붙들고 투쟁을 벌여 여성농민의 힘으로 승리로 이끈 정옥 씨는 여성농민도 앞장설 수 있다는 자신감과 스스로 농민운동을 일구고 싶은 의지가 샘솟았다.

"농민운동이 남녀로 나뉘면 세력이 약화 될 수 있다."며 "농민회 조직 안에 여성의 위상을 강화하는 것으로 충분하다."라고 주장한 농민회 남성 지도자들이 급기야 "학생운동 출신 여성농민운동가들이 저런 생각을 심어줘서 저런다. 기지도 못하면서 뛰려고 한다."라고 비난하자 정옥 씨는 여성농민 투쟁의 경험을 무기로 설득했다.

"농민운동이 남자들이 만들어 놓은 구조 속에 여자들의 능력과 역할의 한계를 규정짓고, 그 틀에 여자들을 맞춰 넣으려 한다. 이제부터는 여성들의 이야기를 듣고 결정하고, 여성농민들에게 더 많은 교육을 해서 조직역량을 강화하겠다."라며 한편으론 설득하고 한편으론 선언했다.

"왜 여성농민 조직을 만드는 것이 분파주의인지 나는 정말 모르겠더라고."

정옥 씨가 강조하는 독자적인 여성농민운동이 필요한 첫 번째 이유는 여성농민들이 겪는 '이중고'다. 여성들은 일단 아이 업고 집에서 탈출하는 것 자체가 투쟁이다. 농민과 여성이기 때문에 겪어야 하는 이중고는 여성농민들의 발목을 잡았다. 남편의 전폭적인 지원이 있었지만 시어머니 눈치 보며 아이 업고 무안에서 안동까지, 전국을 다녀 본 정옥 씨는 남성 농민운동가들의 '분파주의'라는 낙인은 '당사자성'이 빠진 주장으로 들렸다. 당사자로서 현장 경험을 통해 얻은 정옥 씨의 말에는 힘이 실렸다.

여성농민운동은 '생활밀착형운동'이라는 점이 독자적 조직의 두 번째 이유였다.

"남자들은 의료보험을 처음에 투쟁으로 연결하지 않더라고. 의료보험은 생활 밀착형 차별이거든. 왜 공무원과 농민들 지원이 다르고 사회적 약자인 농민들이 더 많은 세금을 내야 하는지 불평등을 피부로 느끼니까 여성농민들이 적극적으로 행동할 수 있었던 거지."

이정옥은 1988년 무안군 의료보험 여성대책위원회 위원장을 맡아 활약했다. 무안 의료보험 투쟁과 고추 투쟁은 전여농 조직화에 좋은 경험과 힘이 되었다. '이중고와 생활 밀착형 여성농민운동론'으로 정옥 씨는 '분파주의'에 맞섰다. 현장 여성농민운동가의 말에는 힘이 실렸지만 1989년 12월 18일 전국여성농민위원회[25]를 띄우기까지 전국 농민운동 진영의 '분파주의' 논쟁은 끊이지 않았다. 그러나 여성농민 이정옥은 깃발을 들면 절대 물러서거나 지지 않았다.

1989년 12월 18일 전국여성농민위원회 결성대회를 열고 이정옥을 초대위원장으로 선출했다. 가운데가 이정옥. ⓒ전국여성농민회총연합

전여농 초대 회장에 선출

오랜 논의와 격론 끝에 1989년 12월 18일 전국여성농민회위원회(이하 전여농)를 창립했다. 대전 가톨릭농민회관에서 열린 역사적인 결성식에는 전국 9개 도, 50여 개 시군 여성농민대표 200여 명이 모였다. 결성선언문이 낭독되고 이정옥은 전여농 초대

25 1989년 12월 18일 결성된 협의체 성격의 '전국여성농민위원회'는 1992년 2월 총회에서 명실상부한 여성농민연합회로 조직을 강화하고 '전국여성농민회총연합'으로 전환한다.

회장에 선출된다. 전여농의 결성은 당시 진행되던 우루과이라운 드를 통한 수입개방을 앞두고 불안해하던 여성농민들이 힘을 모 으는 구심점이 되었다. 사회적으로도 여성농민이라는 새로운 동 력이 밑에서부터 올라옴을 의미했다. 시민사회단체뿐만 아니라 정치권과 해외에서도 축하 메시지가 답지했다. 35세의 젊은 여성 농민 이정옥 회장의 어깨는 무거웠지만 가슴은 벅찼다.

1기 전여농은 조직강화에 힘을 실었다. 여성농민 대중 속에 뿌리내린 여성농민 자주적 조직기반을 만드는 것이 절실했다. '우루과이라운드 협상 거부', '농산물 제값 받기'라는 농민투쟁에 여성농민의 자주적이고 주체적인 참여가 전여농 조직화로 이어 지도록 노력했다.

시어머니와 남편의 지지 속에 여성농민운동을 할 수 있었던 이정옥 회장과는 달리 다른 여성농민회원들은 여전히 밖으로 '나도는' 며느리를 단속하는 시어머니, 남편과의 투쟁이 일상이었 고 농민대회라도 갈라치면 가족들 눈을 피해 도망치듯 집을 나 와야 하는 형편이었다. 농산물 수입개방 전면 자유화라는 시대 적 과제에 전여농은 여성농민 교육과 조직화, 그리고 일상화된 거리투쟁을 통해 조직을 꾸려갔다.

교육과 투쟁, 농사와 집안일로 이정옥 회장은 분신술이라도 해 야 할 지경이었지만 꿈꿔왔던 여성농민에 의한, 여성농민의 조직 을 단단히 만들어야겠다는 생각에 지칠 틈이 없었다. 이정옥 회 장에게는 앎이 곧 실천이었다.

1990년 4월 24일 전국농민회총연맹(이하 전농) 결성으로 전여
농과의 조직적 관계에 대한 논의는 이정옥 회장 재임 기간 내내
주요 의제였다. 전여농은 '마을부터 전국까지'라는 조직적 과제를
내걸고 여성농민 건강교실, 농가 부채 현황조사 등 생활 밀착형
과제를 안고 수입개방반대, 농산물 제값 받기 거리투쟁에 나서야
했다. 투쟁현장의 이중고는 여전히 숙제였다.

저렇게 돌아댕기고 농사는 언제 짓는당가?

24세에 결혼하면서 시작한 농사일은 농민운동을 하면서도, 전
여농 회장을 하면서도 소홀할 수 없었다. 사람과 자연에 덜 해로
운 농사를 짓는 것도 농민운동의 사명이라는 생각에서 시작한
유기농업이었다. 1980년대에는 유기농업에 관한 인식도나 기술,
장비가 지금에 비하면 열악했다. 연구와 실험이 일상이니 경험과
노하우가 수천 년 동안 축적된 관행농에 비해 몇 배 힘들었다.

아내, 며느리, 엄마라는 삼중고에 여성농민 리더까지 더해졌지
만, 농사를 소홀히 하면 도로아미타불이다. 을류농지세, 의료보
험 투쟁, 마늘 투쟁, 고추 투쟁 등 벌이는 투쟁마다 승리의 계단
을 밟았고, 전여농 조직까지 만들자 칭찬과 격려가 쏟아졌다. 사
회를 보고, 연대사를 하고, 토론을 하며 마이크 잡을 일이 많았
던 터라, 이정옥 회장에게 스포트라이트가 집중되었다.

많은 사람의 기대와 칭찬의 말 속에 하루는 "저렇게 돌아댕기

면서 농사는 언제 짓는당가?" 하는 소리가 군중 속에서 튀어나왔고, 그 소리는 이정옥 회장 귀에 천둥소리처럼 꽂혔다.

"농사꾼은 농사로 말할 수 있어야 한다."라는 말이 새삼 사무치듯 다가왔다. 저렇게 말하는 사람들을 농사로 설득하고 싶었다. 한 작목이라도 유기농으로 성공하는 농사꾼, 그것 또한 농민운동이라는 생각이 굳어졌다. 이정옥 회장은 남편이 1970년대 말부터 꾸준히 씨 뿌려온 '유기농 고구마 전문가로 성공하자'고 마음먹었다.

1989~1991년까지 전여농 회장 임기를 마친 이정옥과 무안군 농민회장을 마친 김용주 '회장 부부'는 10여 년을 유기농업 연구에 매달린 끝에 고구마에 관한 한 자타 공인 프로 농사꾼이 되었다. 선정 조건이 까다롭다는 신지식인에 부부가 모두 선정되었고, 남편은 유기농업과 고구마 종자 분야에, 아내는 농산물 유통과 마케팅 분야의 기술을 인정받았다.

'농민운동 그만두고 농사만 짓는다'는 애꿎은 소리가 들리기도 했지만 이정옥 회장에겐 고구마밭이 농민운동 현장이었다. 미뤄두었던 숙제를 하듯 일에 매달렸지만, 몸과 마음은 편했다. 유기농 고구마 농사를 짓는다고 하면 대다수 사람들이 "고구마는 본래 유기농 아니었나요?"라고 되물었다. 이정옥 회장이 1995년 품질관리원에 유기농 고구마를 등록하려고 하니 고구마는 품목에 없단다. 퇴비부터 병해충 잡기까지 건강하고 맛있는 고구마 생산을 위한 과정을 해당 부처 담당관에서 설명하고 설득하면서

1998년 '고구마 무농약재배 1호'로 선정되었다.

땀사구

어린 정옥에게 아버지는 '땀사구'라는 별명을 지어주었다. 심부름을 보내면 오가는 길 들에 핀 꽃과 쟁기 갈던 소도 들여다보고, 하늘과 바람의 소리에 귀 기울이다, 땅 내음을 맡느라 바빴던 어린 정옥은 심부름 시간을 맞추기 어려웠다. 큰딸을 애지중지 어여삐 여긴 아버지는 심부름을 시키자마자 "지금 오냐?"는 농으로 '늦지 말기'를 예습시켜 보지만 대체로 '땀사구'이지 않은 적이 없다. '땀사구 없다'는 관심 두는 게 있으면 다른 건 돌아보지 않는 사람을 뜻하는 전라도 사투리다. 길을 걷다가도 꽃을 보면 쭈그려 앉아 '예쁘다' 말을 걸어야 하니 부부가 함께 가는 교회에 늦기 일쑤였다. 결혼식에도 늦은 정옥 씨는 초지일관 '땀사구'다.

1955년생 정옥 씨는 2녀 1남의 장녀다. 위로 언니가 한 명 있었는데 체한 것을 모르고 치료 시기를 놓쳐 세 살이 되던 해에 죽었다. 그 후 태어난 어린 정옥은 조금만 체해도 엄마 등에 업혀 체 내리는 사람에게 달려가 치료를 받았다. 어린 시절 몸이 약한 탓에 첫 번째 딸을 잃은 부모는 애지중지 모든 사랑을 쏟았다. 정옥 아래로 여동생과 남동생이 생겼다. 정미소를 하던 아버지 사업이 그리 잘 되지는 않았으나 중학교 가던 해 정옥은 목포로 유학 갔다.

목포여중, 제일여고 등 목포에서 알아주는 명문 학교에 다녔지만 교대 진학을 원했던 부모님 바람을 이뤄드리지 못했다. 아버지는 당시 국회의원이었던 "박순천 여사를 봐라. 여자라도 못 할 일이 없다. 다 할 수 있다."라고 정옥을 북돋웠다. 아버지의 교육열과 여성에 대한 개방적인 인식이 부담되기도 했지만, 정옥의 자존감은 한없이 높아갔다. 박정희 정권 시절 중고등학교에서 유신 교육을 받은 정옥이 집으로 오면 김대중 선생 지지자였던 아버지와 이념 논쟁이 벌어지곤 했다. 열 내서 아버지를 설득하는 딸과의 논쟁을 아버지는 즐겼다. '땀사구' 딸이 어느새 커서 아버지와 대거리를 하니 한편 기특했을 것이다. 농민운동을 하는 딸과 사위를 자랑스러워한 아버지는 농민운동 이야기 듣기를 즐기셨다.

엄마는 강직한 분이었다.

"여덟 살쯤, 몇 살 차이 나지 않는 고모랑 나무하러 갔다가 고모가 밭둑에 심어 논 호박 한 덩이를 따왔는데, 엄마가 보자마자 꼭 그 자리에 갖다 놓으라며 우리 둘을 쫓아 보내는 거야."

"도둑질한 음식을 먹일 수 없다."라며 제자리에 갖다 놓을 것을 명령한 엄마의 불호령에 어린 정옥과 고모는 다시 먼 길을 돌아 호박을 제자리에 놓고 오느라 언덕배기를 한참 헤매야 했다. 다른 사람 것을 탐내는 것은 무서운 범죄라는 것을 어린 시절부터 교육받아 온 정옥 씨는 결혼해서도 그릇 하나를 깨도 굳이 시어머니에게 알려 혼쭐이 나곤 했다. 혼자 알면 끝날 일인데 '속인다'는 사실이 내내 마음 불편했다. 눈물 쏙 빠지게 혼나고도 밥이 끓는 정도 시간이면 다시 마음이 고요해졌다고 하니, 엄격했던 엄마의 교육 덕인 듯하다.

"두근거리며 혼날 준비할 때는 힘들었지만 다 말하고 나면 정말 홀가분했어. 오히려 자유로워지더라구. 아주 사소한 일도 가슴에 두지 않았어."

자애로운 아버지와 엄격했던 엄마는 사람을 좋아했다. 사거리에 위치한 친정집은 동네 사랑방이었다. 아버지가 "이리 오소, 한잔하소." 하고 부르면 엄마는 음식을 차려냈다. 사람 좋아하고 음식상 푸짐하게 차려내는 정옥 씨의 큰 손은 부모님을 똑 닮았다.

일곱 살 때 아버지가 생선 덕자를 새끼줄에 끼워 3.5킬로미터 거리의 할아버지 댁에 갖다 드리라는 심부름을 시켰다. 1.5킬로미터 정도는 아버지가 함께 갔지만 나머지 길과 돌아오는 3.5킬로미터를 더해 총 5킬로미터의 심부름도 혼자 척척 해냈다.

"할아버지 집에 갔더니 긴장이 풀려서 피곤이 몰려오더니 잠시 잤나 봐. 할아버지가 밥 먹여 보내려고 불렀더니 이미 가고 없더래."

정옥 씨는 아버지를 생각하면 대형 병어였던 '덕자'를 들고 할아버지 집을 오가던 모습이 흑백필름처럼 흐른다. 영성이 맑았던 아버지는 직장암으로 2년 동안 투병하실 때도 밝으셨다. 64세로 돌아가시기 전까지 엄마에게 수시로 미안하다고 하셨고, 모두에게 고맙다는 말을 많이 하셨다. 그래서인지 아버지의 죽음은 가족 모두에게 편안한 쉼표 같았다. 하늘나라에서 다시 만날 잠깐의 이별 같은 쉼표. 아버지가 주신 사랑과 맑은 영성은 정옥 씨가 어려운 고비를 맞을 때마다 튼실한 동아줄이었다.

'땀사구' 정옥 씨는 여전히 현재를 충실히 산다. 자줏빛 고구마꽃에 말을 걸고, 붉은 고구마 숭어리를 들고 "너 참 잘생겼다." 하며 칭찬을 아끼지 않는다. 붉은 황토의 향기를 맡고, 떠오르는 해와 빨간 석양을 마중하면 하루하루가 행복하지 않을 수 없다. '땀사구'는 아버지의 유산이다.

달빛 데이트

고등학교를 마치고 서울로 올라가 3년이 못 되었을 때, 정옥은 엄마의 편지를 받았다. "시집가면 평생 같이 살지 못할 텐데 보고 싶으니 내려와서 엄마랑 살자."라는 간곡한 부탁이 담긴 편지였다. 서울 생활에 크게 재미를 느끼지 못했던 정옥은 두말없이 1977년 8월 고향 무안으로 내려왔다. 몇 주 지나고 무료해지자 정옥은 어린 시절 다녔던 주일학교를 떠올리며 "교회나 가볼까?" 싶었다. 목포에서 중고등학교 다닐 때 고모할머니 권유로 교회를 다녀서 진즉 마음은 있었으나 오랜만에 교회에 가려니 쑥스러웠다.

망설이던 정옥은 "지난주 교회에 갔던 사람처럼 가보자."라며 마음먹고 나서니 길에서 만난 교인들도 '지난주에 온 사람'처럼 반갑게 맞았다.

"주일학교에 오라."며 적극 권하는 교인들에게 "교회만 조용히 다닐게요."라고 했지만, 첫날 전도사님 말씀에 반한 정옥은 새벽기도까지 챙기며 교회에 빠져들었다.

교회 청년들은 모였다 하면 겨울에 제대한다는 청년 김용주에 대한 이야기가 끝이 없었다. "곧 제대한다지?", "12월에 용주 형 오면 이것저것 해보자", "아, 용주 형 빨리 오면 좋겠다."라는 얘기를 들으며, 초등학교 마치고 고향을 떠난 정옥은 실루엣만 어렴풋하게 기억하는 용주 형[26]에 대한 궁금증이 커지더니 어느새 마음까지 살짝 설렜다.

그가 제대하고 처음 교회 문을 열고 나타난 날 쏟아진 햇빛 탓일까? 용주 형 아우라에 빛이 퍼진다. 후광이다.

"들어오는 순간, 그 사람을 쳐다보는데 내게 뭔 일이 있으려나? 하는 생각이 들더라구."

정옥의 감정은 단순한 설렘이 아닌 용주 형과의 미래가 쏟아져 들어오는 느낌이었다. 좋은 느낌 한켠에 간단치 않을 미래가 그려지는 것은 왜였을까?

두 달쯤 되자 정옥은 '용주 형도 나를 좋아하는 것 같은' 느낌을 받았다. 동시에 '그 마음을 어떻게 알아보지?'라는 고민이 생겼다.

---

26 이정옥은 첫 아이를 낳기 전까지 남편 이용주 씨를 '형'이라고 불렀다. '형'이라는 호칭이 주는 느낌이 감성적이고 편했다. 그러다 첫 아이를 낳은 후부터 '용주 씨'라고 불렀다.

겨울 농촌은 한가했다. 교회처럼 연애하기 좋은 곳이 있을까? 남녀 청년들은 이집 저집 사랑방으로 놀러 다녔다. 하루는 미경이네서 옥자네로 가면서 정옥이 용주 형에게 "형, 나는 옥자네로 갈라네."라며 대놓고 언질을 준 뒤 과연 용주 형이 내말을 알아먹었을지 가슴을 콩닥거리며 기다렸다. 용주 형이 옥자네 사랑방에 10분 만에 나타나는 바람에 두 사람의 호감은 짧고 싱겁게 끝나버렸다. 시골 청춘남녀의 연애는 의외로 로맨틱하다. 자연이 더해지니 말이다. 교회 청년연합회 모임으로 4킬로미터 넘게 떨어진 곳으로 20여 명이 이동하면 정옥과 용주 형은 달빛 따라 손을 '잡았다 놓았다' 숨바꼭질 같은 달빛 데이트를 즐겼다. 달님이 랜턴 노릇을 한 셈이다. 하루는 정옥의 집에 모여 노는데 마침 정전이 됐다. 그 틈을 타서 용주 형은 정옥의 손을 꽉 잡았고 그 손은 크고 듬직했다. 달빛 데이트보다 더 짜릿한 정전데이트라니….

연애가 깊어지면서 불안하고 두려움도 커갔다. 정옥은 부모님을 어떻게 설득할지 걱정이 컸다.

"이 사람을 배신하면 안 될 것 같았어. 결혼 앞에 큰 파고가 올 것 같아 두렵지만 사랑보다 의리를 지켜야 한다는 생각이 더 크더라고."

9남매에 홀어머니를 모시는 가난한 농사꾼 용주 형과의 결혼을 부모님은 당연히 반대했다.

1978년 4월 임신한 정옥과 용주 형은 서울로 도망갔고, 그해 11

월 아이 낳으러 용주 형네 집으로 내려왔다. 아이만 낳고 다시 서울로 올라가려고 했는데 농사일을 하면서 세상 밝게 웃는 남편의 모습을 보고 정옥은 고향 땅에서 농부로 살기로 마음먹는다.

첫딸 은호를 낳고 1년 반 만에 친정에 들른 정옥은 마르고 백발이 성성해 십 년 먼저 늙어버린 아버지 앞에 엎드려 한참 울었다. 용주 형을 받아들인 아버지는 사위를 아들처럼 아끼셨다.

부부의 중매쟁이는 하느님

17세부터 농민운동을 한 모태 신앙인 용주 씨는 단단하고 수줍음 많은 농촌 청년이었다. 교회에서 청년 기독교농민회 활동을 시작한 용주 씨는 군대에서 영성체험을 했다.

"기도하는데 늘 봤던 풍경이 갑자기 너무 아름다웠어요."

군대처럼 살풍경이 있을까? 유신 서슬 퍼렇던 1970년대 군대니 오죽했을까 싶은데 기도의 힘은 달랐다. 기도 끝에 내 몸 밖에서 나를 쳐다보고 있는 임사체험을 하면서 '신이 나를 사랑한다는 것'을 느낀 용주 씨는 그때부터 자신감이 붙었다.

"수줍음이 많아 다른 사람과 대화하는 것도 어려웠는데 영성체험 이후 자신감이 생겨서 연애도 할 수 있었어요. 그전의 나였으면 여자와 손잡고 이야기하는 짓은 못했을 거예요. 하하."

그러고 보니 부부의 중매쟁이는 하느님이다.

농촌활동 온 대학생들과도 이야기가 통하니 농민운동도 신이 났다. 목소리가 좋은 용주 씨 노래는 기타 치는 솜씨와 곁들여 일품이다. 교회에서 찬양할 때면 더 빛났다. 신앙과 농민운동을 하나로 받아들인 용주 씨는 청년연합회 활동을 열심히 하면서 농촌청년 리더로 성장했다.

결혼 후 용주 씨는 농사지으면서 광주로 목공을 배우러 다녔다. 1980년 5월 19일 살벌했던 광주 상황으로 북동성당에서 열릴 '함평고구마투쟁 1주년 기념대회'가 급히 취소되었다. 기념대회 참석하고 목공학교 수료증 받으러 광주로 길을 나선 용주 씨는 기념대회가 취소되자 양동시장에 있는 목공학교에 가려고 버스를 탄다. 이미 광주는 군인들에 의해 통제되었고 쇠 곤봉을 든 군인에 의해 누구든 머리가 깨져도 이상하지 않은 살풍경이었다. 용주 씨 가방에는 기독교농민회 간부가 맡긴 자료가 있었다. 군인들에게 들키면 불온서적 소지자로 찍혀 잡혀갈 것이 뻔했다. 버스는 금남로까지밖에 운행하지 않았다. 버스에서 내리니 정류장에 아이 손잡고 있던 젊은 엄마를 군인이 곤봉으로 때리자 용주 씨는 참지 못하고 소리를 질렀다.

"그 젊은 엄마가 내 또래였나 봐. 용주 씨가 마치 내가 군인한테 맞는 것 같아서 자기도 모르게 소리쳤다고 하더라고."

용주 씨가 "저 새끼 잡아라."라고 소리치며 군인에게 뛰어가자 근방에 있던 광주시민들도 소리를 지르며 달려들었다. 그러나 바로 무장한 군인들에게 쫓겨 가게로 뛰어들었지만, 겁에 질린 가게 주인은 용주 씨를 밀어냈다.

    무차별 곤봉 세례를 안긴 군인들은 피투성이가 된 용주 씨와 여기저기 얻어터져 피로 곤죽이 된 광주시민들을 속옷만 입힌 채 트럭에 싣고 31사단으로 이송했다.

    5월 광주항쟁기념일이 다가오면 속옷만 입은 피투성이 청년의 두 다리를 군인들이 질질 끌고 가던 TV에 비친 모습 그대로였다. 피투성이인 채로 의사와 만난 용주 씨가 끙끙 앓기만 할 뿐 아무 소리도 내지 않자 의사는 아플 텐데 소리라도 치라며 안타까워했다. 용주 씨를 치료한 의사는 '전신타박상' 소견으로 광주통합병원에 입원시켰다.

    의사 덕분에 치료도 받고 기록도 남아 1997년 12월 17일 '5·18 광주 민주화운동 관련자 보상 등에 관한 법률'이 제정되면서 보상금을 받을 수 있었다. 광주항쟁 부상자협의회는 보상금으로 주택조합을 만들어 금호아파트 한 동을 지었다. 용주 씨도 부상자 12등급으로 분류되어 연립주택 한 채를 받았다. 몇 년 후 부부는 당시 집을 팔아 마련한 6천만 원을 농민운동가, 민주화운동가 10여 명에게 나눴다.

    "우리는 살 만하니까 더 어렵게 살면서 운동하는 사람들과 나누고 싶더라고."

    그제야 부부는 광주의 쓰린 기억에서 빠져나올 수 있었다.

    '행여나 집값이 오를까?' 신경 쓰던 것도, 도시로 향할지도 모를 마음도, 완벽히 차단하고 부부는 오직 농사에만 전념했다.

고구마 명인과 꿈꾸는 농부

"유기 농사에서 굼벵이를 어떻게 죽이는 줄 아요?"

굼벵이는 농사짓는 이들에게 천적이다. 상품의 등급을 달리하고 수입과 직결되기 때문에 굼벵이를 잡는 농약이 물론 따로 있다. 그러나 유기 농사는 천적을 이용한다.

"일기예보에 영하 5℃ 이하라고 뜨면 새벽같이 밭에 나가서 땅을 갈아엎어 버려, 땅속의 굼벵이가 다시 땅속으로 가는 데는 느려터져서 시간이 걸리니까 결국 얼어 죽어버리제."

굼벵이 천적은 영하 5℃의 추운 날씨다. 진딧물은 월남고추 우린 물과 비눗물, 쌀뜨물 등을 이용하거나 천적인 무당벌레 등을 이용해 방제한다. 바람결에 비 오는지 알아차리고, 흙냄새에 작물 심을 날을 받을 줄 알아야 진짜 농사꾼이다. 부부는 해마다 재배포장에 새로운 황토를 넣고 멸치액젓에서 추출한 부산물에 쌀겨, 깻묵, 숯 등 천연자재만을 사용한 유기질 퇴비로 건강한 땅을 만들었다.

멸치액젓 찌꺼기는 '행복한 고구마' 농장의 특별한 퇴비다. 유기순환농법을 하고 싶었지만 축산업을 하지 않아 마땅한 양분이 없던 차에 우연히 구하게 된 멸치액젓 찌꺼기에 왕겨를 섞어 발효시켰다. 악취가 나던 시기를 거치니 어느 날 신선한 찌꺼기에서 구수한 향이 나는 것을 보고 황토를 넣어보자 싶었다. 1년 정도 발효시키니 하얀 곰팡이가 핀 흙 누룩이 되었다.

'행복한 고구마' 농장에 '고구마연구소'를 만든 부부는 고구마에 대해 연구하고 개발하고, 활용하기를 반복하며 최상의 고구마를 생산해 냈다. 용주 씨는 2011년 전라남도로부터 '유기농명인' 인증을 받았다.

정옥 씨는 오늘에 충실한 '꿈꾸는 농부'다. 밭으로 가는 길가에 핀 나리꽃이 자리 잡았는지 살피고 황칠나무도, 수국에도 인사를 건넨다. 손으로는 삐죽이 올라오는 바랭이 풀을 뽑아내고 발로는 뜯어놓은 검불을 걷어내며 온몸의 오감을 열어젖힌다.

같이 길을 걷는 이는 한곳을 보고 속도를 내지 않아 속 터질 일이지만 정옥 씨의 영혼은 이미 밭 한가운데다.

정옥 씨의 오지랖과 상상력은 '행복한 고구마'의 원천이다. 고구마 숭어리를 캐다가도 체험프로그램을 굴리고, 고구마데이 음악회 그림을 그린다. 3년 만에 여는 음악회니 더 근사해야 한다.

햇빛, 달빛, 별빛이 키우고, 나는 조금 거든 것뿐이라는 꿈꾸는 농부 정옥 씨와 고구마 명인 용주 씨가 만들어 낸 고구마가 어찌 행복하지 않을 수 있을까?

'행복한 고구마' 총괄이사 이정옥

2022년 1월 말 인터뷰를 위해 찾아간 '행복한 고구마' 사무실은 겨울 햇살 가득 담은 카페 같았다. 어느새 농장 일원이 된 큰딸 은호 씨는 한 살배기 딸을 어르고 달래며 3년 묵힌 효소 히

비스커스를 내놓는다. 빨간 차 히비스커스와 샛노란 군고구마가
냄새와 비주얼로 침샘을 자극한다.

10년 넘도록 백화점과 친환경매장 판매 1순위를 놓치지 않고
홈페이지 직거래 8천여 명이 찾는 고구마는 역시 달고 찰졌다.
판매되고 있는 고구마 중 '달수고구마'는 "이렇게 달수가?"에서
따왔다니 작명 센스도 만점이다. 재작년 편의점에서 내놓은 겨
울 상품 군고구마가 대박 나면서 삭막한 도시의 겨울을 구수하
게 달구었다는 이야기를 기사로만 접했는데 얼린 군고구마 실물
을 영접하는 순간이다. 게다가 유기농 고구마계의 BTS '행복한
고구마'라니….

30여 년 동안 유기농 고구마를 싹 틔우기 위해 고군분투했던
새터 농장에서 2007년 바다를 품은 지금의 곡지 '행복한 고구
마' 농장에서의 15년까지 45년은 이정옥, 김용주 고구마 명인과
유기농 고구마의 역사이다.

농사를 참말로 좋아했던 천상 농민 남편 용주 씨가 있었기에
가능하기도 했지만 꿈꾸는 농부 정옥 씨 없이는 해낼 수 없는
일이었다.

결혼한 지 40여 년이 넘은 이 부부의 호칭은 처음처럼, 정옥
씨와 용주 씨다. 평등하고 친근한 부름이다.

정옥 씨가 내민 명함 속 직함은 과거이자 현재이고 미래다. 부
모님의 사랑과 총애를 듬뿍 받은 딸에서 용감한 결혼을 이뤄낸
용주 씨 아내로, 세 아이 엄마로, 며느리로, 여성농민운동가로,

유기농 농부로 살아낸 세월이 압축된 명함 한 장은 정옥 씨의 증명사진 같다.

1985년 남편 용주 씨가 유기농사를 시작했을 때 '저 큰 밭을 농약 없이 어찌 김매고, 벌레잡을 꺼나?' 걱정이 사무쳤지만 용주 씨가 트랙터로 밭을 가는 동안 정옥 씨는 경운기로 퇴비를 뿌리기 시작했다.

"내가 고구마를 참 좋아했어."

엄마는 어린 정옥이 맛나게 먹는 것을 보려고 조금 일찍 고구마를 수확해서 제일 먼저 쪄주면서 "너 고구마 먹는 거 보고 자파서"라고 말씀하시곤 했다. 기독교농민회에서 진행한 유기농업 교육에서 포도냐, 고구마냐를 놓고 고민할 때도 정옥 씨가 좋아하는 고구마가 일 순위였다. 물론 무안의 황토와 해풍은 더할 나위 없는 충분 조건이었다.

기독교농민회에서 알게 된 장성 한마음공동체 남상도 목사님이 건네준 '수'라는 고구마 품종을 만나 1만 평, 2만 평의 대규모 농사를 지으며 성공과 시행착오를 거듭했다. '수'는 병충해에 강하고 모양과 색이 잘 나와 이후 전국 고구마 계를 석권했다. 고구마 명인 부부의 역할이 컸다.

공부하는 농부 이정옥

2003년 농업에 경영을 접목해 생산한 농산물을 상품으로 판매하는 과정을 공부하면서 정옥 씨는 2004년 벤처 대학 3기생 중에서 최우수학생상을 받을 만큼 공부에 진심이었다.

"공부하는 농부가 난 참 좋더라고."

자신의 농장을 마케팅해 보라는 숙제를 받아들고 며칠 밤을 새워 낸 과제는 70여 명 벤처 대학 학생들의 연구사례가 되었다.

"세상에 숙제를 나만 해 온 거야. 덕분에 김동신 교수님이 새터 농장 사례 70부를 복사해서 다 나눠주고 새터 농장을 벤처 농업 으로 만드는 과정을 모두가 연구한 거지."

코카콜라와 스타벅스처럼 내 상품에 이름을 지어보라는 강의 를 듣고 나서 어느 날 고구마밭을 매던 정옥 씨는 불룩하게 올라 온 땅을 손으로 헤집어 보니 진분홍빛 고구마가 '아, 행복해' 하 는 표정으로 미소 짓고 있더란다. 입에 붙지도 않는 어려운 단어 만 머릿속에 맴돌다가 고구마 숭어리에 딸려 나온 고구마들에게 '행복한 고구마'라고 이름을 붙여보니 입에도 붙고 말하는 순간 행복해졌다.

시중가보다 두 배 이상 높은 가격대에도 수년간 충성도 높은 소비자를 보유한 '행복한 고구마' 브랜드는 고구마밭이 작명소 다. 먹거리에 '맛있는'이 아닌 '행복한'이라는 형용사를 구사한 것 을 보면 감수성도 예사롭지 않다.

2007년 인근 고구마 생산 농가까지 참여한 '(유)행복한 고구 마' 법인을 설립하는 등 규모화를 키웠다. 2011년부터는 고구마 첫 수확을 기념하며 '코로나19' 이전인 2018년까지 고구마 축제를 열었다. 고구마 농사 틈틈이 찍어둔 2만여 장의 황토벽돌과 너와 지붕을 얹은 황토집에서 음악회를 열고 농장에서 생산한 고구마, 배추, 무, 양배추 등의 농산물로 건강한 먹거리를 차려냈다. 붉은 고구마숭어리같이 생긴 8월 18일이 고구마데이고, 축제일이다.

'행복한 고구마' 회원과 대도시 소비자 등 연간 1천여 명을 대상으로 진행한 고구마 체험행사는 농촌과 유기농업에 대한 공감과 도시와 농촌의 상생을 위한 시공간이다. '행복한 고구마'의 미래를 묻는 사람들에게 이정옥 대표는 수치가 아닌 '식탁에 둘러앉은 12명'이라고 표현한다. 숫자 12는 농사공동체를 꿈꾸는 정옥 씨에게 꽉 찬 숫자다.

'코로나19' 이전에는 12명이 식탁에 둘러앉아 식사하기도 했는데 외국인노동자들이 빠져나간 자리를 큰딸과 아들 내외, 그리고 여동생 정희 씨와 서너 명의 외국인 노동자들이 채운다. 산업화 이후 도시로 빠져나간 젊은이들이 돌아올 길 난망한 농촌인력은 가족이나 외국인노동자들로 근근이 채워진다. '행복한 고구마'도 농촌 현실을 비껴가지 못한다.

도시로 나갔던 아이들이 돌아와 엄마, 아빠가 일군 농장을 잇겠다고 하니 고된 농업노동에 얼마나 힘들까 걱정되지만 든든함과 위로가 더 크다.

2019년 창고를 짓고 이제 건물 짓는 것은 끝이라고 생각했는데 한 가지 계획이 더 섰다. '행복한 고구마' 소비자들이 현장에

와서 농사 철학과 농사 과정을 경험할 수 있는 '고구마 명품카
페' 만들기다. 도시와 농촌, 생산자와 소비자의 왁자지껄한 소통
을 통해 농사와 먹거리, 농촌과 농업이 모두의 '먹고사는' 문제임
을 알았으면 좋겠다.

"예전에 농민운동과 유기농 운동 2가지 조건을 충족시키는 사
람을 소개해 달라고 한 인도 기자가 우리 농장에 왔었어. 기분이
참 좋더라고."

1박 2일 일정으로 이정옥 대표 집에 온 인도 기자는 2박 3일
을 머물다 충만한 표정으로 돌아간 뒤에도 오랫동안 연락을 주
고받았다. 농민운동 하는 유기농 농민 이정옥의 이력서가 한없
이 사랑스럽다.

고구마처럼 연대하라

"고구마 숭어리를 들어보면 크고 작은 알갱이들이 서로를 의
지하면서 살아낸 거야. 서로에게 어깨를 거니 자잘한 고구마도
살아남았던 거고."

인간의 손에서 상품과 못난이로 구분되어 팔려나가고 버려지
기 전까지 고구마들의 연대는 굳건하다. 고구마 숭어리를 통해
이정옥 회장은 연대와 소통을 이야기한다.

"전여농 초기에는 조직이 단순해서 그런지 정강도, 운동 방
향도 단순했던 것 같아. 여성농민회 깃발 아래 모이면 됐는데,

지금은 여성농민 깃발보다 당의 주장과 색깔이 먼저 보여서 좀 아쉬워."

부당수세와 농지세, 의료보험, 고추, 양파, 마늘, 소 등 수입 농축산물 반대 투쟁 등 농민들이 싸워서 제자리로 혹은 제도개선을 이뤄낸 승리의 경험은 지금도 농민운동, 여성농민운동이 더 크고 힘이 센 조직으로 성장해야 하는 이유다.

'행복한 고구마'의 본질은 농민운동이다. '행복한 고구마'는 내 브랜드를 구현한 것에 그치지 않고 지속 가능한 농업을 지향한다. 이정옥 회장은 한번 구매한 소비자가 재구매할 수 있도록 좋은 농산물 생산에 노력을 아끼지 않는다. 9만 평의 농사를 짓는 '행복한 고구마'가 9만 평에서 수확하는 농산물을 사용할 소비자를 확보하면 가격 문제가 어느 정도 해결된다는 것이 이정옥 회장의 생각이다. 소비자에게 인정받는 농산물을 생산하는 진짜 농사꾼이 되는 것도 농민운동이라고 생각한다. 그러나 모두가 대규모화, 전문화될 수는 없다. 정부의 농업정책 방향과 질이 매우 중요하다.

농민들에게 가장 큰 어려움이 농산물 가격 문제다. 이정옥 회장은 젊은 시절 '농민들이 매달 1백만 원이라도 정기적으로 벌었으면 좋겠다'라고 생각했다. 농민들은 1년에 두 번 수확 철을 빼고는 일 년 내내 돈에 쪼들리며 빚쟁이로 산다. 전여농 '언니네텃밭'처럼 책임 있는 직거래 시스템을 가지면 좋겠지만 모든 농민에게 혜택이 돌아가려면 정부 정책이 되어야 한다.

　'행복한 고구마'는 그런 사례를 만들기 위해 노력해왔다. 9만 평 정도의 규모화를 이루니 시장에서 가격주도권을 가질 수 있었다. '행복한 고구마'도 처음에는 천 평, 이천 평, 배수로 늘어나다가 3~4만 평이 되니 후배들이 생기고, 그들과 유통업체를 나눴다. '행복한 고구마'의 성공으로 유기농 고구마 후배 그룹이 생겼고, 또다시 각자 거래하는 유통업체가 생기면서 결과적으로 유기농 고구마 유통업체도 늘었다. 생산자 주도로 파이를 키워냈다.

2020년 10월 고구마를 캐는 농부는 세상 행복한 표정이다. ⓒ행복한고구마

　'행복한 고구마'라고 어려움이 없는 것은 아니다. 수확이 많아 가격이 내려간 해는 1~2천 원 내리면 잘 팔리겠지만 '행복한 고구마'가 시장 가격의 지렛대 역할을 하다 보니, 마음대로 가격을 내릴 수도 없다.

　"지역마다 특산품을 조사하고 특산품을 보호하는 정책이 있어야 하는데 어느 정부고 농업정책이 없어서 문제"라는 이정옥 회장은 정부가 고구마, 마늘, 양파 등 작물별 데이터라도 제공해 주길 바란다. 농업도 계획이 서고 가격이 안정되어야 농사짓고 싶은 젊은이들이 농촌으로 돌아올 수 있다. 농업은 여전히 가격 정책이 핵심이다.

다시, 세상을 바꿀 여성농민

"전여농 초대 회장으로 뿌듯함도 부끄러움도 있어요."

젊은 시절 여성농민에게 들씌워진 이중고·삼중고의 억압적인 삶에도 숨 쉴 틈을 만들어 준 여성농민운동은 이정옥 회장에게 현재 진행형이다.

"조용히 동지들을 도우면서 운동가로서의 삶을 살고 싶다."라는 이정옥 회장은 설립부터 현재까지 참여하는 무안여성농업인 센터가 여성농민의 권익과 복지를 향상하는 기관으로 우뚝 서길 바란다.

"무안은 여성농민회가 위탁 운영하는데 무안 여성들에게 다가설 수 있는 대중적인 공간이더라고. 농민 숫자가 점점 줄어드니 여성농민운동도 지역에서 설 자리를 찾지 못하는데 여성농업인 센터를 통해 지역 실정에 맞는 여성농민 의제를 설정하고 교육하고 조직하면서 시대에 맞는 여성농민운동을 만들어 갈 수 있다고 생각해요."

여성농업인센터가 100퍼센트 대안은 아니고 평가는 각자 다를 수 있지만, 이정옥 회장은 무안여성농업인센터를 하드웨어 삼아 여성농민들의 이해와 요구에 맞는 소프트웨어로 채워나갈 생각이다. 현재 여성농업인센터는 전여농과 꾸러미 사업을 하고 한글교실, 영어교실, 인문학교실, 농사교육, 취미교실 등을 운영한다. "꾸러미 사업이 운동으로 진화하기까지는 시간과 품이 더 필요해 보인다."라는 이정옥 회장은 조급해하지 말라고 한다.

노인 여성농민들에게 평생 한이라면 글을 읽을 줄 모르는 것이다. 무안여성농업인센터에서 가장 의미 있고 인기 있는 프로그램은 역시 한글교실이다. 아직 세상을 바꿀 일이 너무도 많은 농촌, 이정옥 회장은 농촌현장에서 길 찾기를 멈추지 않는다.

곡지농장의 '고구마꽃'

'행복한 고구마'를 일구면서 정옥 씨의 영성은 더 깊어졌다. 나아가기 위한 뒷걸음이 있어서 가능했던 일이었다. 믿었던 사람과의 관계에서 갈등을 겪으면서 나에게 문제가 있나 싶어 한동안 괴로웠던 정옥 씨는 그 기간을 "나 홀로 광야에 나갔다."라고 표현한다. 깊게 내면을 들여다보고 성찰을 했더니 사랑스러운 나를 발견할 수 있었단다. 지나간 세월을 돌아보니, 순간순간, 고비고비 고민하고 판단하고, 결정하는 '나'와 마주한 정옥 씨는 자신감을 회복하고 현실로 돌아와서 남편과 가족들에게 선언한다.

"이제부터 내가 시이오(CEO) 할라네."

본인만 모르고 인정하지 않았을 뿐 이미 '행복한 고구마' CEO
는 정옥 씨라는 남편 용주 씨 말마따나 정옥 씨는 여태껏 '땀사
구'다. 온통 돌아돌아 자기 자리를 찾아내는 지각쟁이 '땀사구'
말이다.

2022년 여름, 고구마 명인 이정옥·김용주 부부가 곡지농장 고구마밭 앞에 섰다. '행복한 고구마'는
부부의 인생역작이다. ⓒ행복한고구마

유기농사 지으면서 외국으로 선진지 견학을 다니면서 많이 배
웠지만 2011년 영국 스코틀랜드 핀드혼 영성수련원에서의 체험

은 정옥 씨를 다시 한번 흔들어 놓았다. 자연과의 소통, 힐링센터 그리고 노래와 춤, 유기농 먹거리와 생태적인 삶을 꾸리는 영성공동체를 위해 더 연대하고 배울 참이다. 앞으로는 바다를 품고 뒤로는 고구마밭과 산을 배경 삼은 곡지 농장은 땀사구 이정옥의 '곡식정원' 실현지다. 핑크뮬리, 아이리스, 작약, 장미, 문그로우, 자작나무, 편백, 수국, 돈나무, 황칠나무, 노루오줌 등 각종 허브와 나무들이 농장 곳곳에 자리 잡았다. 산책길 내내 "이 꽃은 뭐예요? 저 나무는요? 저 풀은요?"라고 물어도 막힘없는 대답이 척척 돌아온다. 꽃과 나무가 곡식과 어우러져 한바탕 피고 지고, 떠나고, 남겨지는 세상살이를 이곳 곡지에 펼쳐보려 한다.

곡식정원사 이정옥은 귀하게 피어나는 '고구마꽃'이다.

고송자 무안

1988년 무안 수양촌 여성농민들을 조직해 고추 투쟁의 불씨를 살려낸 현장 투쟁가다. 전국여성농민회총연합 7·8기 회장을 지내고 2006년 여성농민 최초로 민주노동당 도의원에 당선되었다. 2019년부터 무안군여성농업인센터를 여성농민운동 현장 삼아 오늘도 운동가로 살아간다.

암만,
평생 여성농민회
해야제

　어린 송자 할머니는 고향 전남 신안군 하의도에서 여부자로
불렸다. 점잖은 양반 스타일이었던 할아버지와 혼인한 할머니는
영리하고 억척스러웠다. 그 시절 누구나 그랬듯이 친정도 가난했
지만 시집와 보니, 신랑집 살림도 고만고만 비슷한 처지였다.

　할머니는 할아버지에게 글과 셈을 배웠다. 바지런하고 영리
했던 섬마을 새댁은 어느덧 땅을 사고 염전을 한 판, 두 판 사들
이며 살림을 불려 나갔다. 할머니 뒤를 따라 걸을라치면 여부자
할머니 손이 셈으로 바삐 움직이는 것이 어린 송자의 눈에도 보
였다. 그해 수확으로 벌어들인 나락과 소금값 셈이나, 지난봄 빌
려줬던 아랫마을 김 씨네 이자 따위를 계산하는 손놀림이라고
짐작할 뿐이었다. 아들 여덟을 두었던 여부자 할머니는 시동생들
까지 총 12채의 집을 지어 분가시켰고, 아들들에게는 염전 한 판
과 땔감을 위해 필요했던 산봉우리까지 떼어 주었다.

할머니의 억척과는 반대로 아들은 부모만 의지하고 받은 살림도 지켜내지 못했다.

하의도 여장부였던 할머니가 돌아가시고 염을 하던 마을 어른이 "세상에 여부자 손이 썩다니." 하고 내뱉은 혼잣말을 어린 송자는 알아들었을까? "여자는 남의 집에 가서 살림을 일으켜 줘야 한다."라던 여부자 할머니의 당부를 듣자니 한세상 호령한 여부자의 몸에 엄습해 온 가부장의 지독한 관습이 전해진다.

결혼해서 살림을 일군다는 것은 내 살림 일으키는 것이나 진배없으니, 한 살림 일으키고픈 욕망을 할머니의 당부가 건드린 것은 아닐까?

"남편이 내 말만 들었어도 우린 땅부자 되었을 것이여. 근디 아무래도 여자라서 남편 이겨 묵고 큰 결정하기는 고집 센 나도 힘들더만."이라고 고백하는 것을 보니, 추진력 갑인 고송자 회장도 남성 중심 농촌사회의 관습을 끝까지 이겨내기는 어려웠나 보다.

여부자가 살림을 일으켰다면 고송자 회장은 여성농민운동을 일떠 세웠으니 청출어람이다. 아버지는 무기력했지만 부자 할머니를 둔 덕에 어린 송자는 호강스럽게 초등학교에 다닐 수 있었다. 빨간 가방을 울러 매고 아버지가 사준 크레파스는 일부러 손에 들고 다녔다.

밤에 할머니에게 옛날이야기 듣기를 즐겼던 어린 송자는 글자를 익히면서 역사에 흥미가 생겼고 닥치는 대로 위인전이나 역사책을 읽었다. 책이 귀한 시절이니 가리고 말고 할 것이 있었을까만은 역사책에 유독 구미가 당겼다.

"어린 마음에도 역사책을 보면 조선 시대에도 권력 가진 사람들이 나라를 망하게 하더라고, 인조 임금이 양반 권력자들에 둘러싸여 오랑캐에게 항복했던 것을 보면 분이 나더라니까. 지금이랑 똑같애."

어린 송자의 역사의식은 2022년 72세의 고송자 회장을 관통한다. 초등학교 4학년 때는 넷째 동생을 낳은 어머니가 농사일에 매달리자 동생 업고 살림과 농사일을 도와야 했다.

"1년을 학교에 안 가다 가기도 어설프더라고. 근디 친구들이 우등상을 받는 것은 부럽데. 서러움에 책상에 엎어져 울었더니 선생님이 우등상을 만들어 주드만. 그때도 한 고집 했나 봐."

1960년대 섬마을에서는 흔하디흔한 일이어서 제 나이에 학교를 가고 졸업하는 일이 특히 여자아이들에게 쉽지 않았지만 어린 송자의 자존심은 서운함에 앞섰다.

"공부는 그닥 잘하지는 못했는데, 그래도 내가 야무졌나 봐. 5학년 때 졸업식 송사를 나한테 맡기는 거야. 나는 반장도 아니고 특출나지도 않았거든."

고송자 회장의 호소력 짙은 선동력은 '될성부른 떡잎'이었을 것이다. 똑똑하고 잘난 사람을 상대해야 하는 날이면 저녁 내내 베개를 앞에 두고 대거리 연습을 하던 할머니를 떠올리며 선생님이 써준 송사를 연습한 덕에 졸업식장은 눈물바다가 되었다. 상급학교 진학 길이 막혔던 터라 중학교 의무교육이 이뤄지기 전까지 초등학교 졸업식장은 자기 서러움이 더해 울음바다가 되기 일쑤였는데 송자의 송사가 기름을 부어 버린 것이다. 다음 해 송자 역시 국민학교 졸업을 끝으로 학업을 이어가지 못하고 다른 집 여자아이들처럼 살림과 농사일에 투입된다.

"벌어 먹고살라고 할머니가 떼준 밭에 보리를 심었는데 엄마만 죽도록 일하고 아버지는 술만 드시니 참 밉더만."

3녀 4남의 장녀였던 어린 송자는 여부자 할머니를 닮지 않은 아버지가 받은 재산을 깎아 먹는 바람에 중학교 진학 앞에 멈춰 서고 말았다.

이재명 대통령 후보가 "교복 입은 친구들이 부럽기도 하고 작업복 입은 자신이 부끄럽기도 해서 교복 입은 친구들을 피해 숨곤 했다."라는 말에 백번 공감한다는 고송자 회장은 교복 입은 친구들을 피해 나무나 담벼락에 숨곤 했다.

여자아이들은 한 반에서 서너 명밖에 중학교에 진학하지 못하던 시절이었지만 '공부 못 한'이란 네 글자가 어린 송자의 가슴에 남는다.

"내가 있어서 베풀 때 잘하는 사람보다 힘들 때 돕는 사람이 진짜 나를 생각하는 사람이다."라는 여부자 할머니의 말은 고송자 회장이 오래도록 기억하는 인간관계의 지혜다.

무기력한 아버지와 대가족에서 그저 좋은 사람, 순한 사람으로만 살던 엄마의 나약함이 싫었던 어린 송자는 할머니의 길을 택했다. 추진력 강하고 영향력 있는 여부자 같은 삶 말이다.

하의도에서 무안으로

송자네 마을에도 국민학교가 생기고 선생님들이 마을에서 살기 시작하면서 하숙 치는 집이 생겨났다. 한 달에 하숙비가 2천 원 할 때, 교사들 월급이 3만 원 하던 시절이었다.

송자네 온 식구가 매달려 보리타작해봤자 손에 쥐는 것은 3만 원 남짓이고 한해 쌀농사 지어봤자 교사 월급 2달 치도 안 되는 현실을 보면서 어린 송자는 희망을 잃어갔다.

동생들도 얼추 크고 열여덟 살이 되자 뭐라도 배워볼 요량으로 목포로 나와 편물을 배웠다. 1년 만에 졸업장을 들고 먹여주고 재워주는 조건으로 '기술이라도 익혀보자' 싶어 서울로 올라갔다. 6개월 동안 열심히 편물을 밀어댔지만 1960년대 말이니 노동환경은 열악하고 일하는 사람들의 권리는 생각지도 못했던 시절이라 서울살이는 고향 하의도보다 못했다.

편물을 들고 고향으로 내려온 송자는 집에서 스웨터도 짜고, 이것저것 장사에도 손대며 나락계를 부어 억척같이 돈을 모았다. 이자 몇 푼 더 받아 볼 셈으로 사촌 언니 빌려준 목돈은 언니네 부도와 함께 날아가 버렸다.

이럭저럭 나이가 차 노처녀 소리 듣는 스물네 살이 되니 중매가 들어왔다.

"신랑이라고 선을 보러왔는데 새까맣고 쬐깐해서 맘에 차지 않더라고."

당사자 간의 선을 본 것은 이미 양쪽 집안에서 혼담 성사 말미에 치루는 의식 같은 것이라 큰애기 송자의 의견은 그다지 중요하지 않았다.

"내 혼사도 내 맘대로 못하니 부아가 나서 3일간 밥을 안 먹고 나름 저항했제."

신랑 자리에서는 육촌 형수이고 송자에게는 사촌인 중매쟁이 언니가 송자를 설득하기 시작했다.

'신랑이 꼼꼼하고 부지런하니 제 식구 잘 건사할 것'이라는 사촌 언니 말에 마음이 돌아섰다.

"우리 아버지가 워낙 생활력이 없다 보니 착실하다는 한마디에 결혼하기로 마음 먹어지드만."

7남매 장녀 송자 씨와 7형제 장남 홍상 씨는 1974년 결혼식을 올리고 무안군 현경면 수양촌 남편 동네에서 농민의 삶을 시작한다.

조생종 양파, 갈아엎다

지난 1월 말 사나흘 동안 남도땅에 흐부지게 내렸던 눈 탓에 한 달이나 미뤄진 인터뷰이를 찾아 나선 2022년 2월 23일 해질 녘 무안 바닷바람은 드셌다. 평택과 예산, 김제에서 내려온 성자, 영숙, 미영 언니와 만나 고송자 회장 집에 찾아드니 농촌 마을은 이미 사위가 어둑하다.

무안군 현경면 수양촌 끄트머리라 찾아오기 어렵다며, 고향 마을에서 농사짓는 둘째 아들을 헷갈릴법한 길목에 세워둔 덕에 어둑한 논둑, 밭둑을 휘감아 막다른 길에 떡하니 자리 잡은 고송자 회장 집에 닿을 수 있었다.

조생종 양파 정부 수매를 요구하며 양파생산자협회가 주최한 농민집회에 참여하고 고흥에서 출발한 고 회장 일정이 늦어지면서 일행은 마을 앞 바닷가를 서성이다 남도밥상으로 저녁을 먹고 나서야 막 집에 도착했다는 말에 부리나케 집으로 들이닥쳤다.

양파가격 폭락은 이미 지난해부터 예고됐었다. 코로나19 여파로 양파 소비가 줄어들기도 했지만 지난 2년 동안 정부가 소비자물가를 잡겠다며 물량조정을 하지 않아 조생종 양파는 출하 전에 폐기되는 운명을 맞아야 했다.

"고흥도 양파 농사를 많이 짓는디 무안보다 남쪽이니 조생종이 제일 먼저 나와. 그걸 갈아엎어 버렸제."

전국에서 모인 양파 농가 200여 명이 고흥에 모여 '저장 양파 정부가 다 사들이라'라는 농민집회를 열었던 모양이다. 30년 전이나 지금이나 '불안정한 농산물 가격'은 자본주의 체제에서는 해결하기 어려운 문제이지 싶다. 무한경쟁과 무한자본이 지배하는 세상에서 기간산업으로서 농업이 우뚝 서야 함에도 아직도 다 지은 농산물을 갈아엎어야 하는 야만의 시대를 살아야 하니 옆에서 보는 이의 입맛도 쓰다.

지난 2월 초 허리디스크 수술 후 집에서 정양 중이던 남편에게 최대한 피해를 주지 않으려 했지만 일정이 틀어지면서 졸지에 불청객 신세다.

"어쩐디야? 우리 아저씨 저녁밥 차려줘야 쓰것는디…."

우리는 밥을 먹었으니 염려 마시고 함께 저녁 식사하시라 하고 방금 불을 넣어 보일러 호스 따라 따뜻해지기 시작한 사랑방에서 고송자 회장의 흔적을 살피기 시작했다. 서랍 곳곳에서 이 집안사람들의 깊숙한 기록물들이 우리 손에 딸려 나온다. 50년 전 산수, 국어 공책과 반듯한 글씨까지… 50년 전 공책을 펼치니 나무 탄내와 꾸릿한 메주 냄새 가득한 여부자 할머니 집 사랑방인듯 온몸이 아련하다.

저 야무진 여자는 누굴까?

1984년 한마을 사는 진우 삼촌의 "형수님 좋은 교육 있는데 안 가볼라요?"라는 이야기에 끌려 해남읍교회에서 열린 기독교 농민회 주관 농민교육에 참석했다. 전두환 정권 시절이니 교육이나 활동은 비공식적으로 진행되던 때였다.

"드러내고 하는 행사 같지는 않드만. 소 키우던 양반이 동생이 검사인데도 소싸움 했던 이야기가 귀에 박히더라고. 그리고 우리 옆 동네 여자라는데 교육을 하더라고. 농지세 투쟁 이야기인 것 같았는데. 여자가 야무지고 똑똑하더라구."

사거리 신촌마을 사는 이정옥 씨와 첫 만남 이야기다. 같은 면

299

단위에 살아도 여자들 간의 교류가 거의 없었던 터라 후에 여성 농민운동가로 성장하는 이정옥, 고송자의 만남은 무안이 아닌 뜻밖의 해남이었다.

집으로 돌아와서도 여자가 얼마나 똑똑하면 다른 사람들 앞에서 교육할까 싶어 궁금증이 더해졌다.

배종렬, 최병상, 이정옥 등 지역에서 신망 있는 농민운동가들은 여성농민 고송자의 우상이 되었다. 농민회 집회나 교육에 참석하며 그간 몸으로 느껴왔던 농업문제의 불합리성을 알게 되었고, 여성농민들은 농촌에서 없어서는 안 될 존재임에도 불구하고 그림자 취급하는 것 같아 맞지 않는 옷을 걸친 것처럼 불편해지기 시작했다.

첫 승리

1989년 중학교에 진학한 아이 광주에 방 얻어 줄 요량으로 욕심껏 심은 고추 가격이 시장에서 한 근에 200원까지 떨어지자 고송자 씨의 한숨도 짙어졌다. 겨우내 하우스 문을 열었다 닫았다 하며 키워낸 고추 모종에 한 개라도 더 따보겠다고 비닐 터널까지 씌웠는데 생산비는커녕 600그램 1근에 100원, 200원까지 떨어지니, 사겠다는 상인도 없었다. 말 그대로 고춧값이 똥값이다.

농촌 분위기가 심상치 않자 정부가 2,000원에 수매를 약속했지만 지켜지지 않았다. 한여름 뙤약볕을 온전히 받아내며 따고 말려 좋은 것만 가려낸 고추를 내다 버리게 되었으니 여기저기서 복장 터지는 소리가 하늘을 찔렀다.

"하루는 이웃 아줌마가 이장이 고추를 몰래 떼갖고 어딘가 싣고 가던디, 아마도 농협에서 이장 집 고추만 사주는 것 같다는 거여."

"그래? 그럼 우리도 고추 폴러 갑시다"

고송자 회장의 이 한마디가 고추 투쟁의 불씨를 댕긴다.

"동네 엄마들이 이장은 미리 폴아 먹었응께 빼자고 하등만. 그래서 안 된다고 했지. 마을 사람들끼리 갈등이 생기면 힘이 빠질 수 있으니 그런 이야기는 절대 하지 말고 같이 힘을 합쳐 싸우자고 했어."

'갈라치기'와 '혐오'는 대중운동에 아무런 도움이 되지 않는다는 것을 고송자 회장은 이미 알고 있었다.

초가을에 접어든 10월 농촌은 부지깽이도 손을 거들 정도로 바쁜 날들이다. 농협에 고추 폴러 가자고 동네부녀회에서 큰소리는 탕탕 쳤는데 막상 장날이 다가오니 준비가 막막하다. 의료보험, 수세 투쟁, 양파·마늘 제값 받기 투쟁은 농민회가 주최하면 참여만 했을 뿐 마을 투쟁을 하나부터 열까지 준비하려니 일가닥이 추려지지 않았다. 마침 대학 졸업하고 집에 와있던 막내 시동생한테 도움을 요청했더니 '스스로 해보는 것이 중요하다'라며 여성농민 고송자를 북돋웠지만, 더 막막해졌다.

1988년 10월 25일 수양촌에서 현경농협으로 고추데모 간다는 소문이 났던지 경찰이 마을을 들쑤시고 다니자 화가 난 막내 시동생이 "우세(창피) 안 사게 도와줘야 쓰것다."라며 성명서, 플래카드와 들고 나갈 팻말도 몇 개 만들어줬다. 당시 수양촌에 60여 호가 살았는데 그중 45가구가 참여했다. 대부분 여성농민들이었다. "투쟁에 참여 안 하면 고추 폴아 먹을 생각 말라."고 했더니 한 집에서 한 명씩은 나온 셈이다. 행사 준비를 마쳐놓고도 아무래도 내일 사회 볼 사람이 걱정된 고송자는 옆 동네 야무진 여자에게 집회 사회를 부탁했다. 마늘 농사가 주력 생산품이었던 이정옥은 마늘 심으려고 놉(일꾼) 십여 명을 얻어 놓은 상태였지만 수양촌 여성농민들이 준비한 첫 고추 투쟁에서 기꺼이 사회를 봐주었다. 전날 시동생의 도움을 받아 쓴 성명서는 한글을 읽을 줄 안다는 이유로 임정심을 무대에 세웠다. 머리띠 두르고 대중 앞에서 생전 처음 읽어보는 것이라 정심 씨의 떨림과 간절함이 고스란히 전해졌다.

"나한테 한바탕 연설을 하라고 하대. 그래서 우리가 1년 내내 고추를 힘들지만 얼마나 정성스럽게 키웠는데 가격이 똥금 되고, 정부가 수매한다고 해서 기다렸지만, 또다시 농민들을 속여 고추를 못 팔아먹고 썩힌다는 것은 있을 수 없는 일이다. 이놈의 세상 언제나 잘난 놈만 살아야 하고 못난 놈은 죽어야 되냐? 대한민국 국민은 다 똑같고 평등한데, 왜 우리는 이렇게 당하고 살아야 되냐고 소리쳤지."

어디서 숨어 있던 말들이 튀어나오는지 막힘없이 술술 터져 나오는 연설에 수양촌 여자들과 농민들의 박수와 함성이 커진다.

성공적인 데뷔전이었다.

수양촌 여성농민들은 현경면 농협조합장과 상무를 불러내 "정부가 2,000원에 수매한다고 물량조사를 해 가서 우리는 정부 민고 팔지 않았는데 지금까지 아무 말이 없다. 고추를 두고 갈 테니 책임지고 팔아달라." 하고 집으로 와버렸다.

다음날 마을 유지라는 사람이 자기 얼굴에 먹칠했다고 부인을 때려 얼굴이 멍들었다는 소문에 고송자 씨는 기가 막혔다. 며칠 후 무안에 22톤의 고추수매 물량이 떨어진다. 전국 최고의 배당이었다. 그중 11톤이 수양촌으로 배당되었다. 전국 최초의 여성농민 고추 투쟁 승리였다.

그러나 뒷짐 지고 구경하거나 남편 우세시킨다고 부인을 뚜드려 팬 남자들이 공을 가로채듯 고추 물량 조사위원을 맡았고 부녀회장과 고송자 씨를 끼워 넣어 구색을 맞췄다. 고추 물량조사와 배당이 시작되자 한 근이라도 더 팔아먹으려고 눈치싸움이 치열했다. 보다 못한 고송자 씨가 "참말로 가관이요. 고추 싸움은 누가 했는데 당신들이 생색을 내요?"라고 호통을 친 뒤 집집이 쟁여(쌓여) 있는 물량을 조사해서 비율(퍼센트)별로 나누자고 제안했다. 남편 우세시킨다고 부인을 때렸던 남자가 한 근이라도 더 팔려고 고추 부대를 쑤석거려 부풀려 보았지만, 저울은 정확했고 꼼수는 들통났다.

수양촌 첫 고추 투쟁으로 마을에 쟁여 있던 고추 3분의 1을 2,000원에 팔 수 있었다. 고추 투쟁 후 농협에 고추 팔러 나가보면 확연히 달라진 온도 차를 느낄 수 있었다. 저 여자가 수양촌 고추 투쟁 주동자라고 수군거리고 까다롭게 굴던 검수원들도 고송자 씨네 고추 포대에는 수월하게 1등 도장을 찍었다.

"그때부터 우리 동네 여자들이 나를 달리 보기 시작한 것 같아. 여자들이 똘똘 뭉쳐 첫 투쟁 승리하고 고추 제값 받고, 제대로 대접받으니 살맛이 났제."

겨울은 다가오고 그래도 남아 있는 고추는 한숨 거리였다. 가을일도 끝났으니 이제 정부에 남은 고추를 팔아야겠다고 마음먹은 고송자 씨는 수양촌 여성농민들에게 외쳤다.

"남은 고추들 닦달하씨요. 폴아 묵어야제."

군청에 고추 폴러 갑시다

"장관이었제. 몸빼에 하얀 수건 둘러쓴 수양촌 엄마들이 고추 차대기(포대) 잔뜩 실은 경운기 100여 대에 나눠타고 달달거리며 군청까지 가던 행렬이 지금도 눈에 선해."

12월 5일 수양촌에서 고추 싣고 나간다는 소문이 돌자 정보과 경찰들은 마을을 염탐하고 정보를 캐더니 협박과 방해를 해댄다. "고추는 뭣 하러 저울에 단다요? 누가 사준다요. 뭔 쓰잘데기없는 짓을 한다요."라며 마을 사람들 마음을 헤집어 놓았지만, 투쟁과 승리를 경험한 수양촌 여성농민들은 "글먼 아자씨들이 내 고추 사줄라요? 아자씨들 월급 맹키로 저 고추가 우리들에게는 월급이란 말이요."라며 경찰과 대거리를 했다. 경찰 앞에서는 큰소리쳤지만, 속으로는 떨려서 죽는 줄 알았다고 고송자 씨에게 무용담을 들려주는 이들도 있었다.

현경농협 조합장은 "수양촌 고추는 1,500원에 사줄 테니 제발 고추 싣고 나가지 말라."라며 사정했다.

"우리는 농협에 안 폰다고 했어. 농협에서 우리 마을만 고추를 사줬네 하면 농민들끼리 갈라지고, 결국 농협 돈 풀어 고추 사주면 그 손해가 고스란히 농민들한테 돌아오니 우리는 정부에 폴아야겠다고 했지."

정부가 2,000원에 수매한다고 했는데 굳이 농협에 손해 갈 일을 하지 말자는 것이 고송자 씨와 수양촌 여성농민들의 생각이었다. 현경 면장까지 쫓아와 "내 혀가 타들어 가는 것 안 보이요? 제발 군으로 가지 말고 농협에서 판매 봅시다."라고 사정했지만 '정부에 2,000원에 판다'는 입장은 더욱 또렷해졌다. 고추는 풍년이고 가격은 똥값이라 고춧대에서 그대로 말라버린 고추들이 밭에 그대로 있었지만 힘들게 지은 농산물을 밭에서 썩게 둘 수 없었던 고송자 씨는 고추를 몽땅 따서 동네 고추건조기에 넣고 말렸다.

"그랬더니 동네 사람들이 고송자가 고추 따는 것을 봉께 뭔수가 있는가 보다 함시롱 자기들도 고추를 따서 말리더라고."

수양촌에 사는 청년 농민운동가 박진우 씨가 맨 앞에서 경운기 대열을 이끌고 20근씩 묶은 고추 포대를 실은 경운기가 수양촌을 나서자 농민운동가들이 사는 몇 개 마을에서 합류한 경운기까지 100여 대가 줄을 이었다. 현경면에서 무안군청으로 이어진 행렬은 마을을 지날 때마다 "고추데모 하러 갑시다. 언능 오씨요."라며 신나게 외쳤다. 일이 되려는지 군청 문은 활짝 열려 있었고 군청 앞마당에 경운기를 세운 농민들은 이정옥 씨의 사회로 고추데모를 시작했다.

수양촌 데모의 주동자인 고송자 씨가 마이크를 잡았다. 가슴이 벌렁거리고 무슨 말을 해야 할지 감도 안 잡혔지만 일단 마이크를 손에 쥐니 생각이 말이 되어 술술 나온다. 꾸물꾸물하던 하늘에서 눈이 내리기 시작했다. 앞뒤 가릴 것 없이 고추 포대를 군청 안으로 들여놓았다. 하늘이 도와 자연스럽게 고추 농성장이 꾸려졌다.

"추우니까 우리 동네 엄마들이 군청 어느 사무실로 밀고 들어갔어. 나중에 보니 재무과더라고."

"오메, 눈 맞으면 고추 베려버린당께."라며 밀고 들어간 50여 명의 수양촌 엄마들이나 떠밀려 나간 군청 직원들이나 경황이 없었던 터라 딱히 계획하지도 않았던 농성장이 군청 안에 마련되었다. 뒤늦게 상황의 심각성을 인식한 무안군은 전기를 끊었지만 집에 가서 내복과 옷, 덮을 것들을 챙겨와 단단히 채비했다.

"경찰서장이 재무과에서 농성하는 우리한테 와서 지휘봉을 까딱까딱하면서 아줌마들 잡아 가둘라니까 집에 가라고 협박을 하더라고. 하는 짓이 꼭 역사책에서 본 일본 순사 같았지."

경찰서장의 협박하는 모양이 일본 순사 같아서 웃음이 난 고 송자 씨가 "테레비 보면 일본 순사가 우리 독립운동가 잡아가고 농민들에게 큰소리 쾅쾅 치던데, 인자 봉께 서장이 영락없이 일본 순사 놈 같네."라고 하니 수양촌 엄마들의 웃음이 와르르 터졌다. 얼굴이 벌게진 서장은 지휘봉을 뒤로 감춘 채 어디론가 사라져버렸다.

'화덕을 들인다, 김장김치를 나른다, 된장국을 끓인다' 하며 군청 마당에 솥단지를 걸어 식당까지 뚝딱 만든 뒤 먹고, 자며 농성을 하니, 3일째 되던 날 정부의 전량 수매 지침이 내려왔다. 소문은 무안군에 빠르게 퍼져 고추 포대를 실은 경운기들이 물밀듯이 군청으로 향했다. 이미 군청은 수양촌과 농민회원들 고추로 가득 찼던 터라 뒤늦게 합류한 고추 포대들은 근처 농협 군지부, 교육청 앞마당으로 배치했다. 투쟁의 물꼬를 튼 고추농가부터 수매 보는 것을 원칙으로 했다.

정부의 수매지시는 떨어졌으나 어디서, 어떻게 수매할 것인지로 의견이 맞섰다. 무안군은 농협으로 옮겨서 수매하겠다고 하고 수양촌 농민들과 무안농민회는 고추를 옮기면서 포대들이 섞여 본인 것을 찾을 수 없으니 가져올 때 수량 체크 한 것으로 수매할 것을 요구했다.

"검사원 이리로 오라고 해라. 검사원이 누구냐, 우리가 세금 내서 월급 준 놈이고 우리 농민 없으면 검사원이 무슨 필요가 있냐, 우리는 절대 고추를 못 가지고 간다고 버텼지."

실랑이가 끝이 없자 경찰이 백골단[27]을 투입했다. 정부가 수매한다고 하니까 밥하러 간다고 집에 간 사람도 있었고 남자들은 죄다 바깥에 있던 상황에서 백골단이 쳐들어오니 수양촌 여자들은 가슴이 벌렁거렸다. 고송자 씨와 마을 여성들이 다치고 동네 아저씨가 경찰 방패에 맞아 피를 흘리니 "저놈들이 광주에서 저렇게 사람들 죽였구만."이라며 "오메오메 사람 죽이네. 오냐 나 죽여라."며 달겨들기 시작했고, 젊은 농민회원들이 유리창을 깨고 들어와 백골단과 격렬하게 대치했다. 기세에 눌린 경찰은 움찔움찔 물러났고 여기저기 부상자가 나왔다.

아침이 되자 수양촌 여성농민들은 경찰서장실로 쳐들어가 경찰서장 책상을 주먹으로 치며 "우리가 농사지은 것 느그들이 사줄 거냐? 경찰이 자궁을 차서 죽게 생겼다."라며 거칠게 항의하자 결국 경찰은 치료비와 보상을 약속했다. 다친 사람들은 병원으로 가고 국회의원도 내려오고, 언론도 타니 무안군은 농민들 요구대로 군청 마당에서 고추수매를 시작했다. 고추 싣고 나간 지 5일 만에 수양촌 농민들은 고추를 모두 팔고 집으로 돌아오고 14일까지 합류한 고추는 농민회 주관으로 정부와 수매를 이어갔다.

14일 이후 후발대로 들어온 농민들은 이장단협의회가 주도해

---

27 백골단은 1980년대와 1990년대 사복경찰관으로 구성된 시위 진압 임무를 수행하는 경찰부대를 일컫는 별칭이다. 1985년 8월 1일 서울시장 명의로 모집된 사복체포조는 대부분 무술 유단자와 특전사 출신이 특채되어 주류로 구성되었으며, 시위자들을 진압하는 모습이 흰색 헬멧에 일반 전투경찰들과 구분되는 청색 재킷 복장 때문에 시위대에 의해 백골단이란 별칭이 붙게 되었다.

서 수매를 보기로 했으나 경찰과 협상 후 대책위원장이 도망가 버려 지휘체계가 무너졌다. 낮에는 꽹과리치고 집회를 하다가 오후에는 사람들이 슬슬 빠지기도 하고 술 마시고 싸움이 잦자 농협은 농민회에 마지막 수매까지 맡아달라며 도움을 요청했다. 그후 10여 일 동안 수매가 더 진행되었다.

고추 투쟁, 전국으로 번지다

1988년 고추값 똥값과 고추 투쟁은 단순히 고추가 풍년이어서만은 아니었다. 정부가 잎담배 수입을 시작하면서 농촌지도소에서 잎담배 농가에 고추를 심으라고 교육하고 권장했다. 공급과 수요를 조정해야 하는 정부가 오히려 과잉 공급 여건을 만들었고, 피해는 고스란히 농민들에게 떠넘겨진 것을 무안군 현경면 수양촌 여성농민들이 죽기 살기로 막아선 것이다.

수양촌 고추 투쟁은 전라남도를 넘어 전국으로 번졌고, 1989년 2월 13일 수세 폐지와 고추 전량수매를 위한 전국농민대회로 이어졌다. 일제강점기 대표적인 농민수탈의 상징이었던 수세 폐지 투쟁과 고추 투쟁이 전국화되면서 전국에서 2만 5천여 명의 농민들이 여의도에 모여 대규모 집회를 열었다. 가톨릭농민회와 기독교농민회에서 자주적 농민회로 조직적 진화를 이뤄가던 농민운동은 2.13 여의도 집회로 전국에서 농민운동가들이 연행·구속되며 탄압도 받았지만 농업·농민 문제가 전면에 떠오르면

서 전국 농민조직과 여성농민조직 강화에 박차를 가하는 계기가
되었다.

무안 고추 투쟁이 막바지를 향하고 있던 12월 말 사고가 터졌
다. 고추 집회에 참여하러 오던 농민이 교통사고로 사망했고, 농
민회가 농민장을 치르겠다고 하자 시신 탈취를 위해 경찰은 12월
27일 또다시 백골단을 투입했다. 집회 사회를 맡았던 이정옥 씨
와 남편 김용주 씨를 비롯한 농민회원 22명이 연행되었다. 무안
고추 투쟁이 전국화될 것을 우려한 경찰은 무안 인근 지역인 목
포, 광주지구대의 협조를 받아 대대적으로 투쟁을 막았고, 22명
의 무안 농민들은 무안경찰서가 아닌 광주 서부경찰서로 연행되
어 조사를 받았다. 이정옥 씨도 이때 연행되었고 무안군 농민회
의 타격도 컸다.

고추 한 근에 2,000원씩 팔았으니 200원씩 떼어 농민회 사무
실 마련 기금으로 사용하자는 고송자 씨의 제안으로 기금을 모
아 농민회 사무실을 마련했다. 다른 지역은 면 단위에 농민회 사
무실을 내기도 했다.

여성농민 대표 고송자

고추 투쟁의 기세를 몰아 1989년 1월 24일 '무안여성농민회준
비위원회'를 결성한 데 이어 2월 1일 무안 '현경면여성농민회'를
창립했다. 의료보험 투쟁, 수세 투쟁, 마늘·고추 제값 받기 투쟁

을 연이어 승리하고 나니, 농민들도 뭉치면 사람대접받을 수 있
다는 희망이 솟았다. 고추 투쟁에서 보여줬던 수양촌 여성농민
들의 조직력은 무안군 여성농민회를 만드는 자양분이 됐다. 현장
여성농민의 리더십으로 투쟁을 경험하고 조직을 만들어가는 무
안의 사례는 독자적인 여성농민 조직화를 고민하던 다른 지역에
좋은 사례가 되었고 열망도 커졌다.

　고송자 씨가 초대 회장을 맡은 무안여성농민회준비위원회는
경찰의 방해 공작을 따돌리며 무안군청을 빌려 1989년 12월 5일
'고추 투쟁 1주기 기념대회'를 꽹과리와 북을 치며 성대히 치렀
다. 1989년 12월 18일 출범한 전국여성농민위원회(이하 전여농)
초대 회장에 같은 지역 여성농민운동가 이정옥 씨가 선출되었다.

　1991년 3월 9일 전남대 대강당에서 370여 명의 전남지역 여
성농민들이 참가한 가운데 전남여성농민회(이하 전남여농)가
출범했고, 고송자 씨는 1992년 3월 13일 해제면 용학교회에서
열린 무안군여성농민회 창립식에서 초대 회장으로 선출되었
다. 이후 1994년 전국여성농민회 전남연합회 회장을 맡아 2년
간 전남여성농민운동을 이끌었다.

　'공부가 짧아 어떻게 하겠냐'며 고송자 회장은 극구 사양했지
만, 누구보다 농촌 현실을 뼛속 깊이 알고 대중에게 쉽게 전달하
는 탁월한 선동 능력은 전국 최고였기에 여성농민 대표 자리에 적
임자임은 재론의 여지가 없었다. 누가 대신 일을 해 주는 것도,
월급이 나오는 자리도 아니었지만, 농업정책에서 여성농민의 목

소리가 빠지면 하나 마나 한 정책이 될 것이 뻔하니 고송자 회장
은 '주경야농'하듯 밝을 때는 논밭에서 일하고, 밤에는 여성농민
운동 밭을 갈았다.

농촌 지역의 가부장성을 뚫고 세상 밖으로 나온 여성농민들의 지도력은 거침없고 당당했다.
ⓒ전국여성농민회총연합

　1997년 전국여성농민회총연합 4대 회장에 선출된 고송자 회
장은 더 바삐 움직여야 했다. 여성농민의 이해와 요구를 대변해
야 하는 자리니 집회는 물론이고 토론회 자리도 불려 나갔다.
　"처음에는 교수와 연구자 등 전문가들과 토론을 하려니 쫄리
더라구. 근디 딱 들어보니 책상머리에서 농촌을 들여다본 것이
느껴지등만, 그래서 나는 어려운 말은 모르것고 농촌 현실에 기
반해서 이야기를 했더니 먹히데."
　현장만 한 학교가 있을까? 현장만큼 든든한 뒷배가 있을까?
당자자만큼 절실할 수 있을까? 고송자 회장은 '당사자 신분'을 십

분 발휘하며 정책간담회에서는 현장의 논리로, 투쟁현장에서는 거침없는 불도저 같은 선동으로 저력을 발휘했다.

농가부채대책위원회 회의에서 전문가들이 정책대출에 관해 이야기만 할 때 일반대출에 대한 대책이 시급하다는 이야기는 전여농과 전농 회장에게서만 나왔다. 당시 전체농가의 80퍼센트 이상이 일반대출이고 10~20퍼센트가 정책대출이었다.

"전문가들이 자꾸 정책대출 해결방안만 이야기해서 내가 농촌 현실을 이야기했더니 농경국장이 고 회장님 대체 대출이 얼마나 있냐고 하등만. 그래서 나는 빚 없고 부자로 산다고 해버렸지. 부아가 나서."

화가 날 만했다. 여성농민 대표로 정책토론을 하는데 개인 빚 탕감이나 하자고 토론한다는 발상 자체가 괘씸했다. 중국산 수입 마늘 문제로 농림부에 들어간 적이 있는데, 고송자 회장이 한소리 하니 계장이 "아주머니, 마늘 얼마나 있어요. 내가 다 사줄게." 하더란다. 여성농민 대표를 대하는 정부 관료들의 수준이었다.

악착쟁이

2000년 중국산 수입 마늘로 국산 마늘가격이 폭락하자 전여농과 전농 등 농민단체는 농민집회와 토론을 통해 마늘에 세이프가드[28] 발동을 요청했고, 정부는 중국 수입 마늘 관세를 30퍼

---

28 세이프가드(safeguard)는 가트(GATT) 19조 규정에 따라 세계무역기구(WTO) 회원국이 자국 내 생산에 위협을 줄 수 있는 수입 증가로부터 자국 산업을 보호하기 위해 제품의 수입을 일시적으로 제한할 수 있는 방어적 조치이다.

센트에서 315퍼센트로 올려 국내산 수입 마늘 가격폭락을 막았
다. 그랬더니 중국이 핸드폰과 폴리에틸렌 수입을 규제하는 보
복에 나서 당시 야당이었던 한나라당은 소탐대실 했다고 농민
단체와 정부를 연일 공격해댔다. 결국 김대중 정부가 세이프가
드를 철회하고 정부가 국내산 마늘을 수매하는 것으로 일단락
되었던 것을 두고 농민들 때문에 나라가 망한 것처럼 언론과 야
당이 여론을 호도했다.

 "한번은 수입 마늘 반대 집회가 서울에서 열려 무안에서도 관
광버스 40대가 올라갔는데 열심히 농민들을 까대던 박희태 한
나라당 국회의원이 마이크 잡는 걸 보고는 무대로 뛰어 올라가
냅다 마이크를 잡아채서 발언을 막아버렸어."

 고송자 회장은 농민들이 마늘 팔아먹으려고 나라 팔아먹은
것처럼 호도하고 소탐대실 운운하더니 감히 농민대회에서 마이
크를 잡게 한다는 것이 도저히 이해가 가지 않았다. 대중들 사이
에서 박수가 터져 나왔다.

 "그때 누군가 그러대, 에그 저 악착쟁이. 내가 악착내기는
했제."

 "전여농 회장인께 농림부 장관이나 차관 혼도 내고 해봤지, 개
인이면 가능했겠어?"라고 말하는 고송자 회장은 전여농의 정치
력이 정치권에 가닿을 자리라면 논과 밭을 박차고 달려갔다.

 김대중 정부 시절 농림부에 여성정책담당관실이 생기면서 여성
농민을 대표해서 김대중 대통령과 만난 자리에서도 거침없는 직

설화법으로 농촌 현실을 직언했다.

"값싼 중국산 수입농산물에 밀려 콩, 깨 농사를 하지 않으니 밭이 놀게 된다. 논 직불제처럼 밭 직불제가 있어야 한다."라고 건의했더니 김대중 대통령은 그 자리에서 당시 김영진 해양농수산부 장관을 불러 검토를 지시하기도 했다. 밭 직불금은 2012년 시작해 2015년 전제 밭작물로 확대됐다.

"대통령님 1988년 고추를 2,000원에 수매했는데 2000년인 지금도 고추 한 근에 2,000원 합니다. 고추수매 가격이 10년 전 그대로라고 하니 김대중 대통령도 놀랐는지 바로 장관한테 지시해서 시세와 물가를 고려해서 수매가격을 조정하라고 하더라고. 그래서 그때 6,000원이 되았는디 문제는 지금도 고추수매가격이 6,000원이라는 것이여. 농민들이 요구하지 않으면 절대로 그냥 바뀌는 법이 없당께."

고송자 회장은 농민운동의 힘이 더욱 쎄져야 농업문제를 해결할 수 있다고 믿는다. 열심히 일한 덕분에 2년 임기를 채우고도 연임하게 된 고송자 회장은 1997년부터 2001년까지 총 4년간 전여농을 이끌었다.

이장 고송자

1988년 고추 투쟁 이후 고송자 회장은 다시 태어난 사람처럼 살았다.

"농협에 농산물 판매 보러 가면 사람들이 수군대. 수양촌 부녀회장이디야? 누구 각시당가?"

농촌에서 여성의 이름을 기억하는 일은 거의 없다. 그 큰일을 해버렸으니 저 야무진 각시가 누군지 궁금했을 것이다.

"나는 부녀회장도 아니고 남편도 당시 이름난 사람이 아니어서 나중에 홍상이 각시라고만 소문났지."

1989년부터 무안, 전남 여성농민회를 거쳐 1997~2001년까지 전여농 회장까지 마치고 마을로 돌아온 고송자 회장은 2003년 마을 이장에 선출되었다.

고송자 이장은 마을 회의를 거쳐 임원 전체를 여성으로 바꿨다. 부녀회장 외에는 남자들의 전유물이었던 개발위원장, 새마을지도자, 반장 등을 수양촌 여성농민 6명이 맡으면서 수양촌은 친환경, 정보화 마을로 거듭났다.

퇴비증산용 트럭을 구입해 노인들이 많은 주민들의 농업소득에 기여하고 재활용품 수거 사업으로 마을 기금을 만들었다. 마을공원을 조성하고 마을 펜션을 만들어 고향 사람들에게 쉼터를 제공했다. 펜션으로 인연이 된 도시 소비자와 튼 고향 농산물 직거래사업은 지금까지도 마을 주민 소득에 이바지하고 있다. 여성 임원들의 힘은 전국으로 소문나 신문 방송을 탔다.

전국 최초 마을 임원을 여성으로 채울 수 있었던 것은 1988년 고추 투쟁 당시 보여준 여성들의 지도력과 단결력을 경험한 마을 주민들의 신뢰였다.

정치인 고송자

3년의 이장 임기를 마치자 2006년 민주노동당 도의원 비례대
표 제안이 들어온다.

2002년 민주노동당 전라남도 비례대표는 노동자 출신 전종
덕 의원이었다. 나주시 학교급식 조례를 처음 만든 전종덕 의원
에 이은 2006년 두 번째 비례대표 후보는 여성과 농민으로 압축
됐다. 마을 일부터 군, 도, 전국단위 활동을 경험한 고송자 회장
이 적임자라고 여긴 당과 전여농은 고송자 회장을 설득했다. 선
거철이 되자 마을 이장이 열린우리당 비례대표로 추천한다고 해
서 펄쩍 뛴 일이 있는데, 실제로 진보당인 민주노동당에서 제안
이 오니 당황스러웠다.

"공부를 못해서"라는 고송자 회장의 레퍼토리는 가족들의 지
원사격에 묻혔다. 남편은 1대 민주노동당 비례대표인 전종덕 의
원이 출마했을 때도 찍었으니 이미 고송자 회장의 든든한 후원
자였다. 두 아들은 학력이 중요한 것이 아니라 농촌을 잘 아는
사람이 농민을 대변해야 하는데 농업 문제에 박사인 엄마가 최
고의 실력자라며 응원을 아끼지 않았다.

가족과 전여농 조직의 응원을 받으며 민주노동당 도의원 비례
대표로 출마한 고송자 회장은 비례대표 첫 TV토론에서 우려와
는 달리 박사와 교수 출신 열린우리당, 민주당 여성 비례대표들
과의 토론에서도 밀리지 않고 현장 농민의 뚝심을 발휘했다.

"어려운 말은 모르겠고 알아들을 수 있는 말로 토론하자고 해버렸어. 준비해 간 자료도 필요 없고 농촌 현장 이야기를 했더니 사람들이 잘했다고 하더라고."

농촌에서 농사짓는 '여성농민운동가'라는 경력은 정치인 고송자의 든든한 이력이었다.

정치판에서 여성농민운동 했제

"도의원이 되고 내가 아는 것은 농업문제니까 나는 무조건 농림수산위원회에 넣어 주라고 했어."

임기 2년의 상임위를 배정하고 위원장을 뽑는데도 돈과 로비가 오가는 혼탁함을 경험했다. 고송자 의원에게도 머플러에 돈을 끼워 넣은 선물상자가 배달됐다.

"돈을 발견하자마자 전화해서 거기서 있으라고 했제."

직접 찾아가서 "어렵게 선거 치러서 여기까지 올라와서 이런 짓을 하냐?"며 "내가 나이가 들어서 이 정도에서 마무리 할라니까 다시는 이런 짓 하지 말고 정정당당하게 정치하라."고 호통을 쳤다. 돈을 건넨 도의원은 그날 밤 잠을 한숨도 못 잤다고 후에 고의원에게 고백했지만, 그 후로도 로비 정황은 끊이지 않았다.

"나는 이런 돈 안 받고도 의정활동 하면서 먹고 살 수 있다며 돌려주곤 했더니 돈으로 안 되는 사람인 줄 알고 오히려 나한테 잘하더라고."

고 의원의 고민은 2년에 한 번씩 바뀌는 상임위에서 농림수산위원을 고수하는 것이었다. 정치인 고 의원의 임무가 농업, 농민, 여성정책을 잘 만들어내는 것이니 다른 상임위는 관심 밖이었다. 농민과 여성농민조직이 고 의원의 든든한 뒷배였다.

남성 의원들 일색인 도의회는 민주당 일색이기도 했다. 민주노동당 비례대표 여성농민 고송자 의원은 농업과 여성농민 정책에 있어서는 물불 안 가렸다.

"2006년 쌀 파동 당시 전남 도의원 51명이 국회를 방문해 박희태 사무총장 면담을 하는데 박희태 총장이 한마디 하니까 다 물러서 버리는 거야. 그래서 내가 농촌 현실을 이야기하면서 대들어서 이겨 먹었어. 그랬더니 우리는 고 의원 1명만도 못하다면서 자기들끼리도 쓴웃음을 웃더라고."

직능과 지역을 대표하라고 보낸 일꾼들이 정치적 이해관계를 두고 거래하는 것을 보고 느끼면서 고 의원은 "나라도 잘해야겠다."라는 다짐을 했다. '여성농민조례'와 '학교급식조례' 등 농업·여성농민 정책을 만들기 시작했다. 의정활동 중 가장 기억에 남는 일은 '벼 경영 안전비'를 200억에서 500억 원으로 늘린 일이다. 8일간 단식농성 끝에 병원에 실려가기도 했다. 힘들게 만들어 놓은 예산을 자치단체장들이 생색내기용으로 사용하기 일쑤여서 전라남도는 농민들 통장으로 따박따박 들어갈 수 있게 해두었다. 예산 증액을 위해 본회의장에서 싸우는 모습이 지역방송을 탔는지 의정활동 보고를 위해 마을을 돌면 어른들이 "고 의원

319

뭣 땀시 그렇게 싸웠어."라고 물을 정도로 본회의장에서의 투쟁은 고 의원의 상징이었다.

"지금도 통장에 벼경영안전자금이 들어오면 그렇게 든든해."

섬 주민들은 생활용품을 비싸게 사서 쓴다. 생활필수품을 육지 사람들과 같은 가격에 살 수 있도록 지원제도가 있는데, 이 제도가 악용되고 있는 점을 발견한 고 의원은 생필품 지원금 조사에 들어갔다. 한 통에 5천 원씩 지원하는 가스 물류비 지원금이 가스 사업자들에게로 흘러가고 있었다. 주로 노령층이 사는 섬마을에서 할머니들이 가스 1통을 사면 몇 달을 사용하는데 넘겨받은 자료에는 한 명이 한 달에 2~3통 사용한 것으로 집계되었다. 게다가 가스 차 한 대에 주는 보조금까지 합치니 꽤 큰 금액이 새고 있었다. 신안군에 자료를 요청하고 친정 동네 면사무소에서 받은 자료를 검토해 보니 더 기가 막혔다. 섬마을 할머니들한테 돌아가야 할 지원금 빼먹기가 섬마을 출신 고 의원에게 딱 걸린 것이다.

도의원 명패를 한글로 바꿔

"첫날 등원하니까 명패를 주는데 죄다 한자투성이인 거여. 나는 한글로 바꿔 달라고 했지. 내 나라 도의회에서 한글 명패를 안 쓰는 것이 이상하지 않은가?"

고 의원의 한글 명패는 나비효과라도 되는 듯 전남도의회 명패를 한글로 바꿔버렸다.

"고령의 농민들이, 한자 세대가 아닌 젊은 지역주민들이 민원 때문에 고 의원을 만나러 왔는데 이리저리 헤매게 할 수 없다." 라는 게 고 의원의 생각이었다.

"영암 F1 사업을 못 막은 것은 지금도 아쉬워." 농사지어야 할 땅을 매입해서 국제자동차 경주장을 짓겠다는 발상 자체에 동의할 수 없었던 고 의원은 민주당 일색 도의원들 대다수가 찬성하는 사업을 혼자 반대했다. 이후에 일부 민주당 의원들도 고 의원의 주장에 합류했지만 투표 결과 5표 차이로 지면서 영암 F1 사업은 추진됐다.

"영암 F1 사업을 추진했던 사람들이 내 사무실에 와서 항의하고 난리도 아니었어. 왜 영암발전을 막냐고. 지금 F1 사업은 적자투성이잖아. 농사지을 땅을 사행성 가득한 사업부지로 둔갑시켰으니 그 일은 애초부터 될 일이 아니었제. 4,300억 들여서 지었는데 지금도 1,000억이 넘는 적자에 세금 먹는 애물단지여."

2010년 지역구 선거에 나선 고 의원은 지역을 훑었다. 농민과 어려운 사람을 위해 일할 사람은 고 의원뿐이라고 엄지 척하는 주민들은 많았지만 민주당의 벽을 넘기는 힘들었다. 198표 차의 석패였다.

"아깝게 졌지만, 정치인 고송자를 지지했던 군민들에게 보답하는 일은 농민운동 열심히 하고 사는 것이라고 생각해."

도의원 하면서도 농사일을 멈출 수 없어 밤새워 일 한 적도 있고 농사철에 치러야 하는 지방선거는 폐농을 각오해야 했지만 그래도 고 의원은 해볼 만한 도전이었다고 회고한다.

"도의원 해봉께 공부 많이 한 것이 중요한 것이 아니라 얼마나 농민을 위한 사람인가가 중요하더라고."

단식에, 삭발에, 투쟁에, 도의원으로 살면서도 정치인 고송자의 본질은 뼛속까지 여성농민이었다.

정치인 고송자와 여성농민 고송자는 다르지 않았다.

여성농업인센터장 고송자

2019년부터 무안군 여성농업인센터장을 맡고 있다. 지금도 밭농사 2만여 평 넘게 짓고 있는 고송자 센터장은 꼬리뼈 있는 곳에 혹이 나서 2019년 봄 전남대병원에서 수술을 받았다. 밭농사를 전담하는 여성농민들에게 고질병이고 재발을 잘 한다고 하니 갑자기 서러움에 눈물이 터져 나왔다. 다행히 수술은 잘 되었지만 칠십을 바라보는 나이에 더는 밭일에 매달리는 것이 무리였다. 당시 여성농업인센터장 자리가 비어 있었고, 이정옥 이사 등이 적극적으로 권유해 여성농업인센터장을 맡았다.

"젊었을 때 애기들 델꼬 밭에 일하러 가면 깔따구가 온몸에 붙응께, 리어카에 눕혀놓고 숨도 못 쉬게 싸맨 채 일을 했제. 아이들만이라도 어디 맡길 곳이 있었으면 훨씬 수월했을 것이여."

여성농민들의 보육과 교육, 문화와 복지 활동 지원을 위해 김대중 정부 농림부 여성정책담당관실이 추진한 여성농업인센터는 여성농민들에게 꼭 필요한 시설이라는 생각에 도정 보고차 무안군청에 온 박태영 전남도지사에게 손을 들고 질문과 제안을 동시에 했다.

"도정 보고에 와보니 모두 남자들인디 여자인 나도 말 쪼까 해봅시다. 도지사 후보 시절에 제가 여성농민 대표로 질문도 했는데 기억하실지 모르것지만 두 가지만 이야기하겠습니다."라며 말문을 연 고송자 회장은 "목포에 중국 배가 다니면서 고춧가루, 깨 등을 중국 보따리상이 가져다 나르니 여성농민들이 힘들게 농사지은 깨, 고춧가루 가격이 똥값이 되야부럿습니다. 배를 없애든가 단속을 강화해 주십시오."라고 요청했다. 박 지사는 철저히 조사해 보겠다고 약속했다.

"무안은 밭농사가 많아서 여성농민들이 겁나게 고생을 하는디 여성농민을 위한 여성농업인센터가 필요합니다."라는 고송자 회장의 두 번째 건의에 박태영 도지사는 돌아간 뒤 9억 원의 예산을 무안군에 배정해 무안 여성농업인센터 건립은 고속열차를 탔다. 도정 보고 자리에서 말 한자리 했다고 정책자금이 배정되지는 않았을 것이다. 여성농민운동가, 정치인 고송자에 대한 신뢰가 아니고서는 설명할 길이 없다.

무안군은 현경면 용정리에 1만여 평의 땅을 사들여 3년여 동안 공사를 거쳐 2006년 무안군 여성농업인센터를 건립했다. 무안여성농민회가 위탁을 받은 무안여성농업인센터는 연간 9,700만 원의 예산과 일정 비율의 자부담으로 운영됐다.

"우리 때 공부 못한 것은 시대가 어려웠으니 창피한 일이 아닌디 시골 엄마들은 공부 못하고 한글 깨우치지 못 한 것으로 평생 기죽고 살았응께 한글 교육을 제일 먼저 했어. 80~90대 할머니들 24명이 주 2~3회씩 와서 공부를 했제."

한글교실반 학생들이 시와 그림을 곁들여 '이젠 하나도 무섭지 않아. 글을 읽을 줄 아니까'라는 제목으로 엮어 책을 내기도 했다.

고 센터장은 전여농 회장 시절 집회에서 연설해야 할 때 농산물 수입개방과 관련한 영문들에 막혔다. 영어를 접할 길도 공부할 시간도 없었던 터라 매번 실무자에게 한글로 써 달라고 부탁해야 했다.

어느 회장님은 실무자들이 써준 연설문을 읽다가 (FTA)를 '괄호 열고 에프티에이 괄호 닫고'로 읽어 실무자는 당황하고 대중들에게는 큰 웃음을 주는 해프닝이 벌어지기도 했다. 한글도 깨우치기 어려운 시대를 살았으니 로마자 알파벳은 먼 나라 말일 뿐이었다. 고 센터장도 센터 영어반에서 알파벳 대문자까지는 어찌어찌 뗐는데 소문자에 들어가니 첩첩산중을 만난 느낌이란다.

장구 교실, 요가 교실, 줌바 댄스, 스마트폰 교실과 뜨개질 등 취미교실 등을 운영하던 중 '코로나19'를 맞이하면서 수업이 전면 중단되었다.

"남편이 스마트폰 활용을 잘 못해. 긍께 같이 댕기잔께 안 다니드만 이런 것도 못해요?라면서 내가 놀려먹지."

여성농업인들의 능력과 권익향상을 위한 여성농업인센터가 할 일이 많기는 한데 현실적인 한계도 분명하다고, 고 센터장은 지적한다.

농업 관련 교육을 하려고 해도 농사짓는 여성농민들 참여가 어렵다. 농사를 많이 짓는 사람들은 늦도록 들에서 일하다 보니 저녁 시간에 개설한 교육 참여조차 어렵고 힘들게 오더라도 피곤해서 졸기 일쑤다.

초창기 여성농업인센터의 주요 기능이었던 보육프로그램도 농촌지역 인구감소로 아이들 모집이 어렵다 보니 정부에 건의해 주요 사업에서 빼야 했다.

건립한 지 6~7년이 되니 여기저기 보수할 곳도 생긴다. 올해는 코로나가 웬만해질 것 같으니 '여성농민에 의한, 여성농민을 위한, 여성농민의' 공간과 사업이 될 수 있도록 더 뛰어볼 생각이다.

세상을 바꾼 여성농민운동

72세의 고송자 회장은 평생 제일 잘한 일로 여성농민운동을 꼽는다.

"우리가 세상을 많이 바꿨어. 의료보험 투쟁도 공무원들은 50퍼센트를 정부가 보조해주고 농민은 25퍼센트만 해 준다니 얼마나 부아가 나. 그때 이정옥, 정수기랑 마을 엄마들한티 의료보험증 가지고 의료조합으로 오라고 해서 한 명씩 반납하는 퍼포먼스를 하는데 속이 다 시원하더라고."

결국 의료보험 투쟁도 농민들에게 정부 보조금 50퍼센트가 적용되면서 농민투쟁이 승리했다.

"1984년인가 마늘값 보상대회 한다고 무안군청 앞에 데모 구경하러 갔다가 처음 최루탄을 맞고 정신 못 차린 기억에 그 후로 어느 집회를 가도 최루탄만 쏘면 제일 먼저 냅다 도망갔더니 고송자 보라고 웃고 난리더만. 지랄탄은 왜 그렇게 지랄 맞게 사람을 쫓아 오던지, 걸음아 나 살려라 하고 도망 댕겼제."

삼십 대 후반이던 여성농민 고송자가 해남읍교회에서 받았던 첫 농민교육은 오늘의 고송자 회장을 있게 했다. 의료보험뿐인가? 일본 잔재 수세도 없앴고, 쌀·밭 직불제도 다 농민들이 싸워서 이뤄낸 성과들이다.

"돌아보니 말하는 대로 된 것이 많아. 통장에 착착 꽂히는 돈들이 다 농민들이 싸워서 이뤄낸 것이지 거저가 어딨어? 그래서 나는 여성농민운동이 세상을 바꿨다고 생각해."

전여농 먹거리사업인 '언니네텃밭'이 지난해 10억 원의 매출을 달성했다고 한다. 무안여성농민회도 센터와 같이 꾸러미 사업을 한다.

무안여농이 여성농업인센터를 위탁 운영하는 것에 대한 시비도 많다. 여성농민회가 하니까 센터에 사람이 잘 안 온다는 유언비어도 퍼뜨리고 농민회나 여농이 회의나 행사라도 할라치면 눈 흘기며 불편해하는 사람도 있다.

"농민회나 여성농민회원은 무안 군민 아니고, 무안 농민 아니간디? 다른 지역은 지자체에서 농민회 사무실 공간도 내주고 하던디 주민이 무안여성농업인센터 사용하는 것이 무슨 문제냐."라며 대거리를 했지만 속이 상한다. 농민운동가들이 고생하며 만들어 놓은 정책의 수혜는 다 누리면서 조금의 손해도 입지 않으려는 사람들을 보면 힘이 빠지기도 한다.

현재 여성농업인센터는 예산 1억 4천여만 원에 3명의 상근직원을 두고 있다. 인건비와 사업비를 빼면 빠듯한 살림임에도 불구하고 지난해 관변단체가 위탁을 받으려고 달려들기도 했다.

"그 단체 회장을 센터에 오라고 했지. 센터 건립과정, 운영내용, 예산 등을 이야기해 주니까 당연히 여성농민회가 운영해야 한다면서 깨끗하게 포기하더라고."

"여성농민운동이 데모만 한다는 이미지를 바꿔야 한다."라는고 회장은 아직도 바꿔야 할 세상이 많다.

고 회장과 박 회장

고 회장의 든든한 내조자는 박 회장이다. "무안군농민회 회장을 했제. 남편은 도 회장도 할 만한 인품과 재목인디 둘이 미쳐서 농민운동한다고 다니면 살림이 되겠냐."며 박 회장은 고 회장의 적극적 지지자이자 내조자를 자처했다.

무안농민회장 할 때 집회 발언을 맡은 박 회장이 미리 써간 종이를 펼치자 비가 우두둑 내렸다. 수성펜으로 쓴 연설문 글씨들은 뭉개지고 당황한 박 회장은 "나 못하것소." 하고 무대를 내려와 버린 일로 고 회장은 박 회장을 평생 놀려먹는다. '샤이' 박 회장과 '불도저' 고 회장은 천생연분이다.

여성농민회 입문 초기 발언도 정리해주고 세상 돌아가는 이야기도 많이 나눴다. 지금도 박 회장 노트와 신문스크랩에는 고 회장 관련 일지와 기사들로 가득하다.

가난한 집 7형제 장남으로 태어나 돌뿐이었던 박토를 삽과 괭이로 옥토로 만들어 낸 박 회장은 동생과 조카들 일이라면 자식일 만큼이나 껌뻑 죽는다. 시동생에게 맡긴 소를 되돌려 받지 못해 고 회장에게 그렇게 지청구를 들어도 동생에게 말 한마디 않는다. 둘째 아들과 조카가 고향마을에 들어와 소를 키우고 농사지으며 제 식구들 늘려가는 모습을 보는 박 회장의 눈은 흐뭇하고 입에서는 "보기 좋지 않은가"라는 말이 노래처럼 흘러나온다.

"젊을 때 농민교육 가보면 꼭 땅을 사라고 하등만. 근디 박 회장이 꿈쩍도 안 하는 거여. 내 말만 들었어도 땅부자 되얐을 것인디.”

55세에 막차 타고 신청한 전업농으로 그나마 농지를 살 수 있었다던 고 회장은 여부자의 후손을 몰라본 박 회장 안목이 아쉽다. 김영삼 대통령 시절 하우스 농사 지원 막바지라 다들 융자금 1퍼센트짜리 정책자금 받으려고 난리였는데 “남편은 그 빚을 어떻게 갚으려고 하느냐.”라며 반대했다. 도저히 밭농사만으로는 일어설 수 없다고 판단한 고 회장이 막무가내로 1억 대출을 받아 하우스를 지으니 박 회장의 한숨도 깊어갔다. 고 회장은 알타리 농사로 수천만 원을 벌었고, 수박과 무를 심어 그해 1억 원의 수익을 냈다.

하우스 농사 재미를 본 고 회장은 마을에도 하우스 예산을 따왔는데 정작 무안군에서 참여 농가가 없을 것이라고 반대했다. “하거나 말거나 마을 사람들한테 물어나 봅시다.”라며 수요 조사를 했더니 대다수가 참여하겠다고 손을 들었다. “나 땜시 우리 마을이 하우스촌에, 빚투성이가 되었지.”라며 웃는 고 회장은 농한기 없는 하우스 농사가 돈은 벌어도 몸은 고달픈 애증의 관계란다.

나이 먹으니 박 회장도 여기저기 아프다. 몇 년을 참다가 고통을 더는 못 이기고 박 회장은 올해 2월 서울에서 디스크 수술을 받았다. 2주간 서울에서 병원 신세를 지는데 퇴원 사흘 전에 농민집회가 잡혔다. 고 회장이 참석해야 하는 자리라 “어쩌께라우.

며칠 일찍 퇴원하면 안되겠소."라고 조심스레 묻는 고 회장에게 박 회장은 두말없이 대답한다.

"그래야제."

농사 멘토

"젊은 시절, 참말로 가난했제. 결혼하고 3년 만에 시아버지가 돌아가시니 남겨주신 땅과 식구들 건사까지 모든 책임이 몰려오데."

지금은 고구마가 고소득 작물이지만, 옛날에는 주정용 고구마로 가격이 싸서 그나마 썰어 말리면 돈이 되니까 노지에 고구마 썬 것을 말리는데 비라도 오면 걷느라고 난리가 났다. 힘들게 농사지으면서 오직 내 자식들은 나처럼 고생 안 시키겠다면서 "농사는 절대 짓지 말라"던 고 회장은 "농업, 농촌, 농민 없이 세상이 돌아나 갈까?" 싶어 누구 하나라도 농사를 지었으면 싶었다.

광주에서 대학을 나온 두 아들 중 막내아들이 몇 년 전부터 고향에 내려와 고구마 2만 평 농사를 짓더니 얼마 전 손자까지 안겼다. 큰아들은 농사지을 생각 말고 편하게 살라는 엄마 뜻대로 광주에서 착실히 직장에 다니고 있다.

가난을 물려주고 싶지 않아서 아들 둘 낳고 말았는데 지금 생각해보면 딸 하나라도 더 낳을 걸 후회가 된다. 그때는 너나 할 것 없이 어렵게 살던 시절이라 아이들 제대로 못 먹이고 몇 년을 입힐 요량으로 이불로 덮어도 될 정도로 큰 옷을 사서 입혔다. 큰아이는 새 옷을 입어보지만 작은 아이는 매번 물려받은 헌 옷을 입어야 하니 입이 댓 발은 나왔다.

"한번은 큰아이가 다쳐서 입원했는데 병문안 온 사람이 용돈을 쥐여줬나 봐. 엄마한테 말도 안 하고 갖고 있다가 중학교 졸업식 때 새 운동화를 신고 나오더라고. 얼마나 새 신이 신고 싶었을까? 마음이 짠했어."

농업노동은 보통 고된 일이 아니다. 지금은 기계화되고, 인력시장에서 일꾼을 구하는 시절이지만 노동강도는 다른 노동에 비할 바가 아니다. 그렇다고 가격이 안정된 것도 아니고 들쭉날쭉하니 영농 빚 없이 농사짓기는 더욱 어렵다.

막내아들이 농사짓겠다고 하니 반갑기도 하면서 한편, 짠한 마음이 드는 것은 어쩔 수 없다.

"자식이 농사를 짓는다는 것은 부모에게는 한 짐이여. 나이 묵어 활발하게 내 농사를 짓지 못해도 아들 농사짓는 것을 옆에서 보면 자연 거들게 돼. 잔소리라도 하게 되고."

요즘은 외지에서 인부를 얻어서 농사지으니 인건비 대기도 바쁘다. 농사 규모가 큰 만큼 빚도 덩달아 커진다. 농업에 뜻을 둔 '귀농인에 대한 대책이 중요하다'라는 고 회장은 농촌공사에서 외지인들 땅을 지역 농민들에게 임대하는 일을 더 확대하라고 주장한다.

여성농민 일감 갖기 사업의 일환으로 시작된 절임 배추 사업이 식품 가공 관련 법률이 강화되면서 소규모로 김치 사업을 병행한 여성농민들은 재투자나 불안정한 판로 앞에서 대부분 포기하고 만다. 김치시장은 유명연예인을 앞세우거나 기업들의 돈벌이가 되면서 중국산이나 싼 농산물로 농촌 일감과 국산 먹거리 이미지를 실추시키고 있다.

농사는 오랜 시간 축적된 경험이 전수되어야 한다. 땅과 물, 지형과 바람, 볕 등 자연의 변화를 읽고 느끼는 감수성이 필요하다. 한두 해 배워서 되는 일이 아니다. 고 회장은 농사 멘토 없이 젊은이들만 농사짓다가는 실패보기 십상이라 말한다. 농사는 대를 이어 전수해야 하는데 지금 농촌에는 전수자들이 절대적으로 없다. 농사 명인들은 하루가 다르게 유명을 달리하니 농사 대가 끊길 판이다.

2020년 6월 한국농촌경제연구원이 주관한 '농업인단체장 초청 농촌연구자문단 회의'에 참여해 발언하는 고송자 회장. ⓒ한국농촌경제연구원

아픈 손가락

같이 농사짓는 막내아들 의수(義手)를 볼 때마다 고 회장은
후회와 짠함이 밀려온다.

막내아들은 군 복무 중 농기계에 손이 끼여 오른손을 잃었다.
대학 다니다가 산업체 군 복무지로 농촌현장을 택한 아들이 손
을 다치자 고 회장 부부는 하늘이 무너진 것 같았다. 고맙게도
몸과 마음을 잘 추스른 막내아들은 학업을 마친 뒤 평생직장으
로 농촌과 고향을 택했다.

"정신 차려 봉께 왜 농촌에서 일하다 다치면 산재(산업재해)
적용이 안 되는지 이상하더라고."

고 회장은 한덕수 당시 농림부 장관과 같은 당 국회의원이었
던 권영길, 노회찬 의원 등에게 농업산재에 대한 법률이 필요하
다고 이야기했다. 지금은 농협에서 농작물재해보험을 통해 농작
물 재해에 대해서는 일정 정도 보상이 가능하지만 농사짓는 사
람이 입은 재해에 대한 지원이 없다. 작물도 사람도 다치면 치료
받고 재활할 수 있도록 국가가 도와야 하는데 말이다.

"우리 아그덜 백일, 돌사진도 못 찍었어."

사진첩을 들추다 환하게 웃고 있는 아이들 얼굴을 보는 고 회
장 눈에 눈물이 쌓인다.

"이때는 참 이뻤는디 정신없이 사느라 아이들 이쁜 줄도 몰
랐제…."

농사짓는 한 데모는 해야제

1994년 전남여성농민회 회장이었던 고송자 회장은 현재도 전남여성농민회 회장이다.

"여성농민운동이 침체기를 겪으면서 사람이 없어서 내가 다시 맡았어."라며 고송자 회장은 "여성농민 조직이 없어지면 안 돼. 농촌학교 병설유치원 설치, 여성농업인육성조례, 급식조례운동, 의료보험 투쟁, 수세 투쟁, 농산물제값받기운동, 밭직불제, 먹거리운동 등 우리가 세상을 바꾸는 일을 얼마나 많이 했당가."

초고령화되고 대농화, 상업농화 되어가는 농촌지역에서 새로운 여성농민운동가를 발견하고 키워내는 일은 참으로 지난한 일이긴 하다. 개인보다 조직의 힘을 평생 경험한 고송자 회장은 오늘도 악착같이 현장을 살아낸다.

"농사짓는 한 여성농민운동 할 것이여. 촌에 사는 한 죽을 때까정 해야 해. 하하."

박남식 땅의사람들

남편 윤두병을 결혼 전 옥바라지 하며, 지금껏 누려왔던 삶과는 다른 삶을 맞닥뜨리고 사회의식에 눈을 떴다. 크리스찬아카데미 교육을 통해 조직운동가의 삶으로 거듭났다. 1991~1993년 전여농 부회장, 1995~2000년 전여농 감사를 지내며 농민에게 득이 되는 일을 하겠다는 평생의 바람을 이어갔다. 1989년 조직한 여성농민 후원조직 '땅의사람들'을 지금까지 이어오고 있다.

길잡이
박남식의
노래

녹음이 짙어가는 2022년 6월 경기도 평택, 박성자의 옛집 아래채에 마련된 박남식 선배의 차실 '오연헌(梧硯軒)'[29]에 닿았다. 빛바랜 나무 문은 졸연히 찾아든 방문객을 반기듯 덜그럭거렸다.

고흥에서 여성농민 교육문화프로그램을 진행하며 여성농민의 삶을 채록하던 나는 위안부가 될 뻔한 소녀, 여덟 살에 겪은 여순사건, 첩과의 한집살이, 어린 자식의 잘린 손가락을 부여잡고 밤새 걸어야 했던 삶을 만났다. 먼 과거의 한 장면으로만 인식되었던 질곡의 현장이 바로 이웃해 있었다.

그들의 기억이 흐릿해지기 전, 기억을 붙잡고 싶다는 간절함이 불현듯 여성농민운동 1세대 선배의 활동을 기록하는 일에 겁 없이 나를 동행하도록 떠밀었다. 어설픈 나의 참여가 선배의 삶을 온전히 담지 못함에 누가 되지 않을까 잠 못 드는 밤이 찾아왔다.

---

29 박남식의 묵호인 '오연(梧硯)'을 따서 차실의 당호를 '오연헌(梧硯軒)'이라 하였다.

나의 부족함과 객관적인 표현을 위해 존칭을 생략하였음을 너그러이 헤아려 주시길 부탁드리며 시작하고자 한다.

오연헌에서 풍기는 연두색 차향 너머 박남식 선배의 목소리는 투쟁이 되고, 시가 되었다. 처마 끝에 매달린 물고기 풍경이 덩달아 찰랑거렸고, 밤이 깊을수록 시간은 거꾸로 재빨리 흘렀다.

가지밭에 터를 팔아?

어린 남식이 마당 빗자루로 축담(토방)을 싹싹 쓰니 할머니께서 "너 그렇게 마당 비로 축담 쓸면 악독한 며느리 본단다." 하시며 꾸짖었다.

"할머니 니도 마당 비로 축담 쓸어서 악독한 며느리 봤나?" 지지 않고 대꾸하자 할머니는 입을 크게 벌리고 놀라운 표정을 지으시며 "그건 악독한 게 아니고 본데가 없어서 그래."라고 누그러진 말투로 말씀하신다. 풍족하게 자랐던 숙모는 아들 셋을 잘 키우려고 아득바득하셨을까? 남식의 눈에는 숙모가 욕심 많고 드센 며느리로 보였다고 한다.

또 하루는 할머니가 똥바가지를 숙모 집에 갖다 주라고 심부름을 시키자 남식이 말대꾸했다.

"그건 머슴이 하는 일이다."

"지금 머슴이 없으니 네가 갖고 가라."

"자꾸 그러면 내가 뿌숴삘끼다."

"그래 뿌쉬삐라."

할머니랑 아웅다웅 끝에 남식은 소리 없이 대문 밖으로 나와 돌팍 위에 탕탕 두드려 똥바가지를 깨버리고 놀러 가버렸다. 남식 나이 고작 열 살도 되기 전이었다. 농촌에서 똥바가지가 어떤 존재인지 모르지 않은 할머니지만 그날 이후 똥바가지에 대해 묻지 않았다. 캐묻지 않은 것은 할머니의 지혜가 아닐까 싶다.

"내가 태어나던 날, 할머니는 이불을 걷어보더니 '고추 없다' 하고 그냥 가버리셨대. 미역국도 안 끓여주고."

어머니는 그 허기가 해마다 남식이 태어난 정월만 되면 느껴진다고 하셨다. 어린 남식에게 할머니의 감정이 고스란히 전해졌을 터이다.

"내 밑으로 여동생을 낳으니 할머니는 나를 더 안 예뻐했어. 가지밭에 터 팔았다고! 여동생은 밑으로 남동생을 보니 고추밭에 터 팔았다고 먹을 것이 생기면 여동생을 주더라고."

할머니는 당시 글을 읽을 정도로 깨인 분이었다. 덕분에 남식에게 책도 읽어주고 이야기보따리도 풀어 주었지만, 할머니와 거리감이 있었던 이유다. 할머니는 어머니에게 "저년 기가 세니 함양 산청으로 시집보내라."라며 농담처럼 말씀하셨단다. 교통이 발달하지 않았던 시절, 함양 산청은 깊은 오지였다. 한 치도 지지 않고 대답을 하니 기가 세다고 할 수밖에.

어른이 된 남식을 보며 어머니는 "이래 부드러운 너를 못 보고 가셨어."라고 되뇌었다. 할머니가 돌아가신 후, 아버지는 네모

난 작은 밥상을 부숴버리고 동그란 큰 두레상을 맞춰왔다. 머슴에게도 머슴이라 부르지 않고 일꾼이라 부르라 하셨다. 가족처럼 부르고 밥도 같이 먹자고 했다. 일꾼들 밥도 위아래 없이 밥솥 안에 쌀밥과 보리밥이 고루 섞이도록 전부 섞어 나눠 먹었다. 한솥밥의 공동체라 하면 너무 거창할까? 몸으로 깨달아지는 것은 쉬 잊히지 않는다.

오! 나의 아버지

누구에게나 부모의 삶은 반추된다. 오롯이 어린 남식에게 비친 아버지의 모습은 어땠을까? 밤이 지도록 되살아난 아버지의 긴 이야기를 모두 담지 못함이 구술 내내 안타까웠다.

일제강점기 때 남식의 아버지는 형제(큰형 부부, 남동생)들과 한동안 흑룡강성에 이주해서 살았다. 큰아버지는 딸 하나를 고향에 남겨두고 떠났으니 발길이 더 떨어지지 않았을 게다. 그렇게 아버지 형제들은 먼 타향에서 농사를 지었고, 다행인지 불행인지 정미소를 운영할 수 있었다. 해방 후 정미소가 처분이 잘 안 되어 큰아버지 내외만 남고, 아버지와 삼촌은 고향으로 돌아왔다. 그 후 그어진 38선은 가족의 분단선이 되었고, 4남 1녀 중 차남이었던 아버지는 장남이라는 짐을 져야 했다.

"훗날 대한적십자사를 통해 큰아버지 가족이 한국에 돌아올 수 있는 길이 열렸어. '남북이산가족고향방문사업'이 제안되며

7·4남북공동성명으로 분위기가 무르익을 때여서 가능했을까?
흑룡강성 옛 주소로 큰아버지와의 편지 교환이 시작되었어.”

　큰아버지는 주소가 바뀌지 않은 채 살고 계셨다. 고향에 남아
있었던 큰아버지의 딸이 대한적십자사에 이산가족상봉을 요청
하는 탄원을 내며 큰아버지 가족을 고향으로 모시는 작업을 시
작했다. 이들의 주거 해결과 공탁금을 내는 조건으로 귀국길이
열렸고, 아버지 4형제는 400만 원을 모아 공탁금을 내고 작은 집
을 마련했다.

　“그때 서울 13평 아파트값이 90만 원쯤 되었으니 큰돈이었지!”

　가족을 만나는데 가릴 것이 못 되었다. 그때는 평양을 거쳐
귀국할 수 없으니 북경과 상해를 거쳐 꼬박 3박 4일이 걸려 도착
했다. 20여 년 긴 세월 가족 모두의 가슴에 박혔던 대못이 빠지
는 순간이었다.

　대가족이었던 옛날에는 집안 어른의 결정을 뒤집는 것은 감히
바랄 수 없는 일이었다. 증조할아버지는 “서당 공부를 해라. 학교
가면 일본말 배워 일본 놈 말단 공무원밖에 못 한다.”라며 신식
학교 교육을 반대한 분이다. 손주(남식 아버지)의 국민학교 입학
을 허락하지 않았다. 할아버지는 “내 자식 내 맘대로 키울라요.”
라고 항변했지만 증조할아버지는 낫으로 당신 허벅지를 베며 강
하게 반대했다. 그때가 3~4월이었는데 오뉴월 상처가 덧나 고생
하셨고, 끝내 아버지는 학교에 가지 못했다. 아버지는 서당에서
사람들과 모여 토론하고 학습하는 것을 즐겼고 신식학문을 혼자

깨쳤다. 검산식을 스스로 알아챌 정도로 수리에 밝았고 두뇌가
명석했다. 한동안 미군 부대에서 근무한 아버지는 할아버지가
돌아가시자 "쌀이 보배인데 너나없이 나가버리면 누가 농사를 짓
노?" 하시며 농사를 시작했다. 남들이 한 마지기에 넉 섬을 수확
하면 닷 섬을 수확할 정도로 농사를 잘 지었다. 아버지는 "일하
지 않는 사람은 먹지 말아야 한다. 게으른 병은 문둥병자보다 더
무서운 병이다."라며 게으름을 경계하셨다.

1974년 동네 전답이 창원산업단지로 편입되면서 보상 문제로
시끄러웠다. 끝까지 편입에 반대했던 아버지에게 시행사 직원이
찾아왔다. 읍내 다방에서 만난 직원은 돈뭉치를 주면서 회유하기
시작했다.

"한 사람씩 회유한 거야. 7~8만 원씩. 아버지가 '야이야, 너거
들이 나를 돈으로 매수하려고 하나?'라며 다방에다 현금을 촥
뿌려버리니 직원 얼굴이 벌게져서 갈 수밖에 없었어."

아버지는 선거 때에도 고무신 한 짝 얻어 신은 적이 없었다.
옛날에는 선거 때 고무신 한 켤레씩 많이 돌리던 시절이었다. 농
촌이 피폐해 가는 걸 보면서 더욱 타협 없이 사신 아버지다. 어
떤 경우라도 올곧던 아버지는 남식에게 든든한 버팀목이자 자부
심이었다. 남식이 농민운동을 하지 않았다면 알아채지 못했을 또
하나의 일은 아버지가 요즘 흔히 말하는 농업경영일지를 쓰셨다
는 것이다. 당시 쌀 80킬로그램 한 가마니 생산에 드는 비용을
구체적으로 내놓을 정도로 꼼꼼히 기록하고 계셨다. 생산비를 계

산하는 농민들에게 왜 자신의 노임을 계산하지 않느냐고 하셨다.

"우리 집 논이 동네 안쪽으로 너 마지기, 바깥쪽으로 너 마지기 나뉘어 있는데 각각에 대한 비용과 일지를 기록해 놓았더라고. 지나가다 우리 집 일손을 거들어 준 분들의 노동시간까지 반나절, 2~3시간… 이렇게 일한 시간에 따라 노임을 지급한 기록까지 있는 거야."

아버지는 남식에게 말은 안 했지만, 창원에서 가까운 '고성농민회 쌀생산비 보고대회'에 혼자 다녀오셨다. 훗날 이 사실을 알게 된 남식은 너무나 안타까웠다. '왜 나는 아버지와 함께하려고 시도조차 해보지 않았던가!' 남식은 아버지 연세가 많다고만 생각했다. 더 나이 든 장로님들과 농민운동을 같이 했으면서도 아버지와 한 번도 마음을 함께 해보지 못했다. 아버지께 농민운동 하자고 권하지 못 한 것이 가장 큰 후회로 남았다. 어린 남식에게 아버지는 민주적이고 정의로운 분이었다.

"내게 이런 심성과 자질을 키워 준 아버지에게 고마울 일이지."

아버지의 기록하는 습관까지 고스란히 이어받은 남식은 아버지의 삶을 이야기하지 않고서는 자신의 삶도 설명되지 않는다고 한다.

기세 당당, 길을 열라!

박남식은 1947년 11월 29일 경남 창원군 창원면 사화리에서 태어났다. 1970년대 창원산업단지로 편입된 곳이다. 2녀 4남의 6 남매 중 맏딸이지만 딸도 공부해야 한다는 아버지 덕분에 상급 학교에 진학할 수 있었다.

고향 창원에서 중학교 졸업을 앞두고 남식이 가고자 하는 고 교 입학원서를 아버지가 감추었다. 남식은 감춘 입학원서를 찾아 내 허락도 없이 가출 아닌 가출을 감행했다. 부산 사는 사촌 형 부에게 전보를 친 후 무작정 부산 가는 기차에 올랐다. 사촌 형 부 집에서 한 달간 시험 준비를 마치고 드디어 명문고인 경남여 자고등학교에 합격했다. 그야말로 금의환향할 일이었지만 아버지 몰래 간 것이니 걱정이 태산이었다. 조심스레 집에 도착하자 여 동생이 "남식이다." 소리쳤다.

"쉿, 조용히 해라."

"걱정 마라, 아버지 안 계신다. 글고 이미 동네잔치까지 끝 냈다."라며 여동생이 웃었다. 명문고 합격자 명단이 신문을 통 해 발표되던 시절이라 남식보다 한발 앞서 도착한 합격 소식 덕분이었다.

그날 마주한 아버지는 다른 고교를 가면 장학금도 받을 수 있 는데, 어린 딸이 혹여나 명문고 시험에 떨어지면 자신감을 잃을 까 걱정되어서 입학원서를 감추었다고 고백하셨다. 존경하는 아 버지의 응원에 기세 당당해진 남식은 부산 생활을 마치고, 모교 인 창원여중에서 수학 교사로 근무하게 된다. 5년 정도 교사 생 활을 마치고 나니, 사람은 서울로 보내고 말은 제주도로 보내라는 말처럼 남식은 서울이 가고 싶었다.

"내가 1960년대에 운전면허를 땄어. 부잣집에, 형제 많은 집에, 맏딸로 나라에 전쟁 나면 운전이라도 해야 한다고 면허를 딴 거야. 그 시절 여자가 간이 컸지."

서울에 터를 잡은 친구도 서울로 오라하고, 편지를 주고받던 그(지금 남편)도 서울로 '오시오. 오시오' 남식을 이끌었다. 1973년 서울행을 결심한다. 상경한 남식은 잡지사 근무도 하고, 주부교실중앙회에서 운영하는 식생활시범관 교육생 겸 보조교사를 하며 서울살이에 적응해 갔다.

남편과 역사의 회오리 속으로

창원-진해를 오가는 기차 안에서 처음 마주했다. 베레모를 쓴 그가 특이해 보였다. 키가 크고 얼굴도 훤하게 생겨서 첫눈에 호감이 갔다. 두근거리는 마음으로 집으로 달려가 "야야~ 나 오늘 근사한 사람 봤다."라고 여동생에게 속삭였다. 인상착의를 들은 여동생은 깔깔깔 웃으며 "내 안다, 그 사람. 내가 델꼬 올게."라고 말하며 자신만만하게 어깨를 으쓱댔다.

그는 진해에서 내로라하는 우수 학생들의 영어 과외 선생이었다. 진해에서 유학 중이던 여동생도 그의 학생 중 한 명이었다. 서울 태생인 그는 작은형이 해군사관학교 관사에 살고 있어서 진해에 머무는 일이 잦았다. 그와의 인연은 그렇게 시작되었고 절친한 사이가 되었다.

1974년 1월. 그가 긴급조치 1호[30] 위반으로 구속되었다. 체포된 것도 신문을 통해 알았다. 징역 10년, 자격정지 10년을 선고받고[31] 항소하였지만 결국 징역 7년 자격정지 7년을 선고받았다. 가족이 아니면 면회도 되지 않았다. 그가 구속된 기간에 부모님도 돌아가시고 다른 가족들은 면회 갈 수 없는 상황이었다.

"면회 가면 가족관계를 말해야 하는데 나는 처음에 친구라고 했지. 면회가 안 된대. 그가 안에서 약혼녀라고 했더니 면회를 허락해주대. 그때부터 약혼녀라고 면회를 다녔어. 옥바라지를 시작한 거지. 1975년 2월 형집행정지로 출소하고 5월에 결혼했어."

남편은 결혼 후에도 일자리를 찾기 어려웠고 취직을 한다 해도 오래 버틸 수 없었다. 집 주변은 사복형사들이 감시하고 있었다.

"이웃들이 우리 가족을 특별하게 여기고 무서워했어. 경계하는 눈초리에 매우 힘들었지."

남편은 고문 후유증으로 밝은 것도, 어두운 것도 싫어했다.

---

30 1972년 제정한 유신헌법 53조를 바탕으로 1974년 1월 8일 긴급조치 1호가 선포된다. 헌법을 부정·반대·왜곡·비방하는 행위와 이를 권유·선동·선전하거나 타인에게 알리는 언동을 금지한다는 내용이다.

31 긴급조치 1호가 발표된 바로 다음 날 저녁, 서울 명륜동에 있는 대폿집에서 친구인 서울대 학생 두 사람에게 "이번 긴급조치는 오히려 현 정권의 수명을 단축시키는 최후 발악이며, 개새끼들 지랄이다. 이번 조치로 인하여 한국은 국제적으로 고립될 것이며, 외국의 대한 원조가 중단될 것이다"라는 말을 함으로써 긴급조치를 비방하고 유언비어를 날조 유포하였다며 징역 10년 형을 받았다. 변호인은 피고인이 당시 음주 만취로 인하여 심신상실 또는 심신미약 상태에 있었다고 주장했다. 이에 대해 판결은 '피고인이 이 법정에서 당시 다소 술을 마신 것은 사실이나 증인 허한무의 진술 내용과 일건 기록을 정사하여 보면, 피고인이 음주로 인하여 심신미약의 상태에 있었다고 인정할 자료가 전혀 없으므로 위 주장은 받아들이지 않는다'라고 거창하게 판시하고 있다(74 비보군 형공 제4호 판결문). 이처럼 취중에 몇 마디 했다가 10년 징역을 살게 되는 나라에 우리가 살고 있었다. - 〈경향신문〉, 2015.03.22., 《의혹과진실·한승헌의 재판으로 본 현대사》 중 인용.

밤에는 늘 미등을 사용했다. 고문 후유증인 위경련으로 진통제를 끼고 살았다. 더구나 그 사건으로 부모님 두 분이 비명횡사하셨기 때문에 더 깊은 죄책감에 시달렸다. 엎친 데 덮친 격으로 첫아이가 선천적 질병을 갖고 태어났다. 아이가 80일 만에 사망하게 되자 남편이 당한 고문 후유증의 후과가 아닐까 의심을 거둘 수 없었다. 힘들어하던 남편이 떠난다고 선언했다.

"어디로 가나?"

"모르겠다."

"언제 오나?"

"모르겠다."

힘든 줄 알지만 이해하기 어려웠다. 남식은 무너지기보다 이겨내야 한다는 생각이었다. 그러지 못하는 남편에게 배신감도 들었다. 견디기 힘든 시간이었다. 어느 날부터 남식은 오줌이 안 나올 정도로 힘든 상태가 되었다. 남편 있는 곳을 수소문하니 종로에 있다고 해서 찾아갔다. 남편은 아무 말이 없었다. 남식은 남편에게 "안경 좀 벗어봐."라고 말을 건넨 후 멋모르고 안경을 벗은 남편의 뺨따귀를 후려치며 "꺼져!" 한마디를 남기고 돌아왔다. 그때서야 비로소 오줌이 나왔다. 살 것 같았다. 남편은 결국 출가를 결심하고 경남 사천의 다솔사에 머문다. 남편은 아픈 몸과 마음을 미처 챙기기도 전에 머무는 사찰에서 일어난 분규에 휩쓸려 징역형을 선고받았다. 형집행정지 기간이라 옥살이를 면하기 어려웠다. 그 사건 이후 환속해서 다시 가정생활을 시작하고,

1979년 2월 둘째 아이가 태어났다.

남편은 전과 사실 때문에 직장 갖기가 어려웠다. 고문으로 만신창이가 된 몸을 치유하기 위해 감옥에서 시작한 '요가'와의 인연으로 1980년 서초동에 요가원을 개원했다.

"그래도 정신적으로 몹시 외롭고 힘들었나 봐. 92년 5월 다시 한번 더 입산했어. 남편은 국가공권력에 의해 저질러진 비상식적인 폭력 행위의 피해자야. 30번이 넘는 이사를 하며 우리 가족도 어려움에서 벗어나기 힘들었지."

가족이 사라지는 두려운 상황이었지만 박남식의 가족, 특히 남동생은 누나와 자형이 자기들을 대신해서 가치 있는 활동을 하고 있다고 많은 지지를 해 주었다. 그 말이 오래도록 힘이 되었다. 남편의 요가는 훗날, 박남식 인생 2막의 터전이 되었다.

미니스커트를 던져버린 미스 박

남편의 옥바라지를 시작하며 남식은 어디서부터 무엇을 해야 할지 몰랐다. 유신체제 아래 긴급조치 1호 위반으로 구속된 많은 사람 중에는 산업선교와 빈민선교를 펼치던 전도사와 목사들이 있었다. 남편은 독자적인 사건이었지만 그들과 함께 재판을 진행 중이었다. 남식은 그들 가족을 통해 새로운 사람, 새로운 세계와 마주하게 되었다.

구속된 목사와 전도사가 많다 보니 도움을 받으려면 교회로 가보라고 주변에서 귀띔해 주었다. 찾아간 교회가 청계천에서 빈민선교를 펼쳤던 활빈교회다. 한양대학교, 면목동 등 청계천 뚝방 따라 펼쳐진 판자촌에는 한 번도 상상해보지 못한 참혹한 삶이 있었다.

"쓰레기매립지에서 나오는 메탄가스에 불을 붙여 밥도 해 먹고 라면도 끓여 먹더라고. 어떻게 이런 곳에서 사람이 살지?"

남식은 머리가 멍하니 아무 생각도 할 수 없었다.

"교회에 가려면 옷을 빼입고 가야 한다며 내가 미니스커트에 하이힐을 신고 갔거든. 나름대로 교회에 가는 예의라고 생각한 거야. 어쨌겠는가. 부끄럽더라."

얼마나 창피했던가 남식은 얼굴을 들지 못했다. 그날이 마지막으로 미니스커트를 입은 날이다. 빈민촌에서 빈민활동가들을 보며 큰 충격을 받았다. '이런 활동을 하는 사람들이 있구나!' 생각조차 못 했던 곳에서 자신의 삶을 던져 활동하는 사람들을 본 그때가 박남식 인생의 터닝포인트가 되었다고 한다.

구속자 가족들이 매주 모이는 목요기도회(민가협 전신) 활동을 함께하며 교회 출입이 시작되었고, 남식은 '미스 박'이라 불리며 현수막도 쓰고 시위에도 참여했다.

숱한 시국사건이 벌어지는 현장에서 인혁당사건[32], 동아투위[33] 관련자 가족과의 만남은 집안에서 강하게 반대했던 결혼도 이겨낼 수 있을 만큼 남식의 의식을 변화시켰다.

---

32 인민혁명당 재건위 사건

33 동아일보언론자유수호투쟁위원회

남양만 간척지에서

남편과 담판 짓고 건강을 회복하고 있던 남식은 얼마 후 우
연히 길에서 김진홍[34] 목사를 만난다. 목사는 청계천 판자촌 지
역 전체에 철거령이 내렸다는 소식을 전해주었다. 강제로 이주
당한 사람들 대부분은 성남으로 갔지만 일부는 시흥으로, 일부
는 남양만 간척지[35]로 이주한다. 농수산부와 끈질긴 교섭 끝에
농지 배정을 약속받고 판자촌 주민 일부가 이주를 시작했다. 활
빈교회 전도사로 활동했던 김진홍 목사는 판자촌 주민들과 남
양만으로 이주하며 농민선교를 펼칠 계획이었다. 남식에게 남
양만 간척지, 그곳에서 활동해 보지 않겠냐는 제안을 했다.

"허허벌판에 개펄만 보여. 그래도 농민선교 계획을 보니, 하겠
다는 맘이 굳어지더라. 민청학련 관련자 2명, 이종옥, 목사, 전도
사들이 있었어. 그들 중에는 가족과 함께 온 사람들도 있었지."

남식은 1976년부터 우정면 노진리에서 간척지 땅 3,000평을
분양받아 농사를 지었다.

"나는 농사 경험도 없으니 어려웠어. 주변 도움을 많이 받았
지. 나중에는 우정면 이화리에 있던 센터에서 간사 활동을 주도
적으로 하게 되었어."

남양만을 중심으로 화성군, 평택군에 7개의 센터를 두고 농사
짓는 부모를 위해 탁아활동을 시작했다.

---

34 김진홍은 빈민선교를 펼치던 활빈교회 전도사였다. 긴급조치 1호 위반으로 구속되었
다가 1975년 형집행정지로 석방되었다. 2000년대 뉴라이트를 만들고 역사를 왜곡하며
정반대의 길을 걸었다.

35 현재 경기도 평택시 포승면과 화성시 우정읍 사이에 있는 남양만 하구를 막아 생긴 간
척지다.

"나는 중학교 교사를 했지만, 어린아이를 돌보는 데는 실력이 없었나 봐. 피아노도 못 치고, 겨우 동요 몇 개 연습해서 아이들과 지냈지. 어린아이들 말귀를 못 알아먹어서 애를 먹었던 기억이 나네."

사람에게는 알 수 없는 인연의 끈이 있는 모양이다. 아이를 돌보는 실력은 없었을지 몰라도 남식은 이후 여성농민운동 속에서 농촌 탁아 지원 활동을 줄기차게 펼친다. 농촌 젊은 여성의 육아는 그때나 지금이나 절실한 문제였고, 여성농민 과제를 푸는 단초이기도 하다. 남식은 남양만지역 활동 책임을 맡고, 피아노도 치고 음악을 꽤 잘했던 이종옥은 탁아활동 책임을 맡았다. 그렇게 이종옥과 생의 한가운데서 인연을 맺었다. 청년들이 교회 선교 활동을 할 때 박남식은 신용협동조합(이하 신협) 교육을 담당했다. 당시 곳곳에서 협동조합운동이 일어나고 있었다.

"종옥이랑 나를 김진홍 목사가 한 달간 서울 마포구에 있는 신협교육원의 합숙교육에 보내주었어. 신협 결성 과정은 처음부터 끝까지 교육, 교육, 교육 중심이었어. '한 사람이 만 걸음을 가는 것이 아니라 만 사람이 한 걸음'이라는 신협의 이념이 의식화 교육의 일환이라는 생각이 들었어."

경기도 남양주 수동면에 있는 물골안 신협 사례발표를 들으며 남식은 확신이 들었다. 미친 듯이 선전하고 다녔다. 자신에게 깜짝 놀랄 정도였다고 한다. 만나는 사람마다 신협 이야기를 꺼냈다. 남양만 지구에서는 화성군 장안면과 우정면에서 3곳, 평택

군 포승면에서 1곳에 조합을 결성한다는 목표를 세웠다.

"센터로 사람들이 오면 재밌게 교육하려고 오르간 치면서 노래도 부르고, 어쩔 땐 춤도 추고, 하다못해 내가 요리 강습도 했어."

농사짓는 사람들이 시간을 내어 교육받으러 오는 것도 힘든 일이지만 생소한 내용을 듣고 함께 하게 된다는 것은 신뢰가 있지 않고서는 불가능한 일이었다. 이장들도 와서 듣고 갈 정도였으니 지역 내 열기는 점점 뜨거워졌다. 사랑방교실, 안방교실, 청년교실 등으로 구분해서 각 3개월씩 진행하던 교육이 어느새 모내기 철에 다다랐다.

"어이쿠! 모내기 철이 되어버린 거야. 교육생들이 포기하고 안 올까 봐 걱정이 태산이었어. 아! 근데 사람들이 모이더라고. 믿기 어려웠지만 믿음이 생겼고 고마웠어."

변화되는 사람들이 하나로 뭉치는 모습을 보니 기뻤다. 남식은 애쓰고 마음 졸였던 준비 과정이 하나도 힘들지 않게 여겨졌다. 7개 센터에서 교육 이수 후 신협중앙회 교육을 받기 위해 사람들이 모였다. 시간이 흘러도 중앙회 강사가 오지 않았다. 신협중앙회에서 주최한 교육을 마쳐야만 다음 단계인 재무부 인가를 신청할 수 있었다. 요즘처럼 휴대전화가 있는 것도 아니고 무작정 기다리며 까맣게 속만 태우다 결국 교육은 무산되었다. 교육장으로 오는 버스 안에서 강사와 마주친 목사가 강사를 돌려보냈다는 사실을 뒤늦게 알게 되었다. 실무자들은 지역에 네 개의 신협을 조직한다는 목표를 가지고 추진 중이었는데, 목사는 그렇지 않았던 모양이다. 목사의 생각을 미처 알지 못한 상태에서 논의도 없이 일어난 일이었다. 목사에게 일 추진하는 방법에 문제를 제기했다. 남식이 교회 중심 활동에 한계를 느끼는 순간이었다. 남식은 신협 설립에 관한 재무부 인가 후 남양만을 뜨겠다고 선언했다.

"이렇게는 안 되겠다는 생각이 들었어. 그래도 종옥이는 활동을 계속하자고 했는데, 잇따라 목사님에게 실망하며 자꾸 어긋났지."

공동체 생활하면서 간사들은 생계비만 제한적으로 받으니까 힘든 상황이었다.

"모두 월급을 제대로 받는 것도 아니고 헌신적으로 일했던 사람들이었는데, 내가 그만두겠다고 하니까 목사가 내게만 그때 활동비의 세 배를 더 주겠다고 붙잡더라. 그동안 사회운동 교육을 받으며 익혔던 운동이론과는 거리가 멀게 느껴졌어."

남식은 더는 머물 수 없겠다고 생각하고 서울로 떠날 채비를 했다. 차차 사람들이 하나, 둘 떠났다.

크리스찬아카데미와 가톨릭농촌여성회

남양만 생활 중 큰 성과는 다양한 교육을 받을 기회를 얻었다는 것이다. 김진홍 목사는 많은 교육에 참여할 수 있도록 기회를 주었다. 그중 하나가 크리스찬아카데미 교육(정식명칭은 크리스찬 농촌사회교육)이다. 1977년 4월 1차 농촌사회교육을 13기로 이수하며 자신의 다짐을 확인했다. 교육을 마치고 앞으로 어떤 진로를 찾을 것인가라는 주제로 5분 발언 시간이 주어졌다. 남식은 농민 편이 되어, 농민 이익을 위해 일하겠다고 선언했다.

"내가 농사짓겠다는 말은 못 했어. 돈도 없었고 농사일은 잘 모르니 말을 할 수가 없더라고. 그래도 농민에게 이익이 되는 편에서 일해야겠다는 생각이 강하게 들었어. 그 말이 술술 나오는 거야. 운명처럼 말이야. 지금껏 살면서 한 번도 이 말을 어긴 적은 없어."

'왜?'라고 물어도 딱 꼬집어 말할 수 없었다. 농민과 같은 편에 서야 한다는 강한 생각과 마음이 앞섰으니 말로는 설명할 수 없을 뿐이었다.

박남식에게 크리스찬아카데미 교육은 조직 운동을 어떻게 해야 하는지 한 발 더 전진케 했다. 농민사회교육을 여성농민만 따로 4박 5일 진행했다. 여성농민만 모아 교육한 것이 이때부터였던 것으로 기억한다. 교육프로그램에서 만난 이종옥, 박성자, 엄영애, 임봉재 등 농민교육 및 조직활동가와 현장활동가인 여성농민 임순분, 이정옥, 고송자 등 그들과 평생을 함께하리라는 것을 그때는 알지 못했다.

크리스찬아카데미 교육을 통해 실천적 삶의 결의를 다지던 남식에게 엄영애 씨가 가톨릭농촌여성회에서 교육받을 것을 권유했다. 남식은 배우는 일에 망설이지 않았다. 배우고 기록하는 일이 좋았다. 교육을 받으며 교육 보조로 활동했다. 점차 가톨릭농촌여성회, 크리스찬아카데미 농촌사회교육프로그램 진행을 도우며 여성농민 교육활동을 하게 된다. 가톨릭농촌여성회 주최로 열린 1977년 12월 제3차 전국농촌여성지도자 세미나에서 농촌여성의 현실과 부녀활동, 앞으로의 방향에 대해 토론을 벌이며 가여농 교육활동에 본격적으로 뛰어들었다. 농민의 의식화, 조직화 사업에 첫발을 딛는 순간이었다.

1978년 1월, 30일간 합숙으로 진행된 크리스찬아카데미 장기전문 과정(1기)[36]에 참여한 30명 중 여자는 박남식 혼자였다. 처음 듣는 경제 용어도 너무 어려웠다. 교육생 중에는 학교 교육을 받아 보지 못한 교육생도 있었다. 학습에 처지지 않으려고 애쓰는 분들의 모습이 눈에 아른거렸다. 난생처음 접한 한자 공부까지 마다하지 않는 그분들을 보며 남식은 포기할 수 없었다.

크리스찬아카데미 농촌지도자교육과정을 이수한 여성들의 후속 모임에서 농촌여성중간집단교육인 '농촌여성 1차교육'의 틀을 마련하는 논의를 시작했다. 준비위원으로 서울지역 거주자는 박남식, 이종옥, 허훈순이 참가했다. 1978년 12월 사회발전을 위한 중간집단의 필요성과 역할, 한국농촌문제란 무엇인가, 한국 농촌여성운동의 방향과 과제를 내용으로 활동가 39명이 참석한 가운데 '농촌여성 1차교육'의 닻을 올렸다.

1979년 3월 초 '농촌여성 2차교육'을 준비하던 중 크리스찬아카데미 간사 한명숙, 장상환, 이우재가 구속되고 모임은 중단되

---

36 장기전문과정은 운동이념, 외국의 사회발전모형, 후진국 경제론, 농업경제학, 협동조합론, 의식화 방법론 등 이론과 실천을 겸비한 농민운동대학이라 할 수 있다. 강사진은 장을병, 한완상, 양호민, 황성모, 리영희, 박현채, 김병태 교수 등이었다. 장기전문과정에 참여가 확정되면 사전교육 1년 동안 경제학을 지도받았는데 장상환 선생이 박남식의 컨설턴트였다.

었다. 이른바 크리스찬아카데미 사건[37]이 터졌다.

"종옥이랑 나는 대학생 출신도 아니고, 교육생으로 참여해서 잡혀가지는 않았어. 그래도 지도자들이 모두 구속되니까 우리도 움츠러들었지."

아이를 출산하고 얼마 되지 않은 상태로 엄중한 시기를 맞게 되었다. 남식은 잠시 집안일도 돕고, 남편의 요가원 일도 돕는다. 가톨릭농촌여성회와 관계가 유지되고 있었기에 교육이 있으면 아이를 업고 다니면서 진행도 돕고 강사도 맡았다.

아시아농업전문학교 시절

1980년 5.18항쟁 이후 엄혹하게 얼어붙은 군사정권하에서 이우재 선생이 "이렇게 암울한 시기엔 잠시 공부도 하는 거야."라며 제3세계 사회활동가들이 무료로 공부할 수 있는 과정을 권했다. 〈아시아농업전문학교〉가 그곳이다. 다녀와서는 가톨릭농촌여성회 활동을 꼭 같이하기로 약속하고 1년 과정으로 가게 되었다.

1983년 3월부터 일본 아시아농업전문학교(Asia Rural Institute)에서 사회지도자 리더십 공부를 시작한다. 제3세계 친구들은 농사를 어떻게 짓는지에 관심이 많았다.

---

37 1979년 3월 9일 크리스찬아카데미 중간집단교육 간사들이 구속기소가 된 공안사건. 유신체제 시기 농민, 노동, 여성운동 등 각 부문 운동들이 활성화되자 당국은 크리스찬아카데미를 의식화의 배후세력으로 규정하고 중간간부 격인 중간집단교육 프로그램의 간사들을 대거 체포했다. 여성사회분과 간사 한명숙의 연행으로 시작해 농촌사회분과 간사 이우재, 황한식, 장상환, 산업사회분과 간사 김세균, 신인령 등과 더불어 정창렬(한양대 교수)이 구속되었으며, 유명묵(전 중앙대교수), 박현채, 양정규, 신혜수, 크리스찬아카데미 원장인 강원용 목사가 연행되어 조사를 받기도 했다. 중앙정부는 이 사건을 불온사상을 유포한 불법 지하 용공서클 사건으로 규정했으나 항소심에서 용공서클 혐의는 무죄로 판명되었다. _ 한국민족문화대백과사전 인용

박남식의 관심 주제는 공동체였다. 박남식은 야마기시 공동체의 9박 10일간 꼬리에 꼬리를 무는 '말하는 연찬회'를 통해 개인에서 공인으로 단련시키는 교육프로그램에 참여했다. 끊임없이 질문하고 끊임없이 대답하며 참사랑, 참자유에 대해 해답을 찾아가는 과정을 경험하게 되었다. 어떤 경우라도 화내지 않으며, 모두의 동의를 얻어 하나의 생각으로 공감할 때까지 끊임없이 토론하는 훈련에 참여할 수 있었다.

야마기시 공동체는 1차 생산자 공동체로서 주로 닭을 키우고 양돈을 하면서 공동체 생활을 하는 곳이다. 공동체에서 생산한 농축산물은 도시 소비자협동조합과 연결된다.

도요다시에 있는 야마기시 본부에서 보름 동안 실시된 2차 연찬을 통해 남식은 매일 한나절을 생산노동에 참여한다. 실제 돼지를 키우고 돼지똥을 치우는 일을 반복하며 박남식은 똥에 대한 거부감을 그때 극복할 수 있었다고 한다. 학교를 졸업할 즈음 야마기시 공동체에 남아서 일하자는 제안을 받았지만, 박남식은 거절했다.

"그들은 세계가 평등하다고 하면서도 일본 사람과 한국 사람을 대하는 것에 차이가 느껴졌어. 일본에서의 사양 산업을 한국에 세우는 것은 괜찮다고 생각하더라고. 한국 사람은 직업병 걸려도 괜찮냐? 어떻게 하나의 평화가 되겠는가?"

이렇게 남식이 되물었을 때 그들의 말문이 막혔다. 남편도 내려놓고, 어느 순간 아이까지 내려놓고 떠날 수 있었던 만큼 신념이 강했던 시간이었다.

그렇게 한국으로 돌아왔다.

"내가 떠날 때 돌아오면 반드시 가톨릭농촌여성회와 관련된 일을 해야 한다고 약속했는데, 1년 동안 조직에 많은 변화가 있더라."

가톨릭·기독교를 넘나들며 조직의 얼개를 엮다

일본에서 학업을 마치고 돌아오자 한명숙 선생이 만나자고 했다.

"독일기부단체 〈테레데솜(Terre des hommes, 인간의 대지)〉[38]에서 한국 농촌사회를 위해 후원하고 싶다고 해. 농촌 어린이를 돕는 사업이었지. 우린 한국교회여성연합회를 통해서 하기로 교섭했어."

농촌 탁아사업을 하면 좋겠다고 독일 쪽에서 제안했다. 박남식은 탁아활동을 펼치며 자모들을 중심으로 부모교육, 청년교육을 진행하고자 했다. 조직화를 위한 교육사업의 전진기지로 삼아 여성농민운동으로 확대하고자 한 것이다. 가톨릭농촌여성회에서 한국교회여성연합회로 활동을 옮겨가는 계기가 되었다.

1984년부터 2년씩 두 번, 총 4년을 한국교회여성연합회 농촌사업부 이름으로 프로젝트를 진행했다. 이때 윤금순은 중원군[39] 문

---

38 1960년 스위스 로잔에서 창설. 1966년 국제테레데솜연맹 결성. 인종, 종교, 정치, 문화, 성의 차별 없이 아동을 지원하는 기관 _ 한국여성농민운동사 509p.

39 1995년 충주시로 통합.

산교회, 이종옥은 청원군[40] 등동교회, 이준희는 부안에서 탁아활동을 책임졌다. 프로젝트 실무를 책임지며 지역 총괄 책임을 맡은 남식에게 가여농의 임봉재 선생은 "박남식 씨는 코디네이터 역할이군요." 하셨다. 낯설었던 명칭, 코디네이터가 귓가에 맴돌았다. 남식은 프로젝트 사업을 통해 농촌 탁아의 거점을 만들고, 여성농민 교육을 펼치며 조직하는 일에 머뭇거리지 않았다.

"교육을 마치고 나면 교육이수자 후속모임을 만들어 조직을 만들고자 했지. 사회개혁에 관심을 가진 여성농민이 스스로 깨닫고 조직의 힘이 필요하다는 것을 알게 되는 거야."

박남식은 언제나 혼자 결정하는 게 아니라 활동가들과 논의의 장을 만들고, 끊임없이 학습하며 진로를 찾았다. 아버지를 통해 보았던 토론문화가 남식에게 어느새 익숙해져 있었다.

여성농민 교육에 박차를

박남식은 "지역의 옛 농민회를 재건하려 하는데 그곳으로 가서 활동하겠느냐?"는 황한식 선생의 제안에 한 치의 망설임 없이 단번에 간다고 할 정도로 신념과 각오로 마음의 준비가 되어 있었다. 당시 지역에서는 농민조직 탄압이 심할 때라 결국 계획은 무산되었다. 이종옥은 아이가 셋인데도 불구하고 청원군 등동리에서 1년이나 근무했으니 당시 활동가들의 의지가 얼마나

---

40 2014년 청주시로 통합.

대단했겠는가! 권종대, 정광훈, 노금노 등 농민운동의 1세대이자 크리스찬아카데미 1세대는 농민조직 활동을 위해 의심 없는 준비로 가슴이 뜨거웠던 시절이었다.

"애를 업고 다니면서 교육을 했지. 가여농 교육할 때 안 가본 데가 없어. 사실 이때는 소속이 별 의미가 없었어. 필요해서 부르면 무조건 다 갔어."

1984년 창원 고향집 모내기 중 새참으로 국수 한가닥 후루룩.

전주, 부안, 안동, 의성, 청원, 대구 등 전국 곳곳을 다니며 교육, 조직사업에 나섰다. 한 사람의 교육도 마다하지 않았고, 조직을 만들어야겠다는 생각에 거리를 따질 겨를도 없었다. 예비교육생 지역을 순회하면서 일대일 만남과 교육을 진행했다. 지역을 한 바퀴 돌고 나면 어느새 한 달이 지나있을 정도로 전국을 누볐다.

전라도 지역은 박성자가 주도적으로 책임졌고, 박남식은 그 외 지역을 책임지며 실무를 맡았다. 일반 교육처럼 안내공고 내고 모집하는 것이 아니었다. 목표와 교육내용이 정해지면 철저하게 그에 맞는 교육생을 각 지역에서 발굴해 냈다. 목사님과 장로님, 지역활동가의 추천으로 교육생이 정해졌다.

"본 교육이 시작되는 날, 지역에서 온 교육생이 100퍼센트 참석한 거야."

30명을 목표로 하면 30명을 추천받거나 발굴해서 30명 모두에게 일대일 사전교육을 진행한 후 본 교육에 합류하게 하는 방식이었다. 빈틈없이 교육을 준비하고 실현하리라는 열정이 있었기에 가능했으리라.

남식은 아직도 교육생 중에 이성님을 떠올린다. 한 달에 한 번, 한 사람을 위해 오랜 시간 부안을 드나들었다. 부안 장날 만난 두 사람은 마땅한 만남 장소가 없어서 뒷산에 앉아 책도 읽고 토론도 하고 이야기도 나누었다. 이를테면 의식화 교육이다.

"옛날에 여성 활동가 하기가 어디 쉽나? 교통편도 좋지 않았고 며칠씩 집을 비우며 교육에 참여하는 일이 생기니 여성 활동이 만만치 않았지."

성님이는 결혼하고 시집살이하느라 활동에서 멀어지게 되었다. 남식에게 아쉬움으로 남은 기억이다.

1985년 케냐 나이로비아에서 열린 제3차세계여성대회에 교회 여성들이 참여하며, 빈민, 농촌, 노동에서 여성을 위한 사업의 필요성에 공감한다. 주요 이슈가 빈민, 농촌 지역 여성을 위한 사업에 대한 것이었기에 한국교회여성연합회에서도 농촌 지역 여성을 위한 구체적인 사업계획이 절실하게 다가왔다.

"교회 이름을 걸고 교육을 진행하니 목사 사모님들도 참여했어. 교육 30분 전에 교육생이 100퍼센트 앉아 있는 거야. 그러면 교육 시작 전에 북치고 노래를 불렀지."

첫 인사말을 너무 멋지게 해 준 한국교회여성연합회 임정선 회장과 시간이 갈수록 점점 틀어지는 느낌이 들었다. 임정선 회장을 찾아가 여쭈었더니 옛날 경험담을 털어놓았다.

임정선 회장은 어린 시절 노래를 곧잘 불러 전교생 앞에서 선창하게 되었단다. 선생님이 지도한 노래가 하필 교육하며 부르는 노래와 리듬이 비슷했다.

그 선생님이 공산당 활동에 몰려 잡혀갔던 기억이 떠올랐다. 그런 일이 닥칠까 두려웠다고 한다.

"맨 날 삼천만 잠들었을 때~, 북 치고 장구 치고 참 불편한 거야. 교회에서는."

농민운동을 빨갱이라고 몰아붙이던 시절이었으니 그 마음이 어땠으랴! 그 어느 것 하나 두렵지 않은 것이 없었던 시절에 한국교회여성연합회 이름은 여성농민 교육의 보호막이 되어 주었다. 사회의식을 가졌던 활동가들이 진행한 교육의 본질은 불을 보듯 뻔한 일이었다. 생산비조차 보장되지 않는 피폐한 삶을 강요당한 농민들이 사회에 눈을 뜨는 이른바 의식화 교육이었다.

여성농민이 주인공으로

1986년 한국기독교교회협의회 여성위원회(이하 KNCC 여성위) 간사 신선 씨가 여성농민이 주인공이 되는 무엇인가를 만들어 보자고 제안한다. 교육 재원은 KNCC 여성위가 책임지고 교육의 전 과정은 박남식이 맡기로 하며 의기투합했다. 교회여성들에게 여성농민에 대한 관심을 높이고 활동에 나서게 하기 위함이었다. '하고 싶다! 하자!'라며 여성농민들이 스스로 뭉치고 계획하고 추진한 그날의 기억이 생생하다.

1년여의 준비를 거쳐 1987년 11월 4일 대전의 제일감리교회에서 제2회 한국에큐메니칼[41] 여성대회란 이름으로 온종일 '여성농민문화제'가 열렸다.

여성농민문화제의 열기는 준비단계부터 열띠었다. 한국교회여성연합회, 기독교농민회 여성농민위원회까지 가세했고 여성농민이 준비한 내용에 주변 전문가들의 손길이 보태졌다. 함께 해 준 팀이 '장산곶매'다. 마당극을 미리 준비하는데 음악은 안혜경 선생이 작곡을 하고, 대형 걸개그림은 민족미술인협회여성미술연구회(대표 김인순)에서 그렸다. 당시 여성민우회 문화기획실장 이혜경 선생이 연극지도와 연출을 맡아 주었다.

"그때 우리 모두 대단했지."

그야말로 여성 농민에 의한 여성 농민을 위한 최초의 '일제 수

---

41 개신교 교회가 교파와 교단을 초월해서 연합하여 추진하는 선교 및 사회활동-한국민족문화대백과사전.

난사, 여성 농민 이야기'가 아닐까? 현재는 사진만 남아서 그때의 감동을 말로 다 표현할 수 없음이 아쉽다. 기록과 검열이 심했던 시절이라 영상이 남아 있을지, 찾을 길이 묘연하다.

한국교회여성연합회 농촌사업부 활동은 1987년까지 공식적으로 마감하지만, 이후 '땅의사람들' 재원으로 여전히 '교회여성연합회'라는 이름을 걸고 여성농민 교육을 이어갔다.

농촌 탁아사업을 지원하기 위해 체계적인 교육, 훈련프로그램이 필요했다. 농촌보육교사훈련을 통해 양성된 23명의 보육교사를 시작으로 대상별 교육이 진행되었다. 농촌탁아소지원을 계기로 여성농민 1·2차 교육, 농촌청년지도자훈련, 탁아소보육교사훈련, 현장마을단위 출장교육은 여성농민의 의식을 변화시켰다. YMCA 농촌사업부의 여성농민교육까지 위탁받아 진행하며, 활발해지는 교육은 조직화의 씨앗을 심는 일이라는 생각에 힘든 줄도 몰랐다.

"농촌 보육교사 훈련을 받고 결의를 다지던 양윤신이라는 젊은 친구가 있었어. 과제 실천을 위해 도청에서 일을 하겠다는 거야. 실컷 공들여 의식을 바꿔 놓았는데 도청에서 일을 하겠다니 얼마나 섭섭해. 조용히 '도청에 들어가서 뭣을 하려는가?' 물었지. 그 도청이 그 도청이 아닌 거야. 알고 보니 부안면 도청리에 있는 도청유아원에서 일할 거라는 거야. 내가 너무 감격해서 꼭 껴안아줬어."

농민 편에 서서 일하겠다고 다짐한 각오가 어느새 여성농민운동 한복판에서 실천하고 있는 자신의 모습에 환희를 느꼈다는 박남식에게 여성농민은 끊을 수 없는 연이었다. 누가 그 길을 가라고 강요하지 않았건만 태만하지 않고 뚜벅뚜벅 걸을 수 있었던 내면의 힘이기도 했다.

"1989년 12월 18일에 출범했으니 어느새 30년이 훌쩍 지났네. 그래도 잊히지가 않아. 그날 얼마나 손뼉을 쳤던지… 며칠 동안 어깨가 아플 정도였으니까."

1989년 12월 18일. 그날

전국여성농민위원회 결성! 하루가 멀다 하고 발품을 팔았던 10여 년의 시간, 개인 또는 여러 단체의 이름을 빌려 교육, 훈련, 조직을 끊임없이 반복했던 숱한 시간이 스쳐 지나갔다.

"자주적 여성농민회로 각 도, 군, 면 단위 여성농민회가 깃발을 나부끼며 입장하는데, 여성농민들만의 힘으로 조직하고 결성대회를 열었으니."

박남식은 그날의 함성에 가슴이 벅차오른 듯 뺨이 붉어지고 말을 채 잇지 못했다.

"모든 활동은 조직으로 나타나는 거라고 생각해. 10년 넘게 이름도 없이 빛도 없이 오로지 신념 하나로 활동을 지속해 온 거야. 그런데 전국 조직이 탄생했으니, 너무너무 좋았지."

여성농민의 독자적인 전국 조직 전국여성농민위원회[42]를 결성하고 이정옥(전남 무안) 씨가 초대 회장을 맡았다.

"회장은 가방끈이 긴 사람들이 해야 하지 않소?"

회장으로 추천된 이정옥 씨가 말하자 사람들이 웅성거렸다.

"가방끈? 뭔 가방끈?"

그때는 그런 말을 흔하게 쓰지 않을 때라 회장 하는데 가방끈이 무슨 상관인지 모두가 어리둥절했다. 이정옥 씨가 학교 많이 다닌 사람들이 하라고 설명해 주어 그녀의 재치에 한바탕 크게 웃고 말았다.

"여성농민 독자적 조직을 통해 여성 자신이 성장하는 것을 실감하게 되니까 모두가 인정하게 되더라고. 계획도 여성 힘으로, 평가도 여성인 우리 힘으로. 성장하는 여성농민을 보게 된 거야."

전국 곳곳을 누비며 교육을 지원하고, 실천하며 오로지 하나의 조직을 만들기 위해 뛰었던 순간들이 박남식에게 잊힐 수 없었다. 여성농민이 드디어 삶의 주인으로 뛰어든 그날은 조직화 사업이 얼마나 큰 힘을 발휘하는가를 실감하는 날이었다.

박남식은 '전국여성농민위원회가 출범되기까지 그냥 저절로 이루어지는 법은 없다'며 열망으로 가득 찼던 날들의 기억을 꺼냈다.

---

42 1992년 1월 30일 3기 대의원총회에서 '전국여성농민회총연합'(이하 전여농)으로 개칭되었다. 박남식은 1991년부터 1993년 전여농 부회장을, 1995년부터 2000년까지 감사를 역임했다.

"나상기[43] 씨가 사회경제적 계급 개념의 용어로 '여성농민'이라는 용어를 제안했어."

1992년 전여농 부회장으로 선출된 박남식과 한한순.

1984년 10월 한국기독교사회문제연구원(이하 기사연) 농촌여성 관련 핵심 활동가들이 모여 '농촌여성', '농촌부녀'라 불리는 것이 적절한가에 대한 논의가 시작되었고, 나상기 씨의 제안으로 그때부터 '여성농민'이란 말을 사용하게 되었다. 이후 여성농민운동의 정체성에 대한 논의가 곳곳에서 일어났다. 1985년 1월 작은자리 교육원에서 3박 4일간 진행된 기농의 '여성농민활동가 심화교육'이 그것이다. 선명하게 새겨진 여.성.농.민.은 다음과 같은 조직 논의에 불꽃을 튀게 했다.

"교회에서도 남전도회, 여전도회 있듯이 독자적 조직이 있어야 한다. 남녀 조직이 따로 있는 것이 조직을 약화하는 것이 아

43 이종옥의 남편이자 당시 전국농민운동연합 사무국장이었다.

니라 전체 조직을 강화하는 것이다. 남성 위주로 가면 남성을 뒷받침하는 역할만 하게 된다. 여성의 지도력이 높아지려면 여성 조직이 필요하다.”라고 당당하게 주장하는 현장 여성농민들 모습에 가슴이 뛰었다.

밤늦게까지 토론하고 치열한 논의가 펼쳐졌다. ‘여성농민활동가 심화교육’이 끝나자마자 연이어 기농의 배종렬 회장, 최종진, 나상기, 김정순 씨까지 참여하여 1박 2일 연장 토론을 이어간다.

기농 여성농민활동가 박남식, 박성자, 배안순, 이정옥, 이종옥, 김기순, 김순옥 등은 자율적 여성농민조직으로 기농 안에 여성농민위원회를 특별위원회로 설치할 것을 요구했다. ‘독자적인 여성농민조직을 할 것이냐, 말 것이냐’ 여성농민운동의 전환점을 만들고자 뜨겁게 달아올랐던 토론은 결국 ‘기농 여성농민위원회’를 탄생시켰다. 독자적 여성농민회 조직을 향한 신호탄이었다.

일명 ‘작은자리 모임’이라 불리는 ‘여성농민활동가 연합훈련’은 여성농민운동 활동가들의 조직통일을 위한 공감대가 만들어진 교육의 장이었다.

“‘여성농민활동가 연합훈련’이 1985년 6월 1일부터 7일까지 6박 7일 동안 ‘작은자리’에서 열렸어. 작은자리 모임은 여성농민운동사에서 매우 중요한 의미를 갖는다고 생각해.”

‘작은자리 모임’은 당시 여성농민운동의 촉매 역할을 하는 활동가들이 한자리에 모여 충분한 시간을 갖고 열띤 토론을 하며 여성농민운동의 개념, 방향, 과제를 도출했다. 《경제학원론》을 중심으로 14시간이나 읽고 배우고 토론했으니 웬만한 경제학도도 울고 갈 판이었다. '작은자리'는 공부만 하지 않았다. 3일 밤을 새워 활동가들이 '살아온 이야기'를 나누며 울고, 웃고, 때론 분노하고, 때론 힘을 냈다.

교육은 빡쎄게 돌아갔다. 박현채 교수의 한국사회의 계급계층분석, 이효재 선생의 여성운동론, 이해찬의 정세분석, 송건호 선생의 현대사, 김병곤의 한미수교 100년, 이병철의 조사선전방안 등의 강의를 듣고 토론을 이어갔다.

시대적 담론을 머릿속에 채운 활동가들은 여성농민운동으로 파고들었다. 여성농민교육, 공동운동과제 등에 대한 발제와 토론은 가히 '아크로폴리스' 광장을 방불케 했다. 6박 7일 치열한 공부와 토론 끝에 공동과제를 끌어내고 종합평가로 작은자리, 아니 '여성농민활동가 연합훈련'이 끝났다. 폭풍이 한바탕 밀려간 것 같았다.

이 연합훈련은 광범위한 여성농민의 요구에 기초한 조직이 필요하다는 인식을 함께 한 탯자리 같은 것이었다. '작은 자리'는 '큰 자리'를 이미 품고 있었는지도 모르겠다.

강사 섭외와 프로그램 진행에 박남식은 주도적인 역할을 하며 이 어마무시한 '큰 자리'를 마련했다. 강사 이해찬 선생의 경우 당시 수배 상태에서도 비밀리에 강의할 만큼 박남식 등 여성농민활동가들의 열정은 뜨겁게 빛을 발했다.

"열기가 정말 뜨거웠어. 함께하고자 하는 열망으로 가득 차서 치열한 논쟁을 하기도 했지. 새벽부터 밤 11시까지 빽빽한 일정이었지만 지치지도 않았어. 희망을 보았어."

이후 가톨릭농촌여성회도 1984년 12월, 7차 총회에서 가톨릭여성농민회로 개칭하고, 가톨릭농민회 여성부 또한 수많은 논의의 끝에 '가농 여성위원회'를 상설기구로 바꿔냈다.

1988년 9월부터 가톨릭농민회 여성농민위원회, 가톨릭여성농민회, 기독교농민회 여성농민위원회 등 3개 여성농민단체가 자주적 여성농민운동 논의에 적극적으로 참여했다.

1989년 3월 1~2일 대전 가톨릭농민회관에서 열린 제1차 여성농민활동가 간담회에서 여성농민의 자주적 조직이 필요하다는 합의를 이루고 '전국여성농민조직 활성화위원회(이하 조활위, 위원장 이종옥)'가 구성되었다.

박남식은 1989년 9월 8일부터 '전국여성농민위원회 준비위원회(위원장 김윤)'가 가동되기까지 '여성농민 모금위원회' 위원 자격으로 조활위 조직교육분과 활동에 참여했다. 꿈에 그리던 전국 여성농민 조직에 깊이 한발을 뗐다.

땅의사람들

여성농민 후원조직인 '땅의사람들'은 1982년 전북 부안군 산내면 도청리 '도청유아원'을 지원했던 모임 '밭'이 모태가 되었다.

"경남여고 동창모임 이름이 '밭'이야. 여고 교훈 '겨레의 밭'에서

371

따온 이름이었어. 어째 운명같이 교훈에 밭이 들어가, 절묘하지?"

이준희가 부안에서 운영하던 도청유아원이 이용자에게 받는 회비로는 간식과 교재 구입비도 간신히 해결할 정도였다. 교사들에게 급여 지급하기가 여간 어려운 일이 아니었다. 이 사정을 알게 된 박남식은 모금을 시작했다. 점차 회원들이 늘어나면서 농민을 위한 모금후원회로 발전하며 정기모임을 조직했다. 회원들이 빈 병에 모금 스티커를 붙이고 사람들이 많은 장소에 비치하여 한푼 두푼이라도 넣을 수 있도록 하는 '병 모금 운동'이 시작되었다. 1984년 시작한 병 모금 운동은 1985년 '여성농민을 위한 모금위원회'(위원장 김경자)로 명칭을 바꾸고 조직적으로 회원을 늘려갔다.

국제여성대회에 초대받아 1987년 독일을 방문하게 된 박남식은 일상처럼 이루어지는 기부문화를 보게 되었다.

"국제여성대회 회의가 끝나고, 재독 한인들 주최로 열리는 '오월민중제'에 참여할 수 있었어. 우리나라는 그때 세계 최장 시간인 주당 57시간 노동이었는데 독일은 주 38시간이야. 그만큼 퇴근이 빠르지. 퇴근하고 집 가까운 공원이나 시내에서 누구든지 갖가지 잡지랑 다른 나라에서 보내준 소책자를 가판대에 놓고 팔더라고. 파는 사람, 사는 사람, 모두가 사회에 참여한다는 생각이 익숙해 있는 거야. 판매수익은 기부하니까 모두가 기부에 동참하게 되는 거지. 그때 시민들의 참여 방법에 대해 새롭게 느꼈어."

박남식은 기부 방법과 후원조
직에 대한 준비가 필요함을 깨
달았다. 1988년 독일 테레데솜
의 농촌탁아소 프로젝트를 제안
받은 박남식은 여성농민활동가
모임을 소집하고 '한몫회'를 조직
했다. 전여농 창립 이전이라 교
육기금을 받기 위한 단체가 필
요했다. 탁아활동과 병행할 수
있는 여성농민 교육을 위해 지

땅의사람들과 전국여성농민위원회가 공동으
로 엮은 책,《여성농민, 위대한 어머니》.

원금을 받을 것인가, 말 것인가 고민도 컸지만 여성농민운동이
커지고 있는 현장 중심으로 사용하는 것이 좋겠다는 결론을 내
렸다. 지원금을 동일한 원칙으로 사용하기 위하여 위원회 형식
으로 '한몫회'가 탄생했고, 전국 실무를 박남식, 김시원이 맡았
다. 그러나 회의를 거듭한 끝에 한몫회는 전국여성농민조직에 복
무하기 위해 1989년 4월 12일 회의에서 해산을 결정했다.

한편 모금위원회는 후원회원 확보를 위해 1988년 5월 기독교
방송 '스튜디오 CBS' 전파를 타며 활동이 확대되었고, 1989년에
'땅의사람들'을 탄생시켰다.

여성농민회 후원조직인 땅의사람들은 농촌 현실을 소비자에
게 알리는 활동과 더불어 회원세미나, 현장활동가 간담회, 여성
농민 교육지원 등의 활동을 펼쳤다. 땅의사람들 소식지를 발간

하고 전국여성농민위원회와 공동으로 학생농촌활동(이하 농활) 교재 《여성농민, 위대한 어머니》(1990, 형성사)를 발간했다. 마땅한 여성농민 농활지침서가 없었던 상황에서 《여성농민, 위대한 어머니》는 농활에서 활용한다는 뚜렷한 목표가 있었다. 여성농민을 위한 활동지침이 담긴 첫 농활 교재였는데 농활현장에서 잘 활용되지 않았다. 책에 담긴 정성을 누구보다 잘 아는 박남식은 답답하기도 하고 섭섭함도 컸다.

"그 자금 마련하려고 모금 운동도 하고 대학축제에서 부스도 운영했어. 어느 날은 고문숙이 프라이팬이랑 앞치마를 들고 집을 나서는데 시어머니가 묻더래."

"너 어디 가니?"

"저기 장터에 가서 부침개 팔려고요."

"대학씩이나 나와서 부침개 파니?"

시어머니는 뚫어져라 쳐다만 보시더란다.

"장터활동에 필요한 장비를 갖다 놓을 곳이 없으니까 죄다 우리 집에 갖다 놨어. 좁은 집이 더 좁아졌지. 지금 생각해 보니 다 이해해 준 가족들도 대단한 것 같아."

그렇게 땅의사람들 활동이 이어졌다. 회원도 관리번호와 담당자를 연결하는 방식으로 조직적으로 이루어졌다. 박남식의 친구들이 다수 참여했다. 미국에 있던 지인은 공부하는 자녀들 생활비만 떼어놓고 꼬박꼬박 200달러를 보내주었다. 뉴질랜드, 독일 등 해외에 이민 간 친구, 이름난 사회 인사들도 참여했다.

미국에서는 여성농민을 위한 후원회가 정례적 모임을 갖고 한국 여성농민문제에 대한 토론도 진행할 정도였다. 한때는 200명이 넘는 후원자들이 5천 원, 1만 원 꼬박꼬박 월 회비를 내주었다.

"고문숙, 한영실, 김정숙이 애를 많이 썼어. 조직이 탄생하기 전까지 발바닥이 불어 터지게 고생했어. 특히 박성자가 많이 고생했지."

전여농이 사무실을 자주 옮기는 어려움을 해결하려고 땅의사람들에서 사무실을 마련하자는 계획을 세웠다. 아파트를 장만하자는 것이다. 후원금에 대출금을 보태 아파트를 구입한 후 대출금은 땅의사람들이 갚아나가는 방법으로 후원을 지속했다.

박남식은 요즘 젊은 전여농 활동가나 임원들은 잘 알지 못하는 이야기가 있다고 했다.

"그때 구입한 아파트를 경기도 평택 농민회원 강민수 이름으로 계약했어. 훗날 강민수가 자꾸 이사를 다니다 보니 나중에는 빚을 내서라도 집을 사보려고 아파트를 알아봤대. 그런데 생애 최초 주택 취득에 대한 혜택을 못 받게 된 거야. 너무 미안해서 미안하다는 말도 안 나오더라고. 평생 아파트 청약받을 생각을 한 번이라도 해 봤어야지."

땅의사람들은 여성농민 곁에서 농업, 농민 문제를 같이 공부하며, 조사사업, 권익실천사업, 여성농민교육 등으로 연대했다. 소비자로서 든든한 전진기지 역할을 한 것이다. 조직가 박남식이 오랫동안 헌신했던 땅의사람들은 지금도 현재 진행형이다.

조직화 사업이 운명처럼

박남식은 여성농민운동의 끈을 놓지 않으며, 시시때때로 조직사업에 조력자 또는 주력자로 참여했다. 남편의 요가원이 '구로노동자를 위한 요가원'으로 구로지역에 개설한 직후, 대선을 맞이했다.

1987년 12월 16일 구로구청 부정투표함 반출사건으로 1,034명이 연행되고 208명이 구속되었다. 그들을 위한 활동이 필요했다. 구로구청과 가까웠던 요가원을 대책위 사무실로 내주었다. 갑작스레 모임이 꾸려졌고, 민민투(민족민주투쟁위원회) 사건으로 구속되었다가 출소한 지 얼마 안 된 김병곤 선생과 김희선 선생, 박남식의 남편인 윤두병 선생이 책임자로 참여하였다.

"구속된 사람들 뒷바라지를 김병곤의 배우자 박문숙 선생하고 나하고, 서병훈의 배우자 이정순, 유동우의 배우자 김옥선 등 열 사람이 시작했어. 남편 옥바라지했던 것과 시국사건을 맞닥뜨린 경험이 도움이 되더라고. 나중에는 박문숙과 내가 재판 뒷바라지를 다 하게 되었지."

시대는 박남식에게 안식을 주지 않았다. 당시 김영삼, 김대중 사무실을 찾아갔더니 '대선에서 이기기만 했어도' 이런 소리나 하고 있더란다.

공식 출범 전이었던 민주사회를 위한 변호사모임을 찾아가니 천정배 변호사가 나와서 "선생님 저희는 민주화의 민자도 모릅니다. 그러나 어쨌든 최선을 다해보겠습니다."라고 하는데 얼마나 고맙던지. 결국 구속된 208명의 변호를 맡아 주었다.

지방에 살던 구속 학생의 부모들은 상경하여 새벽까지 요가원에서 쉬다가 재판을 보러 갔다. 요가원이 대책위 사무실이기도 했지만, 남편도 구속된 터라 남식은 같은 구속자 가족으로 남의 일 같지 않았다. 대부분이 학생 부모인 것을 바라보며 '학부모 조직이 있어야겠구나' 하는 생각이 들었다. 모두 조직사업 경험이 없다 보니 조직사업 경험자인 박남식은 또다시 선봉이 되었다.

감히 나서기 어려운 시절, 누구나 처음이었던 시절, 누군가의 한 몫이 간절히 필요했던 시절이었다. 그 일을 계기로 천정배 변호사의 배우자도 동참하며, 참교육학부모회를 창립할 수 있었다. 참교육학부모회가 자리를 잡자 박남식은 다시 '여성농민운동'으로 돌아갔다. 1990년 4월 전국농민회총연맹이 창립되고 출발을 돕기 위해 박남식은 파견형식으로 전농 초대 총무국장을 맡았다.

"조직설립 초기 어려운 시기에 나를 필요로 하니 역할을 해주어야 한다고 생각했어. 전여농이 창립되고 후배들이 의욕적으로 활동했고, 현장 활동가들도 자리를 잡아서 조직이 활발해지고 있었어."

박남식은 1992년 전국여성농민회총연합으로 조직이 거듭나며 부회장, 감사로 활동을 이어갔지만 탄탄히 자리 잡아가는 후배들을 보며 백의종군할 때가 다가옴을 느끼고 있었다.

한국여성농민연구소 감사를 맡을 당시 안양여성회 조직화에 함께 하게 된 계기는 이렇다. 박남식은 1992년 안양시 평촌신도시에 생애 첫 내 집을 마련했다. 남들보다 6개월 늦게 입주해보니 아파트 주민들이 근처 화학회사의 악취배출문제로 회사 이전 요구 활동을 하고 있었다.

"경기도청 항의 방문 등 대책 활동을 하는데 늦게 합류한 것이 미안한 마음이 들더라. 나처럼 교육, 조직활동했던 여성이 안양지역에는 별로 없었어. 열심히 악취 문제 해결하려고 활동했지. 그러니 사람들 눈에 띌 수밖에 없지. 그 일로 아파트부녀회장을 1년 맡게 되었어. 그때 활동했던 사람들 모임이 지속되었고. 워크숍을 꾸준히 유지하며 발전되어 안양여성회(초대회장 정홍자)를 조직한 거야."

박남식은 안양으로 이사하면서 지리적 거리는 멀어졌지만 여성농민을 지원하는 일을 중단하지 않았다. 건강을 챙길 수 있도록 '요가' 프로그램으로 여성농민을 만나겠다 했지만 건강 문제는 늘 농민문제에 밀려 뒷전이었다.

오는 사람이 많지 않았다. 농민, 노동 단체에 건강을 보살펴야 할 사람을 보내주면 무료로 돌봐주겠다 하는데 아무도 받아들이지 못했다. 그 시기 요가는 낯설었고 서로 삶의 여유가 없었다.

박남식은 장기적인 계획을 세우고 1993년에 요가원 개원을 출발로 1994년 요가 지도자 양성을 시작하며, 사회봉사를 조직했다. 박남식은 끊임없이 학습하며 지역에서 어려움에 부닥친 사람들에게 요가와 차를 통해 쉼과 용기를 주려 했다.

"지역 활동을 하면서도 직책을 안 맡으려고 하니까 사람들은 왜 당신은 하지 않냐? 이번에는 반드시 당신이 나서야 한다는 거야. 그게 지방선거 출마였어."

1997년 지방선거는 여성의 정치세력화가 이슈였다. 박남식은 한국여성단체연합회 추천으로 도의원 선거에 도전했다.

"당선은 안 됐어. 사람들은 '당선 축하합니다' 인사를 하는 거야. 그만큼 즐겁고 신심 있게, 당선될 것처럼, 신나게 선거운동을 펼쳤던 것 같아. 사람들은 선거에서 떨어지고 엄청난 슬럼프에 빠지는 모양인데 나는 긴 명상 터널을 지나온 것 같았어. 오히려 잔치하듯이 선거를 마무리할 수 있었지."

오로지 나를 위해 1년을 쓰리라

박남식이 〈아시아농업전문학교〉 1년 과정을 떠날 때 그의 아들은 겨우 다섯 살이었다. 아들을 떼어놓고 타국으로 공부하러 간다는 일이 어디 쉬운 일이랴. 남편이 출가를 반복하며 마음고생도 했지만, 요가원 할 때는 육아에 도움을 받을 수 있었다.

"아들은 요가원 사람들이 누구나 돌봐주었어. 활동가 교육 때는 다른 활동가들이 대신 돌봐주었고. 〈아시아농업전문학교〉 공부할 때는 1년간 친정 올케들이 도움을 주었지."

모두가 키웠다고 해도 과언이 아니었다. 1985년 작은자리에서 여성농민 토론이 펼쳐지던 6박 7일을 부천에 살던 김경자 언니[44] 집에 아이를 맡겼다. 박남식과 이종옥, 노동운동하는 활동가 2명까지, 총 다섯 집 아이들을 경자 언니가 돌봤다. 그들은 경자 언니 집을 아수라장에 빗대어 '아수라 하우스'라고 불렀다. 돌이켜보니 그 모습이 눈앞에 선하게 그려진다며 눈물 나도록 깔깔 웃는다.

"엄마, 아빠가 활동을 열심히 하는 모습을 보이는 것도 사랑이라는 생각이 들었어. 그래서 여기까지 올 수 있었지."

박남식은 지금 아들 내외와 손자까지 함께 살고 있다. 3대가 복을 지어야 한다는 3대 가족이다. 그 아들이 "엄마는 정도 안 주고, 용돈도 안 주고, 여행 떠난 것도 아니고, 뭐지?"라며 박남식을 마구 놀리기도 한다. 파란만장한 성장기에 비하면 귀하게 잘 자라 주었다. 얼마 전 동창 모임에 갔더니 아들, 손자랑 같이 사는 사람은 손들어 보라고 했다. 참석한 사람 중 세 사람이 손을 들었다. 사회자가 무대 앞으로 부르더니 "여기 희귀동물 좀 보세요." 하며 힘차게 박수도 쳐주고, 귀한 선물도 주었다. 3대가 함께 산다는 것은 요즘은 그만큼 가치 있는 일이 되었다.

"부모가 인생의 철학을 세우고 그 철학대로 굳건하게 살아가는 것이 진정한 교육"이라는 박남식의 교육관은 아들을 통해 증명된 셈이다. 그리고 선거 후 '오로지 나를 위해 1년을 쓰리라'

---

44 가톨릭농촌여성회 창립 멤버이자 간사였으며, '땅의사람들' 초대 회장을 맡아 여성농민 활동을 지원하였다.

하고 혼자 길을 떠날 수 있는 힘이기도 했다.

아들이 입대하자 쉰세 살의 박남식은 모든 일상을 미루고 티베트로 떠났다. 특별한 계획도 없이 배낭 메고 발길 닿는 대로 홀로 다닌 2개월의 티베트. 그리고 네팔에서의 히말라야 트레킹. 인도와 파키스탄으로 명상 여행이 이어졌다. '오로지 나를 위해 1년을 쓰리라'던 1년의 시간조차도 박남식은 기록을 게을리하지 않았다. 매일 남긴 기록은 《나비의 티베트 여행》, 《담마의 향기 따라》란 이름을 달고 두 권의 책으로 발간되었다.

1년간의 여행에서 만난 위빳사나 묵언 수행을 익히며 오늘까지 이어오고 있다. 요가와 차, 그리고 명상, 그 길은 박남식의 소중한 생명 에너지라 일컫는다.

"남편이 시작한 요가는 내게 인생 2막을 열어주었어. 남편 스승이 내 스승님이고, 남편도 내 스승이 되었지."

차 농사짓는 길잡이의 노래

박남식은 오래전부터 생활이었던 '차'를 본격적으로 공부하기 위해 대학원 박사과정을 마쳤다. 안사돈은 박남식의 차 제자가 되는 것을 주저하지 않았다. 사돈네 둘째 딸, 둘째 사위도 박남식의 제자로 차와 요가를 공부한다. 며느리는 요가원을 이어받아 함께 운영하고 있다.

"지금도 나는 농사꾼이야. 밀양에 1,000평 정도 차밭을 가꾸고 차를 만들어. 대각정사 스님이 빌려준 차밭이지. 차는 이제 내 전공이 돼버렸어. 안양에서 차를 시작하고 '행복한 담마요가'란 이름의 요가원을 운영한 지 벌써 30년이 되었어. 30주년 기념행사[45]를 준비 중이야. 때마다 기록하던 습관으로 남겨진 원고는 벌써 《인문차도, 풍류를 담다》로 책이 되었어. 교육하면서 기록을 중요하게 여겼지. 나는 기록을 하면 역사가 된다고 생각해. 기념집 만드는 데 많은 도움이 되었어."

박남식은 요가와 차 교육생에게 반드시 하는 말이 있다. 자신을 공고히 하는 다짐이기도 하다.

"나는 대중들을 믿습니다. 정확하게 시간만 지켜주시면 여러분을 전문가의 반열에 올려놓겠습니다."

신뢰와 확신에 찬 한마디다. 교육이 끝나면 반드시 1분 스피치를 하도록 하고, 그 말을 글자로 바꾸도록 한다. 박남식은 기록이 곧 자신의 삶이라고 말한다. 아버지로부터 물려받은 인자가 빛을 발하는 순간이다.

여성농민의 조직화 과정에 있었던 교육 계획, 진행, 회의, 평가 자료가 고스란히 박남식의 몫이었다. 교육현장에서 여성농민이 힘주어 외쳤던 한마디, 희미하게 바래진 노랫말, 낡은 자료집조차 소홀히 하지 않고 차곡차곡 모았던 박남식의 기록물은 모든 여성농민의 역사다. 엄중했던 시절에 흔적조차 남지 않았을 기록들이 박남식을 통해 소중히 보관되다가 최근 민주화운동기념

---

45 2023년 화윤차문화원 30주년 기념행사를 준비 중이다. 화윤은 박남식의 차호이다.

사업회 사료관에 기증하였다.

"민주화운동기념사업회 사료관에 각 교육과 관련한 기록을 보게 되었는데, 기증자 기록벽에 박성자, 이종옥, 박남식이 있는 거야. 내 이름도 있고 우리 활동가들 이름도 있고, 그 이름을 보니 새삼 그날의 기억이 더 생생해져 뭉클하더라."

박남식의 요가는 유연하고도 꼿꼿하다.

박남식은 꼬박 밤을 새우고 새벽 어스름 햇살에 잠을 청할 때까지 진행된 구술에도 하나의 흐트러짐 없이 꼿꼿했다. 76세를 넘어서는 나이에도 철저한 자기관리를 통해 삶을 이끌어가는 모습에서 젊은 박남식을 짐작케 하기에 충분했다. 긴 이야기를 마무리하며 박남식은 잊히지 않는 동지들 이름을 다시금 불러보았다.

"초기 여성농민지도자의 인품 변화와 지도력 성장이 무척 힘이 되었어. 이정옥, 임순분, 고송자, 성옥선, 강유순. 다들 뛰어난

지도자들이었지. 그리고 그 활동을 지원했던 중간집단 지도자의 동지애. 그 동지애는 형제보다 더 가깝게 여겨졌어. 그런 감정은 지금도 마찬가지야. 모임을 만들기 위해 도움을 요청하면 거절하지 않았지. 모임은 곧 조직의 시작이거든. 아마도 내게 그 일은 즐겁기도 하고 사명감 같은 일이었나 봐. 끊임없이 조직을 만들어 나가는 일이 발전하는 일이라고 믿어. 난 그 일이 좋았던 것 같아. 계속 활동해 나가게 하는 원동력이 되어 준 박성자, 이렇게 살겠다는 의지를 함께 해 준 이종옥, 끝까지 힘이 되었던 사람들이 있어서 좋았어."

박남식은 1970~90년대의 여성농민 교육장에서 만난 여성농민 주체의 의식변화를 연구하고 싶어 한다. 강의자나 교육진행자의 의식 변화도 몹시 궁금하고, 한국 농촌사회의 급변한 모습을 40년 동안 지켜보면서 무량한 감개를 느낀다고 하니 아직도 갈 길이 멀다. 조직사업에 청춘을 보내고, 순간마다 쏟았던 기록의 흔적을 돌아보고 있는 중이다.

한시도 놓지 않았던 삶의 기록이 한때는 지독한 투쟁으로, 한때는 차향이 스미는 시조로, 한때는 찰나를 쪼개는 몸과 마음의 명상으로 남는다. 쉼 없이 움직이고 기록하던 여성농민 조직활동가 박남식의 삶은 이제 차향 따라 길잡이의 노래[46]가 되었다.

---

46 '길잡이의 노래'는 시조 시인이기도 한 박남식의 시조 제목이다.

강희진(한국토종씨앗박물관장)

농업은 내게 애증의 직업이다. 빚에 허덕이게 해 젊은 시절은 빚을 갚느라 정신없었고, 그러나 한편으로는 30여 년 동안 우리 가족의 생계를 책임진 농업이었기 때문에 나이 들어 농사를 접고 나서도 늘 농업에 대한 부채감이 있었다. 그래서 만든 토종씨앗박물관, 늙어서도 그 빚을 갚고 있는 것을 보면 팔자다. 그것은 농민운동도 마찬가지다. 그러다 우연히 여성농민운동가의 삶을 기록하자는 제안에 재주 없다는 것을 잊은 채 덥석 받아들였다. 나의 졸필이 선생의 삶을 훼손하지는 말아야 한다는 생각에 많은 시간을 보냈다. 이종옥 선생의 삶을 기록했다.

권미영(지역교육활동가)

이른 아침 비닐하우스 문을 열면 확 다가오는 흙냄새에 잠이 깨고, 꼬물꼬물 땅을 비집고 나온 작은 모종들이 어제의 피로를 가시게 하곤 했다. 여전히 그리워 꿈을 꾼다. 농사를 짓던 시간보다 서울 전여농 사무실에서 지낸 시간이 더 많았지만 그것도 길진 않았다. 십 년 남짓한 세월이었지만 그때 만났던 여성농민운동은 신기하게도 흔들리는 나의 삶에 방향키가 되어준다. 지금은 늦깎이 공부를 하면서 김포지역에서 교육활동가로 살고 있다. 땀나게 놀면서 평화를 배워가는 시간, 공간, 관계를 만들어가는 중이다. 성옥선, 장순자, 임순분의 삶을 기록했다.

이태옥(기후·생태활동가)

'여성농민'은 내겐 아릿하고 아련한 기억이다. 여성농민운동가로서의 자각은 아이러니하게도 농민운동판이 아닌 여성운동판에서 익히고 배운 듯하다. 영광에서 여성농민회는 만들지도 못한 채, 삶의 큰 변곡점을 돌아 영광여성의전화를 만들고 10년 전 고향 '서울'로 돌아와 지금은 생태운동가로 살아간다. 끝까지 함께 해내지 못한 여성농민운동에 대한 부채 의식이 '글빚'을 갚게 했는지도 모르겠다. 오분임, 임봉재, 이정옥, 고송자의 삶을 기록했다.

이해승(고흥여성농업인센터 사무장)

한글을 몰라 텔레비전 자막을 읽을 수 없으니 남들이 웃을 때 웃을 수 없었다는 여성농민의 가슴앓이는 내게 또 다른 길을 걷게 했다. 오이 하우스 농사로 논밭에서 고군분투하던 내게 고흥여성농업인센터를 시작하게 했고, 고흥군 첫 한글학교 문을 열게 했다. 2004년 '고흥여성농업인센터' 대표로 시작하여, 20년을 맞이하는 지금은 사무장으로 농촌아이 돌봄과 여성농민의 배움터를 맡고 있다. 세상으로 나아가는 문을 열어버린 여성농민과 함께 걸을 수 있다면 그 무엇도 두렵지 않으리라! 박남식의 삶을 기록했다.

1세대 여성농민운동가 구술기

미치도록 눈부시던

발행일 | 2023년 6월 3일
기　획 | 땅의사람들
엮은이 | 강희진, 권미영, 이태옥, 이해승
디자인 | 우형옥

펴낸이 | 최진섭
펴낸곳 | 도서출판 말
출판신고 | 2012년 3월 22일 제2013-000403호
주　소 | 인천광역시 강화군 송해면 전망대로 306번길 54-5
전　화 | 070-7165-7510
전자우편 | dream4star@hanmail.net
판　권 | ISBN 979-11-87342-36-6